내 인생을 바꾼 거절

THE REJECTION THAT CHANGED MY LIFE
by Jessica Bacal

This edition published by arrangement with
Plume, an imprint of Penguin Publishing Group,
a division of Penguin Random House LLC.

This Korean translation published by arrangement with
Jessica Bacal in care of Plume through Alex Lee Agency ALA.

내 인생을 바꾼 거절

실패를 자산으로 만든 여성들

제시카 배컬 지음
오윤성 옮김

THE REJECTION THAT CHANGED MY LIFE

북하우스

부모님에게

들어가며

난 뭘 믿고 사람들이 내게 거절당한 경험담을 흔쾌히 털어놓으리라고 생각했을까?

전작 『잠깐 수습 좀 하고 올게요』에서 나는 일과 관련한 실수를 만회하는 방법에 대해 다루었다. 그런데 '거절'이나 '퇴짜', '불합격'은 '실수'보다도 더욱 불편한 주제인 것 같다. 나는 스미스대학에서 자기 서사 프로젝트를 운영하는데, 여기에 초대한 연사들은 자신이 장학생으로 선발되고 인턴으로 뽑히고 정식 직원으로 채용됐던 기분 좋은 '예스'의 순간에 대해서는 학생들에게 많은 이야기를 들려주었지만, 실망스러운 '노'의 경험에 대해서는 대체로 말을 아꼈다. 마치 거절당한 기억을 휴지통에 버리거나 완전히 삭제해버린 것 같았다. 거절당한 경험을 책으로 써서 세상에 내놓는 데는 그 누구도 큰 관심을 보이지 않았다.

'거절'은 너무도 거절당하기 쉬운 주제였다. 나는 한 성공한 기업가에게 인터뷰를 요청했다가 "책 제목에 거절이 들어간다고요?"라는 말로 거절당했다. 미디어 업계에서 일하는 한 친구는 자신이 퇴짜를 맞은 경험에서 많은 것을 배우긴 했지만 그런 이야기까지 사람들과 공유하고 싶진 않다며, "미안!!!"이라고 거절의 이메일을 보내왔다. 책을 함께 쓰자는 나의 제안에 답변조차 하지 않은 사람도 많았다. 내가 존경하는 한 대학 교수는 자신의 이야기를 내 책에 담고 싶지 않다고 했다. "솔직히 그런 책이 왜 필요한지 모르겠네요"라며.

그러나 이 책은 필요하다. 왜냐하면 독자들이 다른 사람의 거절 경험담을 읽으며 자기만 그런 일을 겪는 게 아님을 알 수 있기 때문이고 또 알아야만 하기 때문이다. 『잠깐 수습 좀 하고 올게요』를 출간한 뒤 나는 독자들로부터 일터에서 유난히 힘겨운 하루를 보낸 뒤면 내 책을 다시 읽으며 위로받는다는 이야기를 자주 들었다. 우리 사회에는 커리어는 늘 한 방향으로 직진해야 한다는 굳은 믿음, 한 번의 실수가 모든 것을 망칠 것이라는 두려움이 만연해 있다. 그러나 사실 커리어는 지그재그로 좌충우돌할 수 있고, 한번 벽에 부딪혔다고 해서 영영 망하지도 않는다.

거절은 실수와 마찬가지로 그 '망했다'는 느낌을 준다. 나는 이 주제를 깊이 파고들수록 그동안 나 자신이 거절당하는 일을 피하려고 얼마나 애써왔는지를 깨달았다.

고등학교 3학년 때 나는 어느 대학에 조기 지원했다. 표면상의 이유는 그 학교가 마음에 든다는 것이었지만, 사실은 이곳에 미리 합격하면 다른 곳에 지원서를 내지 않아도 된다는 속셈이 있었다. 그렇게 해서 나는 미네소타주 칼턴대학에 합격해 그곳에 다녔다. 칼턴대학은 물론 좋은 학교다. 그러나 난 다른 학교들에 지원했다가 합격하거나 불합격하는 일을 겪지 않아도 된다는 이유에서 조기 지원을 선택한 것이었다.

지난 10년 사이에는 박사 과정 두 군데에 지원했다가 모두 떨어지고 충격과 낭패감에 휩싸인 경험이 있다. 그때 생각으로는 내가 분수를 몰랐지 싶었다. 내가 생각만큼 똑똑한 사람은 아니구나 했다. 제일 원했던 곳은 펜실베이니아대학이었는데, 만약 붙었더라면 매달 한 번씩 집을 떠나 펜실베이니아주까지 다녀와야 했을 테니 불합격해서 오히려 다행이라고 나 자신을 설득도 했다. 그 후 어느 날, 스미스대학의 동료 줄리오를 만나 점심을 먹던 중에 이런 말을 들었다. “박사 과정은 지원자를 떨어뜨리려고 있는 곳이잖아! 어서 다시 지원해!” 그건 내가 늘 학생들에게 하는 말이었다. “한번 거절당했다고 모든 걸 포기하지 마요.” 그렇다면 나도 그 조언을 따라야 하지 않을까? 그래서 다시 도전했고 합격했다(가족과 떨어져 있는 시간은 실제로 힘들었지만 결국 학위를 땄다).

신기하게도 나는 연애에서는 거절을 잘 감당하는 사람이었다. 만나달라는 요구를 아주 쉽게 했다. 스물여덟 살 때는 브루스 스프링스턴의 노래 중 가장 좋아하는 곡들을 골라 담은 믹스 테이프를 상대에게 선물한 적도 있는데, 그 사람이 지금의 남편이다. 하지만 어째서인지 공부와 일에서는 많은 것이 두려웠다. 수준 미

달이라는 소리를 듣기 싫었다. 내가 실은 그렇게 똑똑하거나 유능한 사람이 아니라는 사실, 능력이 부족하다는 사실을 이미 잘 알고 있는데 굳이 다른 사람들에게 확인받고 싶지 않았다.

거절에는 힘이 있다. 우리가 매 순간 소소한 경로를 통해 수신하고 있는 어떤 메시지를 한층 강화하는 힘, 즉 '넌 자격이 없다'라는 메시지를 강화하는 힘이. 더구나 런던경영대학원의 레이나 브랜즈와 이사벨 페르난데스마테오의 연구에 따르면, 같은 기업 중역이라도 여성은 고위직에 한번 도전했다가 실패하면 같은 직위에 다시 지원하는 일이 남성보다 드물다. 그 이유는 여성이 남성보다 회복력이나 끈기가 약해서가 아니라 대체로 남성이라는 성별을 더 높이 치는 직장 문화에서 이미 오래전부터 사소한 거절을 수없이 겪었기 때문이다. 본인에게 자격이 없다고 이미 느끼고 있기에 재도전할 엄두를 내지 못하는 것이다. 유색인 여성은 성차별에 더해 인종차별까지 겪는다. 유색인 여성은 아무리 자격이 충분해도 백인 여성에 비해 성취를 인정받기가 더 어렵다. 매킨지와 린 인 재단이 함께 진행한 대규모 연구에서 밝혀졌듯 유색인 여성은 같은 위치의 백인 남성에 비해 상사로부터 지원받기가 더 어렵다.

그리고 정말 솔직하게 말하면, 내가 거절을 피해 다닌 가장 큰 이유는 마음이 상하기 때문이었다. 거절은 기분 나쁘다. 사실 나는 이 책을 쓰기 직전에 엄청나게 쓰라린 거절을 경험했다(이 이야기는 몇 쪽 뒤에서 하겠다). 내가 호되게 겪고 보니 '거절' 문제야말로 멘토들의 조언을 모아 책으로 펴내야 하는 주제라는 확신이 들었다. 나 자신을 위해서, 학생들을 위해서, 그리고 독자를 위해서 말이다. 그래서 거절 경험이 얼마나 흔한지 알려주고 한 번의 거절로 세상이 끝장나진 않는다는 사실, 때로는 거기서부터 새로운 세계가 시작된다는 사실을 일깨워줄 다양한 분야의 전문가들을 찾아내기로 했다.

나는 스미스대학에서 자기 서사 프로젝트를 이끌면서 연사들이 자신의 개인적인 이야기를 청중에게 들려줄 때 발생하는 강력한 힘을 느꼈고 그 힘이 어떤 변화를 만들어내는지 목격했다. 첫 책을 세상에 내놓은 뒤에는 직업상 실수라는 불편하고 짜증나는 문제를 누구나 겪을 수 있는 평범한 일로 설명한 그 내용이 사람들에게 큰 도움이 된다는 사실을 확인했다. "난 이런 실수를 저질렀고 퍽 난감했죠. 여러분 또한 실수를 저지르더라도 극복할 수 있습니다"라는 말이 힘이 되는 것이다.

첫 책과 마찬가지로 이 책에서도 나는 여자들을 만나 그들의 조언을 실었다. 다만 성별에 대한 내 생각이 첫 책을 출간한 2014년 이후로 달라졌음을 알려두고 싶다. 많은 사람이 '여성'과 '남성'이 지나치게 제한적인 범주라고 생각한다는 사실을 이제 나는 안다. 사회과학 분야에서도 여자와 남자가 그렇게 다른 존재가 아님을 입증하는 연구가 쏟아지고 있다. 미국심리학회에 따르면 "인격, 인지 능력, 리더십 면에서 여자와 남자는 근본적으로 동등하다."

그렇지만 나는 '거절'과 '여성'이 하나로 얽힐 때 발생하는 특별한 상황에 주목할 수밖에 없었다. 우리 문화에서 이른바 남자다움은 강인함과 독립심을 요구하고 여자다움은 유순하고 협조적인 태도와 연결된다. 이 사고방식은 두 성별 모두를 구속하지만, 일과 일터에 관한 한 여성에게 더 큰 해를 끼친다. 여자는 직접 나서서는 안 되고, '지나치게' 공격적이어서도 안 되고, 분노를 표출해서도 안 된다는 생각 때문이다. 여자는 관계의 접점부터 찾아내야 하고 타인의 승인을 구해야 한다는 생각 때문이다. 그래서 나는 특히 여자가 관계 맺기와 승인받기에 실패했을 때, 즉 거절당했을 때 어떤 일이 일어나는지 알아내고 싶었다.

이 책을 여자들만의 이야기로 엮은 또 하나의 이유는 나 자신이 다른 여자들의 이야기를 통해 거절의 순간들을 극복할 수 있었기 때문이다. 나는 내가 아는 여자들에게서 영감과 도움을 받았다. 예를 들어 이 책에도 등장하는 엘리자베스 벨 박사는 처음 지원했던 의학대학원에 불합격한 경험이 있다. 내 친구인 소설가 헤더 에이블은 여러 번 퇴짜를 맞은 뒤에야 첫 작품을 발표하고 열광적인 반응을 얻었다. 지난 책에 참여했던 칼럼니스트 주디스 워너는 본인이 너무나 원하던 직업인 기자가 되는 데 실패한 후 정신건강에 관한 글을 쓰기 시작했고 그 결과 작가로서 사람들을 돕는 기쁨을 누리게 되었다. 나는 바로 이런 종류의 이야기를 더 많이 듣고 싶었다.

앞서 말했듯 내가 거절을 주제로 책을 쓰게 된 것은 얼마 전 나 자신이 잊지 못할 거절을 경험했기 때문이기도 하다. 평소 아무리 거절을 회피하는 사람도 가끔은 거절당할 수 있는 상황으로 스스로 걸어들어간다. 스미스대학에서 즐겁게 일하던 2019년, 나는 같은 학교의 다른 센터에 지원하기로 했다. 이를 위해 세 장짜리 기발한 사업 기획안을 작성해야 했고 사람들 앞에서 프리젠테이션을 해야 했으며(친구들 앞에서 몇 시간이나 연습했다) 동료들에게 추천서를 써달라고 부탁해야 했다. 무엇보다 나를 이미 잘 아는 사람들과 면접을 치러야 했다. 몇 년간 허물없이 친하게 지내던 사람들이 이제 형식을 갖추고 조금은 어색하게 회의실에 둘러 앉아 내 잠재력을 평가했다.

면접이 끝난 뒤 나는 이메일을 강박적으로 확인하기 시작했다. 남몰래 동료들의 표정을 관찰하고 해석했다. 그들을 거리에서 우연히 마주치고 나면 '방금 그 미소는 내 능력을 믿는다는 뜻인가? 아니면 날 불쌍하게 보는 건가?' 하고 생각했다.

그 인사 결정의 책임자는 내 직속 상사였다. 뛰어나고 우아하고 다정한 사람이다. 면접이 있고 몇 주 후에 그가 나를 사무실로 부르더니 문을 닫았다. "그 자리는 다른 사람에게 돌아갔어요." 나는 팔짱을 끼지 않고 편안한 모습(나 화 안 났어요라는 뜻)으로 앉아 당당한 자세(난 여전히 자신감이 넘쳐요라는 의미)를 유지하려고 노력했다. 상사는 내 감정을 걱정하는 게 분명했고, 나는 그 자리를 그 이상 불편하게 만들고 싶지 않았다. 혹시 내가 엉엉 울까 봐 상대가 마음 졸이지 않았으면 했다.

"그렇군요." 내가 말했다.

"팀원들에게 알렸더니 다들 당신이 괜찮을지 걱정하더라고요. 전 괜찮을 거라고 했어요." 상사가 말했다.

"전 괜찮아요. 정말로 괜찮습니다."('하지만 다들 날 한심하게 생각하겠지.') 대체 누가 그 센터장 자리에 채용되었는지 궁금했다. '아니, 나보다 적합한 인재가 있다고?' 그러나 한편으로는 이런 생각도 들었다. '그렇다는 건 내가 그 일을 안 해도 된다는 뜻이잖아?' 이 안도감은 중요한 데이터였다. 어쩌면 난 사실 그 자리를 원하지 않았던 게 아닐까?

이 일에서 가장 힘겨운 부분은 마무리였다. 추천서를 써준 사람들에게 이메일을 쓰고 있자니 내가 그들의 기대에 못 미쳤다는 생각이 들었다. 캠퍼스를 걷는 동안에는 '저 사람도 알까?' '혹시 저 사람도?' 하는 생각에 사로잡혔다. 초라해지고 겸허해지는 경험이었다. 그러나 이런 경험에는 유익한 면이 있다. 내 입으로 말하기 뭣하지만 그동안 나는 삶에서 이루고 싶은 일을 아주 많이 이루었다. 이번에는 이루지 못했을 뿐이다. 내 내면의 목소리(중 심술궂은 아이)가 이렇게 중얼거렸다. '네가 망쳤어. 큰일났군! 다른 사람들은 이런 일 잘만 해내거든?' 그러자 내 내면의 목소리(중 착하고 멀쩡한 아이)가 대답했다. '속상하지? 속상해해도 돼. 다만 네가 그동안 얼마나 운이 좋았는지 그걸 기억해.'

이 거절은 한 고비가 되었지만, 그 후 나의 상사는 내가 우리 팀과 학교에 중요한 존재라는 말을 행동으로 보여주었다. 그는 나에게 스미스대학의 정규 수업을 맡아 가르칠 기회를 주었다.

또 그가 새롭게 꾸린 팀에 나와 나를 제치고 채용된 센터장을 함께 뽑았다. 알고 보니 그 센터장은 새로운 일을 도모하는 데 천재였다. 요즘 나는 이 훌륭한 동료에게서 많은 것을 배우고 있다.

여기서 잠깐, 내가 거절당했을 때 느꼈던 그 안도감을 다시 짚어보자. 그건 눈여겨보아야 할 감각이었다. 이 책의 저자들을 인터뷰를 하는 과정에서 배운 사실이 있다. 거절당하는 순간에는 가장 먼저 감정을 다치지만, 그 순간이 지나면 나 자신을 거절과 분리할 수 있고, 거절에 대한 자신의 반응을 미래의 경로 설정을 위한 데이터로 활용할 수 있다는 것이다.

나는 이 책에 참여한 멋진 여자들과 대화를 나누면서 성공한 사람들도 거절에 대처하기 위해 엄청난 연습을 한다는 사실을 알고 놀랐다. 가수, 사회과학자, 코미디언 등 다양한 분야에서 활동 중인 이들은 거절당하고 퇴짜 맞는 경험을 (때로는 일부러 그런 일을 당하면서) 체계적으로 수집한 뒤 다음 단계로 나아가는 방법에 대해 알려주었다.

많은 여자들이 거절을 발판 삼아 변화하고 발전한 경험에 대해 들려주었다. 사실 사람들은 아주 오래전부터 이 현상에 대해 다양한 글을 써왔다. 개인적 위기 뒤에 찾아오는 이러한 변화를 심리학에서는 '외상 후 성장'이라고 부른다. 외상 후 성장은 국가나 사회 전체에도 적용될 수 있는 개념이다. 이 글을 쓰고 있는 2020년 4월 현재, 세계는 대격변을 겪고 있다. 그러나 그와 함께 새로운 힘과 변화의 징후도 눈에 띈다. 가령 미국에서는 연방의회

내 여성 지도자의 비율이 역사상 가장 높은 수치를 기록했다. 이 책에 참여한 여성 운동가 패멀라 시프먼은 이렇게 말했다. “지금 우리는 여성이 전례 없는 힘을 가진 순간을 목격하고 있습니다.”

이 책을 쓰는 동안에도 나는 계속 거절을 (이 책에 참여하지 않겠다는 사람들에게서) 당했다. 그러다 독자들이 분명 이 책에 관심을 보일 것이라고 어렴풋하게나마 확신하기 시작한 순간이 있었다. 병원에 갔을 때였다. 감기에 심하게 걸렸을 때였는데, 의사가 나에게 인턴에게 진료를 맡겨도 되겠느냐고 물었다.

인턴은 긍정적이고 차분한 에너지를 발산하는, 앞으로 좋은 의사가 될 게 분명한 20대 여성이었다. 그는 나에게 요즘 스트레스를 받고 있느냐고 물었고 나는 “어느 정도는요”라고 대답했다. 그가 이유를 물었다.

“저는 풀타임으로 일하고요, 아이가 둘에 개가 둘에, 요즘엔 책까지 쓰고 있어서요.”

컴퓨터에 증상을 입력하던 인턴이 고개를 들고 물었다. “어떤 책을 쓰세요?”

“일과 관련한 거절에 관한 책이에요.” 내 대답에 인턴이 갑자기 활짝 웃었다. 그때 노크 소리가 나더니 의사가 들어왔다. 인턴은 의사를 향해 “이분이 책을 쓰고 있으시대요!”라고 알렸다. 의사는 별 관심을 보이지 않았다. 하지만 진료가 끝났을 때(내 건강에는 별 문제가 없었다) 인턴은 나에게 “어서 그 책을 읽어보고 싶어요”라고 말한 뒤 조용히 방을 나갔다.

순간 짜릿한 기분이 들었다. 그래, 독자들이다! 세상에는 이 책을 좋아할 독자들이 있을 것이다. 나는 독자에게 위로가 되는 책, 먼저 경험한 사람들의 다양한 이야기로 독자를 응원하는 책을 쓰고 싶었다. 사람들이 함께 나누는 이야기에는 강력한 힘이 있다는 사실을 독자들이 다시 한번 느끼게 하고 싶었다. 우리 한 사람 한 사람이 거절 경험을 통해 더 강해질 수 있음을 증명하고 싶었다.

책의 말미(5부)에는 거절과 관련한 사회과학적 연구를 토대로 구성한 워크북을 실었다. 이 연습을 통해 독자들은 자신의 이야기가 가진 힘을 느끼고 누릴 수 있을 것이다.

1부

거절은 데이터가 된다

스미스대학에서 학생들이 의미와 목적을 찾도록 돕는 강의 프로그램을 개발하고 있을 때의 일이다. 프로그램은 점점 충실해지고 있었고 개인적으로도 만족하고 있었다. 그때 주변에서 어떤 아이디어가 회자되기 시작했다. 우리가 '프로젝트 웨이파인더'라는 강의 개발 단체를 초청해야 한다는 생각이었다. 그 단체가 어떤 강의를 개발하느냐 하면… 학생들이 의미와 목적을 찾도록 돕는 강의였다. 그들의 힘을 빌리면 기존 프로그램을 확장하여 교수진과 교직원까지 대상으로 하는 더 광범한 직업 훈련 워크숍을 마련할 수 있다는 것이었다. 웨이파인더는 스탠퍼드대학 소속이었다.

이 이야기를 처음 들은 날, 기분이 어찌나 가라앉던지 땅밑에서 누가 나를 잡아당기는 것만 같았다. 나는 회의실을 나와 뉴잉글랜드의 완벽한 봄날 속을 걷다가, 집에 돌아가 점심을 먹으며 우울한 기분을 떨쳐버리기로 했다. 그다음에는 개들과 짧은 산책을 했다. 라일락이 만개했고 미풍이 불어왔다. 걸으면서 생각했다. 나는 보람 있고 의미 있는 일을 하고 있다, 이 일에 자존심을 내세울 필요는 없다, 라고.

얼마 후 (정확히는 몇 달 후) 나는 마음을 비우고 그 스탠퍼드 단체의 프로그램을 살펴보았다. 정말 훌륭했다. 우리 쪽 프로그램과 겹치는 부분도 있었지만 더 좋은 부분도 있었다. 처음에 '내버려졌다'고 느꼈던 감각은 결국 나 자신에 관한 데이터였다. 나, 경쟁심이 강한 동시에 방어적인 사람. 그래, 다음번엔 그 두 가지를 다 기억하고 대비하자. 그런 일이 생기면 심호흡을 하고 포용력을 잃지 말자.

이처럼 우리는 거절 경험, 특히 거절에 대한 자기 자신의 반응을 '데이터'로 단순하게 파악할 필요가 있다. 이는 시간이 걸리는 일이고 당장 별수가 생기는 것도 아니지만, 스스로 여유를 확보하는 데 효과적인 방법이다.

그 일이 있고 나서 나는 스미스대학의 다른 창의성 프로젝트에 투입되었다. 팀의 선배인 중국계 동료가 나에게 국제 유학생들이 본인의 삶을 디지털 스토리로 구성할 수 있도록 지도해달라고 부탁했다. 또 팀장은 나에게 '경로 설계' 프로그램을 개발해달라고 요청했다. 학생들이 자신이 밟아온 길과 앞으로 가고 싶은 길을 파악할 수 있게 돕는 과정이었다. 두 프로젝트 모두 흥미진진했고 나에게 더 많은 능력이 있음을 확인시켜주었다.

이런 종류의 경험은 긍정적인 종류의 거절-데이터다. 이와 함께 우리는 부정적인 거절-데이터에도 주의를 기울여야 한다. 실제로 거절당하거나 거절당했다고 느낄 때 우리는 그 상황에서 유용한 정보를 얻을 수도 있지만, 때로는 실망스러운 정보를 발견한다. 특히 어떤 부당한 편향을 발견할 때가 많다.

1부에는 그런 이야기들을 실었다. 로스쿨 교수인 조앤 윌리엄스는 대학 입학사정위원회의 부담스러운 초과 업무를 맡지 않겠다고 했다가 '팀플레이어가 아니다'라는 평가를 받았다. 기업가 아이사 왓슨의 이야기도 비슷하다. 그는 데이터를 활용하여 결정을 내리는 '분석 기술' 항목에서 낮은 업무 평가를 받았다. 왓슨은 데이터 활용이라면 누구에게 뒤지지 않을 생화학 박사인데 말이다. 그는 사람들에게 어떻게 하면 이 기술을 개선할 수 있느냐고 물었지만 아무도 대답하지 못했다. 하버드대학과 스탠퍼드대학을 졸업한 로라 와이드먼 파워스는 새로운 도시로 이사해서 직장을 찾으려 했으나 지원한 모든 곳에서 '노'라는 답변과 헐뜯는 소리를 들었다.

이 사람들이 처음부터 거절에서 편향을 읽어낸 것은 아니었다. 처음엔 일이 일어나는 대로 겪으면서 그것을 자기에게만 일어난 '이상한' 일로 여기고 쓰라린 감정에 잠겼다. 그러나 윌리엄스는 대학 당국이 문제의 업무를 여자 교수에게만 배정한다는 사실을 알아냈다. 왓슨은 투자은행계의 떠오르는 스타였지만 그는 흑인이었고 그 업계는 백인의 텃밭이었다. 파워스는 흑인 여성이었고 그가 들어가려던 곳은 백인 남성의 영토인 실리콘밸리였다. 이들은 결국 힘 있는 자리에 올라섰지만, 이들의 이야기에는 중요한 교훈이 있다. 거절에서 뽑아낸 데이터에는 당사자 개인이 아니라 그가 속한 시스템에 관한 정보도 많다는 것이다. 이런 부정적인 데이터는 마음을 상하게 하긴 해도 다음 단계로 올라서기 위해 큰 그림을 그리는 데 반드시 고려해야 하는 요소다.

앤절라 더크워스

심리학자, 교수

거절을 연구하는 사람인 나도 거절 경험은 힘들다. '난 비판적인 피드백이 너무 좋아. 내가 뭘 잘못했는지 짚어주는 말은 달콤한 휘핑크림 같지'라고는 도저히 못 하겠다. 그럴 리 없다. 거절은 시큼한 레몬에 더 가깝다.

앤절라 더크워스는 우리 시대의 가장 뛰어난 심리학자 중 한 사람이다. 그는 장기 목표를 추구하는 데 필요한 열정적 끈기인 '그릿grit' 이론으로 잘 알려져 있다.

더크워스와의 전화 인터뷰에서 나는 이 사람이 유머감각도 좋다는 걸 느꼈다. 나는 그의 비서 제이미를 통해 인터뷰 일정을 잡았는데, 제이미가 보내온 이메일은 정중하면서도 친근했다. "제가 당신과 앤절라를 위해 일정을 조율하는 데 도움이 되어 기뻐요." "앤절라에게 확인해서 최대한 빨리 답장드리겠습니다."

마침내 앤절라와 전화가 연결되었을 때, 나는 인터뷰를 잡아준 비서에게 고맙다는 말부터 전했다. "혹시 제이미가 말하던가요, 당신과 나에게 공통 친구가 있다고요. 앤디 소카치 말이에요."

"정말요? 앤디는 참 멋진 사람이죠." 앤절라가 웃음을 터뜨리며 말했다. "그런데 이건 말씀드려야겠네요. 사실 제이미는 로봇이에요. 아주 영리한 로봇." 그동안 나는 앤절라의 스마트 비서가 진짜 사람인 줄 알고 그와 이메일을 주고받았던 것이다.

앤절라 더크워스는 펜실베이니아대학 교수이자 아동의 행복한 삶을 위해 심리학을 활용하는 비영리 단체 '캐릭터 랩'의 공동 설립자다. 그의 연구 주제는 그릿과 자제력이다. 더크워스에 따르면 둘은 비슷하긴 하지만 완전히 똑같지는 않다. 자제력이란 그 순간의 재미와 유혹에 (단 10분간이라도) 저항하여 재미는 덜하더라도 자신에게 유익한 것을 추구하는 능력이다. 그릿은 자신이 진정으로 원하는 더 장기적인 목표를 추구하는 능력이다.

2013년 더크워스는 맥아더 펠로십을 수여했다. 흔히 맥아더 천재상으로 불리는 이 상은 수상자에게 아무런 조건을 달지 않고 거액의 상금을 지불한다. 아마도 더크워스는 내가 인터뷰한 사람들 중 첫 맥아더 천재상 수상자일 것이다. 그는 너무도 현실적이고 개방적인 사람이었다.

앤절라 더크워스가 거절에서 배운 것

누군가에게 새로운 아이디어를 설명할 때 우리가 바라는 것은 찬성이다. 우리 모두가 그렇다. 하지만 꼭 다른 사람이 찬성해야만 새로운 아이디어를 밀고 나갈 수 있는 것은 아니다.

박사 과정에 들어간 지 얼마 안 되어 내가 착수한 연구 주제는 '중학생과 자제력'이었다. 마시멜로 실험에 대해서는 독자들도 잘 알 것이다. 1980년대에 한 심리학자가 미취학 아동 앞에 마시멜로 한 개를 놓고 잠시 자리를 비우면서 자기가 돌아올 때까지 마시멜로를 먹지 않고 기다리면 상으로 마시멜로를 두 개 주겠다고 했다. 이 실험에서 연구자가 돌아올 때까지 기다린 아이들은 학교생활 등 삶의 여러 상황에서 다른 아이들에 비해 강한 자제력을 발휘하는 것으로 나타났다.

나는 그보다 나이가 많은 중학생을 대상으로 자제력을 실험해야 했다. 먼저 이것부터 알아내야 했다. "중학생들에겐 뭐가 마시멜로일까?" 답이 쉽게 나오지 않았다. 중학생들은 장난감에 혹하지 않았다. 과자에도 흔들리지 않았다. 오레오를 내놓아도 별 반응이 없었다. 학교 측에서도 음식을 보상물로 삼는 데 찬성하지 않았다. "누구에게 무슨 알러지가 있는지 모르고, 우리는 그런 책임까지 지고 싶지 않다"는 입장이었다. 그래서 난 질문을 바꾸어 보았다. "누구나 좋아할 만한 보상이 뭘까?" 이번엔 답이 쉽게 나왔다. 연구에 참여하는 10대 아이라면 누구나 좋아할 만한 보상은 약간의 용돈이었다.

나는 이 아이디어를 지도 교수에게 가져갔다. "아이들에게 1달러를 주는 실험을 하려고 해요. 그 돈을 가져가려고 하는지, 아니면 저에게 돌려주고 일주일 후에 그 두 배를 받겠다고 하는지 알아보는 거죠. 이 선택지로 아이들의 자제력을 측정할 수 있을 듯합니다."

"한심한 발상이군." 지도 교수는 당장 반대했다. 그는 내 계획에 구멍을 내려고 들었고, 그러면서 한다는 질문이 이랬다. "자네가 다시 돌아온다는 걸 학생들이 어떻게 알겠나?"

나는 지도 교수의 찬성을 얻어내지 못해 실망했다. 그때 나는 박사 과정을 막 시작한 터였고, 내가 가장 신뢰하는 사람인 그 교수는 내가 실험 설계를 잘못했다고 조언하고 있었다. 나는 스스로에게 물었다. 둘 중 누구의 판단이 더 맞는가? 나 자신의 판단? 아니면 45년 경력의 심리학 대가인 지도 교수의 판단?

바로 이런 갈림길에서 포기하느냐 추진하느냐가 갈린다. '나는 내 생각을 확신하는가?' 그 실험에서 나는 내 생각에 확신이 있었다. 지도 교수는 그렇지 않다는 사실은 오히려 나에게 동기를 부여했다. 물론 다른 더 좋은 아이디어가 떠오르지 않기도 했다. 그래서 나는 내 판단대로 밀어붙이기로 하고 교수에게 선언했다. "교수님은 이 계획이 엉터리라고 생각하시지만 전 그냥 하겠습니다."

여담이지만, 대학을 졸업한 뒤 스물다섯 번째 열린 동창회에서 친한 친구 티나에게 물은 적이 있다. "우리끼리니까 솔직히 얘기해줘. 네 생각이 궁금해. 내가 우리 동기 중에 제일 똑똑한 것도 아니고, 제일 예쁜 것도 아니고, 돈이 제일 많은 것도, 몸을 제일 잘 쓰는 것도 아니잖아. 그런 내가 어떻게 이 정도까지 해낼 수 있었을까?"

친구가 답했다. "넌 두려움을 모르니까."

아마 그 말이 맞을 것이다. 난 그 실험이 실패할까 봐 두렵지 않았다. 잘못된다고 해도 뭐가 그렇게 잘못되겠어? 기껏해야 몇 백 달러 없어지는 거지. 세상은 아무 일 없이 돌아갈 것이었다.

지도 교수의 말이 완전히 틀린 건 아니어서, 몇 가지 관리상의 구멍을 메꾸긴 해야 했다. 마시멜로 실험은 피험자 한 명당 한 시간이 걸렸고 일대일 실험이었다. 내가 하려는 실험은 한 반 전체를 대상으로 했다. 실험 중에 학생들이 여기저기 돌아다니며 다른 아이들은 어떤 선택을 했는지, 즉 1달러를 가지기로 했는지 아니면 2달러를 기다리기로 했는지 알아보는 것을 막아야 했다. 그래서 나는 학생들에게 봉투를 하나씩 주면서 이렇게 설명했다. "이 봉투엔 네 이름이 쓰여 있어. 지금 1달러를 꺼내가도 좋고, 아니면 그대로 놔둔 다음 나중에 2달러를 받아도 좋아." 그런 다음 돈을 가져간 학생과 남겨둔 학생 모두의 봉투를 수거하는 방법으로 문제를 해결했다.

결국 이 실험은 심리학계에서 중학생의 자제력을 측정하는 연구의 기본 중 기본이 되었다. 내 실험은 아이들의 학업 성적은 물론 지능지수까지 예측해냈다. 나는 이 실험을 토대로 논문을 써서 이 분야에서 가장 영예로운 학술지에 투고했다. 논문은 수락되었고, 이 소식을 들은 지도 교수는 나를 엄청나게 자랑스러워했다.

나는 박사 과정 초반에 일찌감치 논문을 발표했기 때문에 그게 얼마나 어려운 일인지를 나중에야 알았다. 연구자들이 투고한 논문은 대부분 퇴짜를 맞는다. 그것도 아주 뼈아픈 퇴짜를. 그럴 때의 심사평은 기본적으로 다음과 같다. "당신이 왜 멍청하고 재미없는 사람이며 이 논문이 얼마나 형편없는지 전부 알려주겠음. 게다가 이런 논문은 이미 나와 있음." 하지만 과거의 나는 몰랐다. 논문을 제출했더니 동료 평가가 괜찮게 나왔다. "꽤 좋음. 이 부분만 살짝 다듬으면 좋을 듯." 그리고 곧 학술지에 게재되었다.

초반부의 성공이 나의 초심자다운 열정에 계속 불을 지펴주었다고 생각한다. 만약 내가 연구자 생활 초반부터 호된 비판을 들었더라면, 그 정도로 대단한 에너지와 열정을 쏟지 못했을 것 같다. 이렇게 보면 어린아이들이나 어떤 일을 막 시작한 사람들에겐 초기의 성공이 자신감을 키우는 데 도움이 된다고 본다.

나는 내가 가르치는 대학원생들과 최대한 터놓고 지내려고 한다. 나 자신이 좌절하고 실패했던 경험을 그들과 공유하고, 그들이 성공에 대해 잘못 생각하는 부분을 고쳐주려고 한다. 학계의 초심자인 학생들은 거절을 당하면 바보가 된 기분을 느낄 수밖에 없다. 주위를 둘러보면 다른 사람들이 거머쥔 성공만 눈에 들어온다. 하지만 그건 실패가 감추어져 있기 때문이다. 사람들은 실패하거나 실수한 일을 공개하지 않기 때문에 사람들 사이에 있다 보면 나 혼자만 불안감을 느끼는 것만 같다.

나는 이 문제와 관련한 논문들을 찾아 읽는다. 가장 최근에 읽고 사람들과 공유한 논문은 특정한 상을 받을 뻔했지만 결국 받지 못한 학자들에 관한 연구다. 다시 말해 그 상을 받을 만한 자격은 충분했으나 실제로 받지는 못한 이들을 대상으로 그들이 겪은 일을 자세히 살핀 논문이다. 결론만 말하면, 가까스로 실패한 학자들은 동료들보다 더 많은 것을 생산해낸다!

'당신이 좀 더 노력했으면 성공했을 텐데'라는 말을 들으면 누구나 방어 태세가 된다. 그건 인간적인 반응이다. 이때 중요한 건 스스로에게 잠시 휴식을 허락하는 것이다.

우리는 거절당하는 경험에서 새로운 동기를 찾을 수 있다. 나도 그럴 때가 많다. 몇 년 전 맥아더 재단에서 상금 1억 달러를 내걸었을 때, 난 그 상에 별 관심이 없었다. 그런데 한 동료가 나에게 말했다. "우리가 저걸 어떻게 타겠어요." 그 말을 듣자 마음이 확 바뀌었다. "그래? 그렇다면 내가 저 상을 타야겠는걸." 우승 확률이 낮은 후보가 "두고 봐!" 하며 자기 능력을 증명하려는 이런 심리는 내게도 있고 내가 연구하는 많은 사람들에게도 있다.

맥아더 재단이 신설한 '100& 체인지'는 "우리 시대의 결정적인 문제"를 해결하고자 하는 연구자에게 1억 달러를 주는 상이다. 우리 팀은 '최종적 행동 변화'라는 기획안으로 이 상에 지원하기로 했다. 그러기 위해 먼저 펜실베이니아대학 안에서 동료 교수들이 제출한 쉰 개의 후보안과 경쟁해야 했다. 우리가 뽑혔다. 다음으로는 다른 단체와 조직에서 뽑힌 후보들과 나란히 여러 차례의 예선을 거쳤다. 그 과정에서 우리는 동영상을 제작해야 했고, 우리가 그동안 일한 모든 조직에서 추천서를 받아내야 했다. 다시 말해 세계 곳곳의 대학에 재직 중인 세계적인 학자 수십 명에게 서명을 받고 그 대학들로부터도 서명을 받아야 했다. 시간과 노력이 엄청나게 드는 일이었다. 그사이 우리의 기획안 자체도 더 정교하게 발전시켜야 했다. 그렇게 몇 달간 이 일에 매달린 끝에 맥아더 펠로십에 기획안을 제출할 수 있었다.

이 사업을 함께한 나의 동료 케이티 밀크먼과 나는 자매 같은 사이다. 우리는 서로를 사랑하고 서로가 너무 좋고 서로 자주 싸운다. 나는 케이티의 스웨터를 입고 케이티는 내 스웨터를 입는 그런 사이다. 재단에 지원서를 제출한 뒤 어느 날 케이티가 내게 전화를 걸었다. 나는 출장 중이었고, 호텔 안 체육관에서 역기를 들다가 전화를 받았던 것으로 기억한다.

"우리를 뽑지 않았어." 케이티가 말했다.

잘못 들은 줄 알았다. 체육관이 좀 시끄러웠으니까. 내가 물었다. "뭐라고? 다시 말해줄래?"

케이티가 다시 말했다. "우리를 뽑지 않았다고." 선발 과정에서 지금까지 살아남은 프로젝트가 200개쯤 되는데, 우리는 거기 들지 못했다는 것이었다.

나는 기분이 상한 동시에 뭐랄까, 좀 놀랐다. 잘난 척하려는 게 아니라, 실제로 그때 내 반응은 "이게 말이 돼?"였다.

케이티와 나는 무척 상심했다. 엄청난 노력을 기울였다가 떨어졌으니까. 어떤 사람들은 열심히 노력하면 할수록 실패했을 때의 타격이 크다는 이유로 노력하는 것 자체를 두려워한다. 그때 우리는 어마어마하게 노력했다.

그릿은 거절과 실패를 그 자리에서 웃어넘기는 능력이 아니다. 울음을 참는 능력도 아니다. 눈물이라면 원하는 만큼 실컷 흘려도 된다. 핵심은 '그래도 다시 일어설 수 있는가?'다. 우리는 결국 다시 일어섰다. 울긴 좀 울었지만, 울음을 그친 다음에는 앞으로의 일을 생각했다. 우리는 맥아더 펠로십에 기획안을 제출한 뒤 그 아이디어를 계속 발전시키고 있었다. 그럴 만한 가치가 있는 좋은 아이디어였기 때문이다. 이젠 그저 예산이 줄었을 뿐이었다.

맥아더 재단의 피드백은 뜻밖에 유용했다. "시기상조입니다. 당신들이 다루고 있는 이 문제를 당신들의 방법으로 해결할 가능성은 충분히 높지 않아 보입니다." 우리는 이것을 건설적인 피드백으로 받아들였다. 아마도 재단은 현실화 가능성이 더 높은 프로젝트를 찾고 있었을 것이고, 그건 그것대로 좋은 일이었다. 맥아더 재단이 최종 선택한 기획안은 세서미 워크숍과 국제구조위원회가 내놓은 중동 아동 난민 교육 프로젝트로, 보다시피 매우 중요한 사회문제를 다루는 사업이다.

실망스러운 일이 생길 때—나에게도 그런 일이 아주 자주 생긴다—나는 이것이 장기전임을 되새긴다. 때로는 케이티나 남편 등 다른 사람들이 나에게 그렇다는 사실을 일깨워준다. 어느 하루가 잘못되었다면 그날은 패배를 인정하고 집에 가면 된다. 우리가 하는 일은 오래 계속되는 게임이다. 모든 날이 다 좋을 순 없다.

대처 기제는 사람마다 다르다. 내가 자주 쓰는 방법은 심리학에서 말하는 '지지 탐색'이다. 나에게 어떤 문제가 생기면 곧 많은 사람이 그 문제에 대해 알게 된다. 가령 연구가 잘 진척되지 않을 때 나는 남편에게, 또 가장 가까운 동료들에게 푸념을 늘어놓는다. 그러면 그들이 내 문제에 관해 잘 알게 되고, 이럴 때 사람이라면 누구나 그러듯 내가 문제를 해결할 수 있도록 도와준다. 사람마다 사정이 다르지만 내 경우엔 남편이 지지의 큰 원천이다. 그의 셔츠 깃에 대고 얼마나 많은 눈물을 흘렸는지 모른다.

나는 인간의 대처 능력과 그릿의 힘을 믿는다. 그런데 그릿을 잘못 생각하는 경우가 많다. 그릿이라는 개념은 우리 개개인에게 역경을 극복할 능력이 있다는 것을 뜻하지, 역경의 불평등, 즉 사회적 불평등을 다 같이 해결하지 말자는 뜻이 아니다.

성별이나 출신에 관계없이 모든 사람은 도전하며 살아갈 권리가 있다. 그리고 그 도전은 적당한 도전이어야 하지 절망스러운 도전이어서는 안 된다. 우리는 그렇게 수월하진 않아도 해낼 수 있는 일들을 경험하면서 살아가야 한다. 이와 함께 필요한 것은 시스템 차원의 지지다. 만일 우리가 도전의 평등과 지지의 평등을 이미 이루었다면, 현재 많은 분야의 최상위층에서 발견되는 불합리한 성별 불균형은 존재하지 않을 것이다. 우리에게 필요한 것은 개인 대 개인의 지지만이 아니라 구조적 지지다. 예를 들면 육아휴직 정책이나 근무시간 유연화 같은 제도가 있어 아이나 가족을 병원에 데려갈 수 있어야 하고 아이가 아플 때 재택근무를 할 수 있어야 한다.

자신의 분야에서 정상에 오른 수많은 여성과 소수자가 입을 모아 말한다. 그 쉽지 않은 사다리를 올라 정상에 선 사람은 그릿이 대단할 수밖에 없다고. 그들은 백인 이성애자 남성보다 더 많은 걸림돌을 뛰어넘어 그 자리에 올랐으니까. 사실 나 자신에 대해 이런 관점에서 생각해본 적은 없지만 아주 일리 있는 설명이다.

앤절라 더크워스의 조언

1. 거절을 당하면 세상에서 나만 이런 일을 당한다고 느끼기 쉽다. 그러나 사실은 그렇지 않다. 사실은 모든 사람이 실패를 겪는다. 이 현상을 가리키는 이름까지 있다. '다원적 무지'라고 해서, 자신을 제외한 다른 모든 사람이 어떠어떠할 거라고 추측하지만 그 추측이 사실에 부합하지 않는 것을 말한다.
2. 열정은 발견하는 것이 아니라 계발하는 것이다. 어떤 일에 대해 애정을 키우는 데는 긴 시간이—때로는 몇 년이—걸릴 수 있다. 그러

니 당신이 맡은 일이 그 즉시 '소명'으로 느껴지지 않는다고 해서 너무 성급하게 그만두지 마라.

3. 나는 취약성의 힘을 굳게 믿는다. 당신의 고민거리를 사람들에게 알리고 그들의 지지를 얻어라.

앤디 크레이머

변호사

거절이라고 부를 만한 일을 한 번도 당하지 않고 무사히 지나가는 달이 한 달이나 있나 모르겠다. 어떤 일을 당했을 때 거절로 볼 것인가, 아니면 배움의 기회로 볼 것인가? 나는 배움의 기회로 삼으려고 엄청나게 노력해 왔다.

나는 앤디 크레이머와 그의 남편이 고양이 네 마리, 개 네 마리와 함께 산다는 이야기를 듣고 곧장 동질감을 느꼈다(나도 개를 두 마리 키우고 있지만 더 많으면 더 좋을 것 같다). 크레이머는 크리스마스 장식을 달면서 나와 인터뷰를 할 생각이라고 했다. 그는 먼저 시카고에서의 성장기에 대해 이야기해주었다. 크레이머는 지금도 시카고에 살고, 대형 국제 로펌의 파트너 변호사로 금융 상품·거래·파생 부서를 총괄하고 있다.

크레이머의 최근 저서 『당신이 아니라 일터가 문제다 *It's Not You, It's the Workplace*』는 제목만 봐도 짐작할 수 있듯, 여자들에게 성차별적인 근무 환경에 더 잘 적응하라거나 새로운 방식으로 순응하라고 말하는 책이 아니다. 이 책에 앞서서는 남편인 변호사 앨 해리스와 함께 첫 책 『편향 돌파하기*Breaking Through Bias*』를 썼다.

“우리는 남자들을 동지로 끌어들여야 해요.” 크레이머가 내게 말했다. 그는 저자 강연을 하러 다니는 과정에서 많은 청중이 자신과 남편의 이야기를 각각 다르게 듣는다는 사실을 알았다. “제가 남자 청중에게 ‘당신들은 이 문제를 몰라요’라고 하면 그들은 눈을 굴리면서 제 말에 귀를 닫아요. 그런데 남편이 그것과 똑같은 말을 하면 한마디 한마디 새겨듣더란 말이죠.”

앤디 크레이머는 〈더 내셔널 로저널〉에서 선정한 ‘미국의 가장 영향력 있는 여성 변호사 50인’에 이름을 올렸다. 선정 이유는 “법조계의 지형을 바꾸고, 사회문제를 해결하고, 새로운 사업을 추진하는 등 큰일을 해내는 능력을 증명”해서다. 크레이머는 그 밖에도 많은 상을 받았다. 그가 속한 로펌은 최근 여성 변호사가 일하기에 가장 좋은 일터 중 한 곳으로 설정되었고 젠더 다양성을 위한 노력을 인정받고 있다.

앤디 크레이머가 거절에서 배운 것

일과 관련한 마음의 상처는 향후 진로를 알려주는 유용한 나침반이 된다.

나는 고등학생 때 부모님에게 변호사가 되고 싶다고 말했다. 노동자계급에 속했던 부모님은 당신들이 아는 유일한 변호사에게 나를 만나서 변호사라는 직업에 대해 알려달라고 부탁했다. 그렇게 마련된 점심 자리에서 그 변호사는 내가 변호사가 되면 안 되는 온갖 이유를 설명했다. 아무도 여자 변호사를 좋아하지 않는다는 둥, 여자 변호사는 친구가 없다는 둥, 여자 변호사는 직장에서 고립되고 아무하고도 친해지지 못한다는 둥, 결혼도 못하고 아이도 못 낳을 것이라는 둥… 요약하면 여자 변호사의 삶은 외롭고 불행하다는 것이었다. 그 사람의 말은 안 들은 걸로 쳤다.

나는 아이비리그의 유명 대학이나 여자대학에 가기를 꿈꿨지만 그럴 형편이 안 되어서 일리노이대학에 진학했고 대형 주립대에서도 얼마든지 좋은 교육을 받을 수 있다는 사실을 알게 되었다. 그 뒤엔 노스웨스턴대학 로스쿨에 진학했고, 특히 퍼즐 풀기와도 같은 조세법 분야에 큰 재미를 느꼈다. 3학년 진학을 앞둔 여름방학에는 한 대형 로펌에서 인턴으로 일하며 화이트칼라 직장 문화의 몇몇 중요한 특징을 배웠다.

그중 하나는 항공 산업과 관련한 조세 문제를 조사할 때 배웠다. 나는 사내 도서관에 가서 자료란 자료는 모두 뒤졌지만 선박 관련 사례밖에 찾아내지 못했다. 일을 맡긴 변호사에게 가서 물었더니, 나더러 카운티 공립 도서관도 가보았느냐고 했다. 내가 말했다. “제가 회사 밖에 나가도 된다는 말씀인가요?” 그동안 나는 근무 시간에는 반드시 회사에 있어야 하는 줄로만 알았다. 회사에 있는 시간만이 근무 시간인 줄 알았다. 조사 업무차 밖에 나가도 된다는 것은 몰랐다.

또 하나는 여름방학이 끝나고 나서 배웠다. 당시에 로스쿨에서는 여름방학 때 인턴으로 일한 회사에 취직하지 못하면 뭔가 문제가 있다는 것이 정설이었다. 나도 그 회사에 들어가리라고 기대하고 있었다. 그 대형 로펌의 변호사들이 나를 얼마나 높이 평가했는지 생각하면 당연한 일이었다. 그들은 내가 전달한 메모에다 "잘 해결해주었어요" 같은 칭찬의 말을 써서 나에게 돌려주곤 했다.

그러나 방학이 끝날 무렵 여름 인턴 프로그램을 담당했던 변호사가 나에게 전화를 걸어 한 말은, "아쉬운 소식을 전해야겠네요. 미안하지만 학생에겐 채용을 제안하지 않기로 했습니다"였다. 충격적이었다. 그 회사 변호사들은 나를 정말로 높이 평가했는데 어째서? 이유를 알고 싶었다.

알고 보니, 회사 고위층에 속하는 한 변호사가 앤디 크레이머는 "내가 관 속에 들어간 뒤에야 채용될 것"이라고 했단다. 나는 머리를 쥐어짜야 했다. 그 사람과는 15분짜리 프로젝트를 한 번 같이 했을 뿐인데, 이게 무슨 일인가.

이 사태의 의미는 수년 후에야 깨달았다. 당시 나는 그 변호사의 비서에게 연락을 받고 15분짜리 프로젝트를 맡으러 그의 사무실을 찾아갔다. 거의 농구 코트 절반만 한 크기의 공간이었다. 그는 책상에 두 발을 올리고 두 손은 뒤통수에 깍지를 낀 자세로 앉아 있었다. 그야말로 교과서적인 권력자 포즈였다. 나는 누군가를 처음 만났을 때는 반드시 악수를 해야 한다고만 알고 있었다. 실제 에티켓 같은 것은 전혀 몰랐다. 가령 내가 책상에 앉아 있을 때 누군가 다가와서 악수를 청하는 경우 예의상 자리에서 일어서야만 한다는 것을 지금은 알지만 그때는 몰랐다. 즉 나는 악수를 청함으로써 그 변호사를 억지로 일으켜 세운 것이었다. 돌아보면 그게 내 첫 번째 '실수'였다. 그 사람을 자리에서 일어서게 함으로써 본의 아니게 권력 역학을 흔들어버린 것이.

그다음엔 그가 나더러 방 한구석에 있는 소파에 가서 앉으라고 손짓했다. 그 소파는 애견 침대처럼 높이가 낮았다. 나는 이 사람과의 관계가 어딘가 어긋나고 있음을 감지하고 이미 허둥대고 있었다. 하지만 뭐가 잘못된 건지는 몰랐다. 나는 그 사람의 책상 맞은편에 손님용 의자가 두 개 있길래 그중 하나에 앉았다. 그는 나에게 어떤 비영리 기관의 법인 설립과 관련한 일을 맡겼다. 그 일은 15분은커녕 10분밖에 안 걸렸다. 나는 일을 끝내고 그 방을 나왔다.

그날 나는 지나치게 정석대로 그에게 악수를 청하고 그를 의자에서 일어서게 만들었다. 그다음엔 '개 침대'에 앉으라는 말을 무시하는 건방진 모습을 보였다. 그러나 난 내가 그랬다는 사실을 한참 뒤에야 깨달았다. 당시에는 그 로펌에서 나를 채용하지 않자 다른 어느 곳에서도 나를 원하지 않을까 봐 겁이 났다. 높은 학점과 창창한 꿈으로 무장하고 이제 훌륭한 변호사가 되는 일만 남은 줄 알았는데, 마음이 무너져버렸다.

그러나 그 마음의 상처가 다음 진로를 알려주었다. 우려와 달리 시카고에 있는 다른 유명 로펌이 나에게 채용을 제안했다. 난 당연히 그 회사에 들어갈 생각이었다. 그때 로스쿨 동기 중 가장 똑똑한 친구가 자신이 일하는 신생 로펌에서 조세 변호사를 구한다고 했다. 친구는 나에게 그 자리에 지원해보라고 했고 나는 호의에 보답하는 마음으로 그렇게 했다.

작은 회사였다. 나는 곧 거기서 일하는 모든 사람에게 호감을 느꼈고 그들과 공감대를 형성했다. 그들이 말했다. "우리 회사엔 세금 부서가 없는데 이젠 만들어야 해요. 당신이 그 일을 맡아주면 좋겠어요. 추가로 필요한 교육이 있다면 얼마든지 지원하겠습니다."

대형 로펌에서 여름방학 인턴을 마친 뒤 호된 거절을 경험한 나는 규모가 작고 화기애애한 이 회사에서 일하기로 했다. 일과 관련한 내 인생 최악의 거절 덕분에 조금은 더 주도적인 태도로 나에게 가장 알맞은 일터를 찾아낼 수 있었고, 여성인 나를 완벽하게 지지해주는 회사에서 변호사 생활을 시작할 수 있었다. 당시엔 몰랐지만, 그건 특별한 사례였다.

직장 내 성차별에 적응하는 법을 익힌다고 해서 당신의 진정성이 훼손되는 것은 아니다.

어느 시점에 이르자 나를 찾는 클라이언트들에게 대형 로펌만이 제공할 수 있는 힘이 필요해졌기에 나는 큰 회사로 자리를 옮겼다. 그리고 그곳에서 성별 편향을 발견했다. 나는 회사의 경영위원회와 보상위원회에서 활동했는데, 여자들은 자기 평가서를 다음과 같이 써냈다. "저는 이러이러한 팀에서 이러이러한 일을 했고 우리는 고객의 재산 수억 달러를 지켜냈습니다." 똑같은 일을 한 남자들은 자기가 프로젝트를 이끌지 않았는데도 다음과 같은 자기 평가서를 제출했다. "저는 대단한 인재입니다. 저는 엠파이어 스테이트 빌딩 꼭대기에 올라 위기에 처한 아가씨 열아홉 명을 발견하고 그들을 전부 구출했죠. 고객의 재산 수억 달러를 저 혼자 힘으로 지켜냈답니다." 당신이라면 누가 더 많은 돈을 벌었다고 생각하겠는가? 남자다. 이 차이를 보고 나는 급진주의자로 변모했다. 성별 편향이 심각한 일터에서 일하는 여자들이 공평한 기회를 누리려면 어떤 일들이 필요한지에 대해 발언하고 글을 쓰기 시작했다.

규모가 큰 조직에서는 여자들에게 특정한 성향이 있다고 단정한다. 여자들은 공동체와 다른 사람들을 우선시하고, 협업에 관심이 많고, 소속 집단의 안녕을 중시하는 경향이 있다고 전제하는 것이다. 이는 내 부모님의 친구가 점심 자리에서 나에게 했던 그 끔찍한 조언과 일맥상통한다. 우리는 어린 시절 내내 사람들에게 호감을 사는 법, 다정하고 겸손하게 행동하는 법, 그들의 일원으로 초대받기를 기다리는 법을 배운다. 우리가 강인하고 자신감 넘치고 할 말을 똑부러지게 하는 모습을 보이면 남자와 여자 가리지 않고 모든 사람이 경기를 일으킨다. 반면에 남자들은 더 주체적인 존재로, 지휘권을 쥐고 수단과 방법을 가리지 않고 본인의 성공을 추구하는 것이 당연한 존재로 여겨진다. 많은 남자들이 실제로 그런 면모를 보인다.

성별 편향에서 자유로운 회사를 세 곳만 떠올려보라. 아마 떠올리기 힘들 것이다. 조직은 달라져야 한다. 남자들도 달라져야 한다. 그러나 현재 일하고 있거나 막 일을 시작한 여자들에게 강조하건대, 조직과 남자들이 스스로 달라질 때까지 기다리다간 당신은 은퇴할 나이가 되거나, 이 세상에 없거나, 아니면 일을 그만둔 지 오래일 것이다. 우리는 커리어를 쌓아나가는 동시에 제도적 변화를 끌어내야만 한다.

관련 연구들에 따르면 공동체 친화성과 주체성 양쪽을 요령 있게 발휘하는 여자들이 남자보다 더 크게 성공한다. 『편향 돌파하기』에서 나와 남편은 여성이 친화성과 주체성 중 어느 한쪽 특성을 두드러지게 내보일 때 겪는 모순적인 요구를 '골디록스 딜레마'라는 용어로 표현했다. 이런 여자들은 너무 딱딱하다 또는 너무 무르다고만 평가되고 그사이의 평가는 받지 못한다. 자기 평가서를 쓸 때도 바로 이 딜레마를 잘 피해야 한다. 지나치게 '남성적'이라는 인상을 주지 않으면서 자신의 성과를 정확히 주장하는 방법은 무엇일까? 가령 이렇게 쓸 수 있겠다. "올해 저는 효과적인 전략을 고안하여 고객의 재산 수억 달러를 지켜냈습니다. 제가 해낸 일은 다음과 같습니다." 이처럼 자신의 퍼포먼스를 평가할 때는 겸손하게 굴지 않아야 한다. 주장을 뒷받침할 데이터가 있는 한 누구도 당신을 깔아뭉갤 수 없다.

나와 남편이 성별 편향을 극복하는 기법들을 설명할 때 이렇게 반응하는 여자들이 있다. "그런 기법 따윈 쓰고 싶지 않습니다. 저는 진정성을 보여주고 싶거든요." 그러나 이런 기법과 진정성은 아무런 관계가 없다. 우리는 공동체 친화성과 주체성 모두를 가지고 있고 두 특성을 다 발휘할 수 있다. 진정성이란 자신의 가치를 충실하게 지키는 것이지 특정한 소통 방식을 고수하는 것이 아니다.

앤디 크레이머의 조언

1. 그릿과 회복력을 타고나지 않은 사람도 거절과 실패, 실망에 대처하는 과정에서 그릿과 회복력을 계발할 수 있다.
2. 벽에 부딪혔다가 좌절한 다음 또다시 그 벽에 부딪혀봐야 또 좌절할 뿐이다. 이럴 때는 주변을 넓게 둘러보면서 "어딘가 문은 없을까? 여길 통과할 수 있는 다른 방법이 있나? 벽에 부딪친 경험에서 뭔가 배울 점이 없을까?" 하고 자문해야 한다.
3. 나의 어머니는 예순세 살에 뇌종양으로 세상을 떠났다. 어머니의

죽음을 겪은 이후, 클라이언트와 관련하여 중대한 문제가 발생하면 다른 사람들이 난리법석을 떠는 동안 나는 어머니의 죽음을 돌아보며 이렇게 생각했다. '이건 그냥 돈 문제야. 뇌 수술에 비하면 아무것도 아니지.' 물론 이런 생각을 말로 표현한 적은 한 번도 없지만, 일의 경중을 객관적으로 파악하는 것이 그만큼 중요하다는 뜻이다.

아이사 왓슨

기업가

나는 거절당할 때마다 이렇게 생각한다. "거절을 한 번 당할 때마다 '예스'에 한 걸음 더 가까워진다"라고.

아이사 왓슨과의 전화 통화는 너무도 유쾌했다. 그가 운영하는 회사가 사람들을 연결하여 서로 친구가 되도록 돕는 회사라는 사실이 통화를 하면서 자연스럽게 납득되었다. 왓슨이 최고경영자로 일하는 '스쿼드'는 비슷한 관심사를 가진 개인 사용자들을 먼저 온라인으로, 이어 오프라인으로 서로 만나게 하는 회사다.

왓슨의 활기찬 겉모습만 봐서는 그가 굉장한 학구파라는 사실을 짐작하기 어렵다. 그는 20대 초반에 코넬대학 생화학과에서 공부하며 과학 학술지에 여러 편의 논문을 게재했고 이어 매사추세츠 공과대학에 진학했다. 그다음엔 1급 투자은행가로서 전 세계를 돌아다녔다. 그러나 어려서 배운 대로 인간적 유대의 놀라운 힘을 믿었던 왓슨은 결국 스쿼드라는 회사를 차리게 되었다. 그는 자신의 사업을 설명하면서 이렇게 말했다. "난 흑인이고 당신은 백인이죠. 난 '피부색은 중요하지 않아'라고 말하는 사람은 아니에요. 하지만 무엇보다 중요한 사실은 우리가 생각보다 많은 공통점을 가지고 있다는 겁니다."

스쿼드 앱에 처음 접속하면 먼저 우선순위에 대한 질문이 뜬다. "현재 당신에게 가장 중요한 가치는 무엇인가요?" 여기에 대답하고 나면 스쿼드가 주최하는 토론회나 저녁 모임에 나가 만나보면 좋을 사람 네 명이 뜬다. 스쿼드의 알고리즘은 사용자가 누구와 교류하는지를 보고 점점 더 많은 정보를 습득한다. 이 회사의 목표 중 하나는 사람들의 외로움을 덜어주고 그들을 바깥으로 나오게 하는 것이다. 스쿼드를 창립한 후 아이사 왓슨은 〈잉크〉가 선정한 '30대 이하 최고의 기업가 30인'에 이름을 올렸고 〈포브스〉 〈잉크〉 〈패스트 컴퍼니〉에 기사가 실렸으며 NBC 방송국 〈투데이〉에 출연했다.

아이사 왓슨이 거절에서 배운 것

부정적인 업무 평가에 대해선 극단적으로 생각하지 말자. 납득되는 비판이라면 받아들이고, 그렇지 않은 것은 헛소리로 받아넘기면 된다.

나는 세인트키츠네비스에서 태어났지만 유년기의 대부분은 노스캐롤라이나주 채플 힐에서 보냈다. 부모님은 열정과 사랑이 넘치는 사람들이었고 나는 똑똑한 아이였다. 그렇다는 건 내가 또래들보다 어려운 공부를 할 기회가 많았다는 뜻이다. 이번 방학에는 물리학을, 다음 방학에는 기계공학을 배우는 식이었다. 나는 몇 년을 월반해서 열두 살 때 고등학생이 되었다. 당시 전화 모뎀이라는 기기로 인터넷에 접속하는 일이 막 가능해져서, 가끔 부모님의 컴퓨터 앞에 앉아 당뇨와 심장병을 치료하는 약에 대해 조사했다. 우리 가족 중에 그 병을 앓는 사람들이 있었기 때문이다. 그러다 세상에 제약회사가 있다는 사실을 알게 되었고, 그런 회사는 어떤 사람들이 운영하는지 찾아보았다. 제약회사들의 경영진은 경영대학을 나온 백인 남자 일색이었다. 그래서 나는 화학을 전공한 다음 대형 제약회사의 최고 경영자가 되어 치료제가 필요한 사람들을 돕기로 마음먹었다.

햄프턴대학에 진학해 화학과 수학을 공부했고 코넬대학에서 생화학 석사 학위를 땄다. 그다음엔 매사추세츠 공과대학 경영학 석사 과정에 들어갔다. 나는 제약회사인 머크에서 채용 제안을 받았고, 제이피모건 체이스에서도 상급 관리직을 제안받았다. 연구실 생활은 석사 과정 때 지겹도록 했던 터라 투자은행에서 새로운 직무 기술을 계발할 기회가 매력적으로 다가왔다.

제이피모건은 나에게 도전적인 배움의 장이었다. 특히 이 회사의 분위기가 과학 연구실과는 전혀 달랐다는 점에서 그러했다. 가령 연구자들은 회의 테이블에서 반드시 자기 의견을 내놓아야 한다. 상급자가 “이 용매를 써보면 어때요?”라고 제안하면 당신은 "그걸 왜 써요?"라고 대놓고 반문할 수 있다. 연구실의 의사소통에는 위계질서가 끼어들 틈이 없다. 학자들은 협력 관계 속에서 서로에게 솔직하다.

제이피모건에서는 모든 게 더 모호했다. 내가 받은 업무 평가에는 도저히 해석할 수 없는 말들이 들어 있었다. 예를 들어 "다의성을 다루는 능력"이 떨어진다는 평가를 받았는데, 그게 무슨 뜻인지 알 수 없었다. 한번은 "분석 기술"에서 낮은 점수를 받은 뒤 사람들에게 이 문제를 개선할 방법을 물었으나 그 누구도 대답하지 못했다. 대학 연구실에서는 교수나 동료가 "당신은 분석력이 부족하다"라고 말하면 그 말은 문자 그대로 "이 실험을 설계할 때 당신이 놓친 변수가 있다"는 뜻이다.

다행히 나에겐 모건 스탠리의 현 부사장인 칼라 해리스라는 멘토가 있었다. 나는 인사 평가 내용을 종이에 인쇄해 가서 그와 일대일 면담을 했다. 칼라는 맨해튼의 메트라이프 빌딩에서 달걀흰자 오믈렛과 차로 아침을 먹으면서 내 업무 평가를 해독해주었다.

그는 첫 번째 업무 평가를 읽더니 이렇게 말했다. "아, 사람들이 당신을 좋아하지 않는군요. 뭘 어쨌길래?"

내가 대답했다. "글쎄요."

칼라가 말했다. "내 직감으로는, 당신이 회사에서 진실된 모습을 보이지 않아서, 그래서 사람들이 당신을 신뢰하지 않는 거예요."

칼라는 엄청나게 성공적인 커리어를 쌓아온 데다 인간적으로도 훌륭한 흑인 여성으로, 나는 그를 좋아하고 존경한다. 하지만 그녀 말고도 다른 경험 많은 흑인 동료들에게서 들어온 조언이 있었다. “잘 들어요, 월요일마다 지하철 출근길에 타이거 우즈에 관한 기사를 찾아 읽도록 해요. 뉴욕 양키스 경기 결과도 확인하고. 백인들은 골프와 야구를 좋아하니까, 출근해서 동료들과 그 주제로 대화하세요.” 흑인 여자인 나는 백인이 많은 회사에 적응하려고 그런 식으로 노력했다. 하지만 실제의 나는 아주 솔직 담백한 성격이고, 아마도 그 불일치 때문에 사람들에게 진실하지 않다는 인상을 주었던 것 같다. 거짓으로 꾸며낸 모습은 간파당하기 마련이니까. 칼라의 조언을 들은 뒤 나는 좋아하지 않는 것들에 관심 있는 척하기를 그만두고 사람들에게 있는 그대로의 내 모습을 보여주기로 했다. 예를 들어 나는 노스캐롤라이나대학의 농구팀 타르 힐스의 광팬이다. 내가 농구 이야기를 하자 사람들은 내가 진심이라는 걸 알아보았다. 전보다 훨씬 좋은 반응이 돌아왔다.

결과가 모든 것을 말해주진 않는다.

칼라가 해준 말이 하나 더 있다. “아이사, 당신은 아직 주변 환경을 면밀히 파악하지 못했어요.” 누가 게임을 주도하고 있는지 알아내서 관계를 구축하라는 조언이었다. 나는 원체 결과를 중시하는 사람이라 '내 노력의 결과가 모든 것을 말해준다'고만 생각했다. 하지만 칼라는 '결과는 아무것도 말해주지 않는다'고 했다. 사람들을 원하는 방향으로 움직이려면 핵심 인물들과의 관계가 필요하다고 했다.

칼라가 알려준 방법을 따라, 또 내가 책에서 읽고 직장에서 면밀히 관찰한 바에 따라 동료들과 관계를 구축하기 시작했다. 알고 보니 사람들은 불안할 때 반발했기에, 나는 동료들에게 확신을 주고자 했다. 그때부터 나는 두각을 드러내기 시작했고, 뉴욕과 홍콩 지사에서 원격 대출 지점을 만들어 연간 기업 융자 600만 달러를 달성하는 엄청난 성과를 올렸다. 중소기업을 대상으로 하는 사업도 추진하여 회사에 총 12억 달러의 수익을 안겼다. 하지만 내가 한 단계 한 단계 승진할수록 사내 정치가 점점 더 큰 영향력을 미치고 있었다. 그걸 헤쳐나가야 한다는 것이 그 직업의 가장 매력 없는 부분이었다. 스물여섯 살짜리 흑인 여자가 그 많은 권한과 권위를 가지는 데 백인 동료들이 느끼는 불편한 심기까지 내가 해결해야만 했다.

투자은행가라는 직업 자체에 환멸을 느끼고 있던 그즈음 내 가족에게 끔찍한 일이 일어났다. 부모님은 오래전부터 지역 고등학교 학생들을 인솔해 타 지역 대학들을 둘러보는 행사를 주선하고 있었다. 아버지는 햄던시드니대학의 지역 동문회장이었고, 두 분은 매해 사재로 그 여행을 성사시켰다. 그런데 올해 타고 가던 버스가 전복하여 두 분 모두가 앞 유리창 밖으로 튕겨 나갔다. 어머니는 가까스로 살아남았지만 아버지는 돌아가셨다.

이 비극적인 사건 앞에서 나는 부모님이 나에게 가르쳐준 모든 것을 다시 떠올렸다. 내가 어릴 때 두 분은 언제나 공동체를 위해 일했다. 노스캐롤라이나에 있는 우리 가족의 큰 집은 어찌나 많은 사람들이 찾아와서 주방에 모여들었는지 회전문을 달아야 할 정도였다. 아버지는 나에게 자주 말했다. "아이사, 넌 복받은 아이다. 그러니 이 세상에 사는 동안 최대한 많은 사람에게 그 복을 나누어주는 게 네 소명이야." 그때까지 이 말이 단 한 번도 깊이 와닿지 않았는데, 그 힘겨운 순간이 되어서야 대인 관계와 공동체의 힘이 얼마나 큰지 깨달을 수 있었다. 부모님과 오랫동안 멀리 떨어져 살던 사람들이 나에게 와서 이렇게 말했다. "당신 부모님이 내 인생을 바꾸어놓았답니다."

그때부터 난 더 중요한 일이 하고 싶어졌다. 제이피모건 전략팀의 2인자라는 자리는 대단한 영향력을 행사할 수 있고 놀라운 기회를 누릴 수 있는 직급이었지만, 이제 내 영혼을 울리는 일, 내가 이 세상에 존재하는 목적과 맞닿아 있는 일이 하고 싶어졌다. 그래서 온라인 공동체에 어떤 한계들이 있는지 살피면서 스쿼드라는 회사를 구상했다. 지금 우리는 정치적으로 첨예한 시기, 즉 서로의 '다른 점'을 지나치게 키워 보는 시대를 살고 있다. 나는 사람들이 서로의 '비슷한 점'을 매개로 소셜미디어가 아니라 실생활에서 연결되게 하고 싶었다.

내가 제이피모건에서 퇴사한다고 알리자 다른 여러 회사의 운영진이 스카우트를 제안했고, 그래서 원하기만 하면 언제든 그 업계로 돌아갈 수 있다는 사실을 확인할 수 있었다. 제이피모건은 내 후임자로 나보다 경력이 훨씬 많은 남자 두 명을 고용했다. 나의 높은 생산성에 대해 그보다 분명한 증거는 없었지만, 이제 난 새로운 일에 도전하고 싶었다.

스쿼드는 회사의 창립 목적에 공감하는 투자자들로부터 지금까지 350만 달러가 넘는 투자금을 받았다. 너무도 다른 배경을 가진 사람들이 스쿼드를 통해 한자리에서 만난다. 예를 들어 37세의 싱가포르 출신 남자와, 32세의 백인 뉴욕 출신 여자와, 25세의 노스캐롤라이나 출신 흑인 남자가 만났다. 일주일 전에 스쿼드 행사에서 만나 너무나 잘 통했던 이들은 이제 정기적으로 만나 농구를 한다. 그중 한 명이 치과 의사라 다른 두 사람은 그에게 진료를 받을 예정이다. 이런 이야기를 들으면 내가 이 세상에 필요한 일을 함으로써 부모님의 뜻을 기리고 있다고 느껴진다. 또한 사람들이 있는 그대로의 모습으로 관계를 맺도록 돕고 있다고도 느낀다.

아이사 왓슨의 조언

1. 되도록 일찍 후원자를 찾아라. 후원자는 멘토와 다르다. 멘토가 단순히 충고하고 조언하는 사람이라면, 후원자는 뒤에서 당신을 밀어주는 사람이다. 내 경우엔 제이피모건 체이스에서 일을 시작한 초반에 후원자가 없었던 것이 그 기업에 적응하는 속도를 늦추

었다.

2. 제이피모건 체이스에서 나는 '직장 내 이큐'를 발견하고 계발했다. 일터 인간관계의 교과서라 할 수 있는 『데일 카네기 인간관계론』을 일곱 번쯤 읽었는데, 독자 여러분에게도 이 책을 추천한다.

세라 케이닉

저널리스트, 방송인

난 자녀들에게 거절과 실패에 관한 이야기를 끊임없이 들려준다. "내가 직장을 얼마나 자주 옮겼는지 아니? 얻으려고 했지만 얻지 못한 게 얼마나 많은지 알까? 학교에는 여기저기 얼마나 많이 떨어졌는지는? 하지만 다들 이렇게 살아간단다."

내가 세라 케이닉을 처음 만난 건 그가 시카고대학의 '오프오프 캠퍼스'라는 즉흥 코미디 동아리에서 활동할 때였다. 무대 위의 케이닉은 명석하고 기운차고 웃긴 사람이었다. 그로부터 거의 30년이 지나 이 책의 인터뷰를 위해 만난 그는 그때와 거의 똑같은 사람이었다. 케이닉은 대학을 졸업한 뒤 배우가 될 생각이었다가, 더 진지하고 어른스러워지기 위해서, 대학원에 가기로 했다. 그렇게 컬럼비아대학 러시아문학과에 진학했으나, 보름 만에 다른 학생들과 함께 '헝가리안 페이스트리 숍'이라는 학교 근처 가게에 앉아 이런 생각을 하고 있었다. '난 누구이고 여기서 뭘 하고 있는 거지.' 케이닉은 학교를 그만두기로 했다. 하지만 자퇴는 그렇게 "쉽고 깔끔한" 일이 아니었다. "괴로웠다. 나 자신이 패배자 같았다. 사기꾼 같았다. 모조품 같았다. 끔찍한 시간이 이어졌다."

하지만 학교를 그만둔 뒤 케이닉은 진실로 즐거운 일을 찾아냈다. 그는 10여 년간 저널리스트로 활동하다가 공영 라디오 방송 프로그램인 〈디스 아메리칸 라이프〉의 프로듀서가 되었으며 이윽고 팟캐스트 역사상 최초로 미국 전역에서 선풍적인 인기를 끈 〈시리얼〉을 제작하여 듀퐁 컬럼비아 상, 스크립스 하워드 상, 에드워드 머로 상 등 방송계의 굵직한 상을 휩쓸었다. 무엇보다도 〈시리얼〉은 팟캐스트가 이야기 형식의 탐사 저널리즘과 가장 잘 어울리는 매체임을 입증하면서 팟캐스트의 생태계 자체를 바꾸어놓았다.

세라 케이닉이 거절에서 배운 것

계속 이력서를 보내도 거절만 당할 때는 패배자가 된 기분이 들지만, 그건 기분일 뿐이다.

대학을 졸업한 뒤 여러 직장을 전전했다. 〈시카고 트리뷴〉에서 '복사 걸'로 잠깐 일한 적도 있는데, 아마 내가 크리스마스 기간에도 출근할 수 있다고 해서 날 뽑았던 게 아닌가 싶다. 당시는 컴퓨터라는 물건이 모든 것을 지배하기 이전으로, 늙다리 백인 남자가 한 시간에 한 번씩 손가락을 들어 딱 하고 튕기면 내가 달려가서 신문지 크기의 종이를 편집자에게 전달했다. 그게 내가 맡은 일의 전부였다. 혹은 내 생각엔 그랬다. 정확히 어떤 일을 해야 하는지 몰랐고, 지금 생각하면 서투르기 짝이 없었던 것 같다. 그렇게 세 달을 일한 뒤 어느 날 회사에 출근하지 않았다. 그만두겠다고 말하기도 귀찮아서 그냥 결근했는데, 아무도 나에게 연락하지 않았다.

본격적인 저널리스트로 일한 첫 직장은 내가 사는 지역의 신문사인 〈이스트 햄프턴 스타〉였다. 나는 그 신문사를 소유한 가족과 잘 아는 사이였기 때문에 이곳에 취직한 것이 대단한 성취는 아니었다. 처음에는 여름 한철만 일할 생각이었고, 주로 햄프턴에서 열리는 자선 모금 행사 따위를 취재했다. 그러다 "이 일 괜찮네"라고 생각하고 그만두지 않기로 했다. 이 주간지 신문사에서 교육위원회와 지방정부에 관한 기사를 쓰면서 나는 신문 기사 쓰기의 기본을 배웠다.

그다음엔 또 한 번 행운이 찾아와 3년간 러시아에서 살면서 ABC 뉴스를 위해 일하고 그다음엔 〈뉴욕 타임스〉 모스크바 지부에서 정보 조사원으로 일했다. 〈뉴욕 타임스〉에 기사를 여러 번 실었고, 〈모스크바 타임스〉와 〈센트럴 유러피언 비즈니스 리뷰〉에서도 프리랜서 기자로 일했다. 미국으로 돌아오기 전 나는 〈뉴욕 타임스〉 통신원인 친구들에게 미국에 돌아가서 나도 같은 회사에서 일하고 싶다고 선언했다. 친구들은 웃음을 터뜨렸다. “그러려면 작은 언론사에서부터 시작해서 위로 올라가야 해. 이 업계가 원래 그래.” 미국에 돌아와 친구들의 조언에 따라 작은 신문사들에 이력서와 그간 쓴 기사들을 보냈다. 그때 나는 내가 특별하다고 생각했다. “여기 좀 보실래요? 난 일류 언론사와 일한 인재랍니다! 이런 내가 작은 신문사에 일자리를 구하고 있어요. 어서 고용하시죠?”

크고 작은 신문사에 지원했지만 아무도 나를 원하지 않았다. 〈데일리 뉴스〉가 뉴욕시의 ‘소수민족 거주 구역’을 더 많이 다루기 위해 제2외국어에 능통한 기자를 찾는다는 광고를 보고 거기에도 지원했다. “저는 뉴욕의 러시아인 공동체를 담당할 수 있습니다. 최근 러시아의 정권 교체와 함께 많은 자금이 유입되고 있고, 저는 러시아어에 능통합니다”라고 썼다.

보름 후에 답장이 왔다. “지원해주셔서 감사합니다. 그러나 이번 채용에서는 제2외국어에 능통한 기자를 찾고 있습니다.” 뭐라고?

몇 달이 흘러갔다. 나는 불안했고 패배감에 빠졌다. 〈볼티모어 선〉의 편집장은 내가 경험이 너무 적어서 채용할 수가 없다면서 뉴올리언스에 있는 〈타임스 피카윤〉을 알아보라고 추천해주었다. 이 언론사는 그 얼마 전에 퓰리처상도 받았고 편집장이 유명한 사람이라고 했다.

나는 이 회사에 지원서를 냈고 기쁘게도 면접을 보러 오라는 연락을 받았다. 한편으론 겁도 났다. 그때까지 남부에는 가본 적도 없었고, 루이지애나주와 뉴올리언스에 대해 아는 게 전혀 없었기 때문이다. 나는 이 언론사의 역사와 활동에 관해 닥치는 대로 찾아 읽으며 사전 조사를 했고 면접 때 입을 옷도 고민했다. 어머니와 함께 쇼핑을 가서 재킷과 거기 어울리는 바지로 면접용 정장을 맞추었다. 나는 〈타임스 피카윤〉이 보내온 티켓으로 뉴올리언스로 날아가 역시 그들이 준비해준 멋진 호텔에 짐을 풀었다.

면접 날, 그들은 나를 신문사의 한 지부로 데려갔다. 뉴올리언스 외곽의 어느 '패리시'*에 있는 옆으로 길게 뻗은 쇼핑센터였다. 패리시가 뭔지, 이곳 지방정부는 어떤 성격인지 전혀 감을 잡지 못한 상태에서 난 내가 실제로 아는 것보다 더 많은 것을 아는 척하면서 면접을 치렀다. 내 무지를 드러내기 싫어서 그랬다. 내게는 그곳의 모든 것이 촌스러웠고 낯설었다. 내가 보고 자란 환경과 달랐다. 하지만 '그래, 이걸 새롭게 발견하는 거야. 러시아에서 해외 통신원으로 일했을 때처럼 하면 돼'라고 생각했다. 작은 지역 신문사지만 거기서부터 위로 올라가면 된다고.

그날 저녁, 그 신문사의 한 기자가 집에서 여는 파티에 초대해주었다. 난 그곳에서 앞으로 동료가 될 사람들과 즐거운 시간을 보냈다. 너무나 좋은 사람들이었다. 모두 다정하고, 우호적이고, 자신이 하는 일에 열정이 대단했다.

그러나 뉴욕에 돌아오자마자 내가 면접에 떨어졌다는 소식을

---

* 패리시는 루이지애나주에서 카운티 개념으로 쓰는 행정구역 명칭이다.

들었다. 도저히 믿을 수가 없었다. '그렇게 잘해줘놓고, 어째서?'

통화 중에 나는 내가 떨어진 이유를 알고 싶다고 했다. 그들은 "우리는 우리 회사에 정말로 헌신할 사람을 찾고 있어요"라고 설명했다. 당연하게도 그들은 그 지역에 관심을 가지고 그 회사에 오래 다닐 사람을 찾는다고 했다. 나는 생각했다. '그러니까요, 그러니까 내가 그런 사람이 될 수 있고 그런 사람이 되겠다잖아요.' 하지만 이미 끝난 일이었다.

자기반성은 유익하나 자기비난은 무익하다. 계속해나가는 것이 중요하다.

그 일을 겪은 뒤 혼란에 빠졌다. 난 내가 생각하는 만큼 유능한 인재가 아닌 걸까 하는 의구심이 문득 솟구쳤다. 혹시 그 사람들의 눈에 나는 오만하고 우쭐거리는 사람이었을까? 내가 은연중에 '난 이런 데서 일하기엔 너무 대단한 사람이거든'이라는 메시지를 보냈을까? 겸손함을 잊었던 걸까? 궁금했다. '대체 난 어떤 사람일까? 어떤 종류의 기자가 될까? 그걸 사람들에게 어떻게 알릴 수 있지?'

나는 오만한 사람이 절대 아니다. 오만해지기엔 자신감이 너무나 부족하다. 하지만 그때는 속으로 이렇게 생각했다. '그럼 그럼, 루이지애나 사람들이 나를 어떻게 거부하겠어.' 나는 〈뉴욕 타임스〉에서 일했단 말이다! (아마도) 세계 최고의 언론사에서 (나만의 생각이겠지만) 나를 절반쯤 인정했다고.

이 경험에서 나는 〈뉴욕 타임스〉라는 이름이 나에게 드리우는 것만 같던 멋진 후광이 순전히 나만의 공상임을 깨달았다. 〈뉴욕 타임스〉는 훌륭하지만 그건 나와는 상관없는 일이다. 내가 훌륭해야 한다. 〈타임스 피카윤〉 사람들은 나에게 이런 메시지를 보냈던 것 같다. "당신의 그 태도는 쓸데없을 뿐만 아니라 모욕적입니다." 나는 그런 태도를 보일 생각이 전혀 없었고, 시간이 지난 지금 솔직히 생각해도 그때 나는 그런 태도를 보이지 않았다. 하지만 내가 그와 비슷한 어떤 기운을 몸에 두르고 있었음은 인정해야 할 것 같다.

나는 나이 많은 사촌 한 명과 가까이 지내고 있었다. 그는 나에게 할머니 같은 존재였다. 우리는 서로 자주 만나고 편지를 주고받고 전화 통화도 했다. 나는 뉴욕시에 사는 그에게 전화를 걸어 알렸다. "저 떨어졌어요. 〈타임스 피카윤〉 면접에서 떨어졌다고요." 거의 엉엉 울기 직전이었다.

사촌은 할렘의 학교에서 교장 생활을 오래 한 전직 교사에 목소리가 우렁찼다. 그가 명령조로 나에게 말했다. "울적해할 일 아니다." 그러곤 잠깐 말이 없었다. 순간 마치 그가 내 뺨을 때리면서 "애처럼 징징거리는 건 그만둬"라고 말하는 것만 같았다. 그리고 그 꾸지람은 실제로 힘이 되었다. 나는 계속해나가는 것밖엔 방법이 없었으므로 계속해나갔다. 여기저기 지원서를 냈고 마침내 뉴햄프셔주의 한 신문사에 취직했다.

나는 나 자신의 단점을 솔직하게 인정하는 편이다. 이런 자기반성은 괴롭긴 해도 결국엔 스스로 단점을 극복하는 데 도움이 된다. 반면에 자신의 단점을 곱씹으며 울적한 자기비난의 늪에 빠지는 것은 무익하다. 또한 나이를 먹을수록 거절에 대처하기가 전보다 훨씬 더 쉬워지는 것 같다. 내가 선택한 분야에 들어와 성공을 경험한 지금은 전에 비하면 자신감이 훨씬 높아졌다.

예를 들어 요즘 나는 가끔 애니메이션 성우 오디션에 나간다. 원래 무대 출신이니까 성우 일도 재미있게 할 수 있을 것 같아서다. 내가 도전하는 역할은 작은 것들뿐이고, 오디션 자체가 굴욕적인 기분을 준다. 번번이 떨어지는 것도 문제이지만 '참가해주셔서 감사합니다'라는 말조차 들어본 적이 없기 때문이다. 말짱 헛짓이다. 하지만 뭐 어떤가. 난 계속 해볼 것이다. 그러지 말아야 할 이유가 없으므로.

세라 케이닉의 조언

1. 우리는 다음 두 태도 사이에서 적절한 균형을 유지해야 한다. 하나는 "내가 뭘 잘못했을까? 이 난감한 문제를 어떻게 해결하지?"이고 다른 하나는 "그냥 인정하고 넘어가자"다.
2. 한 번도 실패하지 않고 거절당하지 않은 사람이 있다면 그게 더 이상하다. 실패도 거절도 경험하지 않고는 좋은 사람이 되기 어렵다.

조앤 윌리엄스

법학자, 교수

남자들은 거절 경험을 외면화하는 데 능숙하다. 그들은 늘 대단하다는 말을 듣고 살기 때문이다. 반면에 여자들은 특별히 '인지적 무시하기 연습'을 하지 않은 이상 거절을 내면화하는 경향이 심하다. 여자는 거절당하면 이렇게 반응한다. "애초에 거긴 나에게 어울리는 자리가 아니었잖아. 내 직감이 맞았어." 여자들은 성별 편향까지도 내면화하고 있다.

조앤 윌리엄스는 한 유명한 기자와의 인터뷰 중에 일-가족 갈등을 연구하는 이유가 무엇이냐는 질문을 받았다. "난 이렇게 대답했죠. '나 자신이 그 엄청난 갈등을 견디며 살아왔기 때문'이라고요." 윌리엄스는 일터의 성별 편향을 극복하기 위한 새로운 구조와 정책을 마련하는 데 평생을 바쳐왔다. 그는 캘리포니아 주립대학 헤이스팅스 캠퍼스의 로스쿨 특훈교수, 헤이스팅스 재단 이사장, 일노동센터의 초대 센터장으로 재임 중이다. 윌리엄스와 그의 딸 레이철 뎀프시가 함께 쓴 『일하는 여성을 위한 지침서*What Works for Women at Work*』는 모든 사람이 반드시 읽어야 할 책이다.

윌리엄스는 젠더학 외에도 사회계급론 분야에서 많은 연구를 수행했다. 그의 글과 연구는 학계는 물론 미디어와 공공 정책에도 큰 영향을 미쳤다. 〈하버드 비즈니스 리뷰〉 온라인 페이지에 게재된 그의 글 「미국의 노동계급에 대해 너무도 많은 사람들이 이해하지 못하는 것」은 조회수 300만 회를 넘기며 이 매체 역사상 가장 인기 있는 기사로 등극했다.

조앤 윌리엄스가 거절에서 배운 것

'당신은 팀플레이어가 아니다'라는 비판이 들려올 때는 사람들이 그런 말을 유독 여자에게 자주 한다는 사실을 기억해야 한다.

나는 로스쿨 교수로 부임한 2년 차에 입학사정위원회에 배정되었다. 그렇다는 것은 수백 명의 지원서를 읽어야 한다는 뜻이었다. 너무나 시간이 많이 들고 성가신 일이었던 데다 학교 측에서도 하찮게 취급하는 직무였다. 입학사정관이 되어 봤자 인맥을 쌓거나 종신권을 따거나 내 자리를 지키는 데 아무런 도움이 되지 않았다. 한마디로 커리어를 쌓을 기회와는 거리가 멀었다.

나는 그 일을 거절했다. 무슨 배짱이었을까? 일단은 눈치가 전혀 없어서 그랬다. '싫다'라는 대답의 정치적인 함의를 몰라도 너무 몰랐다. 학계의 유일한 평가 기준은 학자로서의 능력이라고만 생각했고 나는 학자가 되고 싶었다.

나중에 알고 보니 클레어 돌턴이라는 같은 로스쿨 교수도 신임 교수 시절 입학사정위원회에 배정되었다고 했다. 학교 측은 젊은 여자 교수들이 이 일의 적임자라고 생각하는 게 분명했다(결국 돌턴은 성차별 소송을 걸어 승리했다).

나의 '싫다'는 의사 표시는 그 학교에서 나에게 아주 불리한 분위기를 조성했다. 나는 성미 까다로운 개인주의자로 찍혔다. 이 일을 통해 나는 여자들에게 채찍처럼 쏟아지는 이런 종류의 강력한 언어가 여자들을 '원래 있어야 한다고 여겨지는 자리'로 돌려보내는 기능을 한다는 것을 인식했다. 우리 문화는 여자들이 공동체 친화적이기를 원한다. 여자들이 많은 것을 바라지 않고, 스스로를 지우고, 친절하고, 대인 관계에 신경을 곤두세우길 바라는 것이다. 우리 문화는 남자들이 주체적이길 원한다. 남자들에게 기대되는 특성은 경쟁심, 야심, 직접성, 강단이다. 우리는 강단 있는 여자를 발견하면 그 사람을 '여자다운 역할'로 돌아가게 만들려고 '너는 팀플레이어가 아니다' '개인주의자다'라고 말한다. 이 말의 정확한 뜻은 '너는 남자에게 협력하지 않는다'다. 나는 '팀플레이어가 아니'라는 평판에 기꺼이 맞서기로 했다. 논문을 발표하기 위해, 종신 교수가 되기 위해 필요한 것은 입학 지원서를 읽는 일이 아니기 때문이고 내가 그 사실을 잘 알았기 때문이다. 하지만 지금 와서 돌아보면 젊은 시절의 나는 정치적 눈치가 너무 부족했다는 생각도 든다. '싫어요'라는 한마디 말이 불러올 반향을 전혀 예상하지 못했다.

처음 로스쿨 교수가 되었을 때 나의 연구 주제는 지방정부 관련법과 환경법이었다. 그러나 시간이 흐를수록 젠더 문제가 나의 가정에서의 삶과 일터에서의 삶 양쪽에 너무나 큰 영향을 미친다는 사실이 분명해졌다. 그래서 이른바 '자기 기반 연구'를 선택하여 가족 문제를, 이어 전문직 일터 내 성별 편향의 작동 기제를 연구하기 시작했다. 나는 젠더가 일상생활의 미시정치에 끼치는 영향을 파악하는 연구를 설계했고, 내 딸 레이철 뎀프시와 함께 쓴 『일하는 여성을 위한 지침서』에서 '사무실 허드렛일'이라는 용어를 만들었다. 내가 교수로 부임한 첫 대학에서 싫다고 거절했던 그 입시 업무에 마침내 적절한 이름을 붙여준 것이다.

성별 편향이 있는 일터에서 여자들의 행동이 곡해되는 양상도 내 연구 주제였다. 예를 들면 미디어에서는 "여자들은 협상할 줄 모른다"는 식의 단언을 즐겨 하는데, 이 문제는 보기보다 더 복잡하다. 우리는 어떤 상황에서는 당연히 협상을 하지만, 어떤 상황에서는 협상해봤자 원하는 것을 얻지 못하고 미움만 산다. 그래서 차라리 처음부터 협상을 포기하는 쪽이 이득이다. 미디어가 반복적으로 설파하는 또 한 가지 성별 편향적 명제는 "여자들은 결국 남자들의 말에 설득당하게 되어 있다"는 것이다. 실제로 어떤 여자들은 남자들의 말을 잘 따른다. 그러지 않으면 그 집단 안에서 자신의 입지가 약해질 것을 아는 정치적 눈치가 있기 때문이다. 아이러니하게도 이러한 성별화된 행동을 강화하는 요인 중 하나는, 일터의 성별 편향 정도를 정확하게 평가할 줄 아는 여자들이다. 사람들이 여자 직원에게 무엇을 기대하는지, 그래서 다른 여자들의 어떤 행동에 눈살을 찌푸리면 되는지를 잘 아는 여자들 말이다.

젠더 연구는 나의 직업적 궤도를 아주 실질적으로 방해했다. 가령 나는 미국 최고 명문 대학들의 방문 교수를 역임하고도 내가 사는 (남편의 직업상 살아야 했던) 도시의 대학에 취직하지 못했다. 그 대학의 한 교수가 우연히 듣고 전해준 바에 따르면 위원회 사람들이 나의 채용에 반대한 이유는 나의 젠더 연구가 마음에 들지 않아서였다. 그래서 나는 나에게 허드렛일만 맡기고 날 '까다로운' 사람으로 취급하는 대학에서 25년을 일해야 했다.

분노하지 말고 복수하라.

불화와 거절을 이겨내는 방법과 관련하여 내가 들은 가장 효과적인 조언은 "분노하지 말고 복수하라"였다. 모성이라는 사회적 개념에 격분한 나는 법학 안에 일-가정학이라는 새로운 분야를 만들어서 자녀를 키우는 여자들이 (그리고 이제는 점점 많은 남자들이) 자녀를 키우고 있다는 이유로 차별당하는 상황을 법적 차원에서 파악할 수 있게 했다. 전문직 환경에 깊게 뿌리 내린 성별 편향에 격분한 나는 내가 너무나 어렸고 기댈 곳이 전혀 없었을 때 겪었던 일을 다른 여자들은 겪지 않도록 『일하는 여성을 위한 지침서』를 썼다.

승산 없는 장소에서 벗어나라.

마침내 나는 그 허드렛 (일을 시키는) 대학을 떠나 현재의 일터인 캘리포니아 주립대학 헤이스팅스 캠퍼스에 자리를 잡았다. 그때까지 나는 사회 생활을 하는 내내 불합리한 성별 역학을 경험했지만, 이 새로운 대학은 마치 "우리가 처음으로 외부에서 영입한 최초의 여성 특훈교수를 기쁘게 맞이합시다!" 하는 분위기였다.

"아, 잠깐만… 그러니까 여기선 내가 재수 없는 인간이 아니란 거야?"

그제야 나는 여자들이 직장 내 성차별을 묵묵히 참아선 안 된다는 것을 깨달았다. 나는 수십 년을 견뎠지만 이제 여자들은 그런 종류의 유해한 환경을 더 일찍 알아채고 그곳을 박차고 나와야만 한다.

남편과 나는 좀 더 일찍 이곳으로 이사하지 않은 것이 우리가 저지른 가장 큰 실수라며 후회했다. 그 끔찍한 대학에서 벗어나자마자 생각이란 걸 할 여유가 생겼다. 이젠 싸우지 않아도 되었고 화도 나지 않았다. 그 결과 일하는 시간이 더 행복해졌을 뿐만 아니라 가정에서의 시간도 더 행복해졌다.

조앤 윌리엄스의 조언

1. 남자들은 거절당했을 때 가서 "내가 거절당한 이유를 알 수 없다" 라고 따지면 집념 있는 사람으로 평가받는다. 또 남자들은 원래 경쟁심과 야심이 강하다고들 한다. 그래서 남자는 거절에 불복하기가 사회적으로 더 용이하다. 여자가 거절에 불복할 때 돌아오는 메시지는 다르다. "자기가 뭐라고 저런담?" 일이 꼬이고, 꼬장꼬장한 사람으로 평가받을 뿐이다. 이에 대한 나의 조언은 다음과 같다. 당신이 규범적인 고정관념에서 벗어나는 행동, 즉 보통 '남성적'이라고 불리는 행동을 할 생각이라면, 어조와 표현의 온도를 높이고 '여성적인' 방식으로 행동하라.
2. 직장에서 불편함이 느껴지는 경우, 그 원인이 성차별이나 인종차별, 혹은 그 둘 다일 가능성을 애써 배제하지 마라. 우리가 일하는 환경(과 함께 일하는 사람)은 매일매일 우리의 기분과 감정에 큰 영향을 미친다.

로라 와이드먼 파워스

기업인

성차별과 인종차별이 어떤 특정한 순간에 정확히 어느 정도로 작용하고 있는지 우리는 영원히 알 수 없다. 그러나 그것들이 우리의 커리어와 공동체에 영향을 미친다는 사실만큼은 확실히 말할 수 있다.

로라 와이드먼 파워스는 30대의 젊은 나이에 많은 상과 영예를 안았다. 그는 〈에보니〉의 '힘 있는 100인'에 이름을 올렸고 〈포린 폴리시〉의 글로벌 싱커상을 받았으며 가장 영향력 있는 아프리카계 미국인들의 명단인 '루트 100인'에 두 차례나 선정되었다.

파워스는 하버드대학을 졸업하고 스탠퍼드대학에서 경영학 석사 학위와 법학 석사 학위를 받았다. 내가 인터뷰차 그에게 연락했을 때 파워스는 경영하던 회사를 떠나 남편과 한 살 된 딸과 함께 세계 곳곳을 여행하고 있었다. 그는 이렇게 답장했다. "인터뷰 제안에 감사드려요. 저는 4월 15일부터 5월 15일까지 스페인 발렌시아에 있을 예정이니 그사이로 온라인 인터뷰 일정을 잡아 주시면 됩니다."

파워스는 이 여행의 시발점이었던 '괴짜 여자들의 주말'에 대한 글을 〈미디엄〉에 기고했다. 2017년 가을, 파워스의 스탠퍼드 대학 경영대학원 동창들은 '사색·연결·대화의 주말'을 함께 보냈다. 3년 전부터 해마다 한 번씩 열어온 이 행사에서 그들은 각자의 가장 '말도 안 되는' 꿈을 최소 한 가지씩 이야기한다. 그해에 파워스는 여행 작가가 되고 싶다는 꿈을 발표했고, 친구들은 얼마든지 할 수 있다고 그를 응원했다. 파워스는 이렇게 썼다. "이렇게 명석하고 말 잘 통하고 공감 능력과 분석력이 뛰어나고 힘껏 응원해주는 여자 여덟 명이 당신의 가장 말도 안 되는 꿈을 실현할 수 있게 이끌어준다는 건 정말 놀라운 경험이다. 주말이 지나 샌프란시스코로 돌아오는 차 안에서 남편과 나 모두 일을 그만두고 긴 여행을 떠나야겠다고 생각했다. 그리고 그 여행에 대해 블로그에 글을 쓰자고 마음먹었다."

이제 여행을 마치고 브루클린에 자리를 잡은 파워스는 세계 각지의 신생 사회적 기업에 투자하고 후원하는 에코잉 그린의 전략팀을 총괄하고 있다(파워스 본인이 2013년에 에코잉 그린의 투자를 받았다).

파워스는 영리 부문과 비영리 부문을 오가며 여러 회사를 설립했다. 그가 창립에 참여한 코드2040은 테크 기업의 인종 구성을 2040년도까지 바꾸는 것을 목표로 하는 비영리 회사다. 코드2040의 최고 경영자로서 그는 하나의 아이디어에서 시작한 이 회사를 직원 35명을 거느린 700만 달러 규모의 조직으로 키워냈다.

2016년에는 오바마 행정부의 기술수석 메건 스미스의 최고 고문으로 발탁되었다. 백악관에서 보낸 6개월의 임기 동안 파워스는 테크 산업의 다양성, 포용 관련 사안을 집중적으로 다루었다.

로라 와이드먼 파워스가 거절에서 배운 것

거절은 당하는 그 순간에는 너무도 강력하다. 하지만 나는 구글로부터 거절당한 일을 더 이상 생각조차 하지 않는다.

2011년, 나는 막 결혼했고 막 일자리를 잃었다. 그러니까 정신의 건강을 유지하기가 쉽지 않은 위기 상황이었다. 남편은 로펌에 취직해서 매주 90시간씩 일했다. 그는 매일 녹초가 되어 집에 돌아왔고 일요일 오후에는 소파에 앉아 축구를 보는 것 말곤 아무것도 하지 못했다. 그래서 난 축구를 싫어한다. 당시에 나는 금방이라도 미쳐버릴 것 같았다. 나는 늘 일하는 사람이었고 로스앤젤레스에서는 테크 기업의 중역이었으나, 남편을 따라 샌프란시스코로 이사한 하필 그 무렵 회사 사정이 어려워졌다. 달리 생각하면 여유롭게 다음 행보를 계획할 수 있는 좋은 기회였지만 나는 그 시간을 누리지 못했다. 일자리를 검색하고, 조금이라도 괜찮아 보이는 곳이 있으면 이력서를 넣고, 사람들을 만나 커피를 마시며 네트워킹을 하느라 하루 종일 바빴다.

하루는 경영대학원 동기인 트리스턴 워커와 커피를 마셨다. 그는 테크 업계에서 흑인과 라틴계 사람들을 가로막는 구조적 장벽을 허물어뜨리기 위해 단체를 설립할 생각이었고 그 총책임자 역할을 나에게 맡기고 싶어했다. 그는 우리 둘이 힘을 합치면 잘될 거라고 믿었다. 나도 그가 추구하는 가치에 동의했다. 다만 내가 정말로 이 길을 가고 싶은지 확신이 서지 않았다. 스타트업 기업에서는 전에도 여러 번 일했지만, 이제 나에겐 법학과 경영학 석사 학위가 있었다. 수당이 나오는 안정적인 직업이 갖고 싶었다. 나는 트리스턴에게 생각할 시간을 달라고 했다.

그사이에도 나는 구글에서 데이비드 드러먼드의 내부 소통 담당자를 구하길래 지원서를 보냈다. 드러먼드는 구글에서 초창기부터 일한 중역이었다. '내부 소통 담당자'가 뭔지도 모르고 내가 그 일에 흥미를 느낄지 어떨지도 알 수 없었지만 구글이라는 이름의 위신과 매력은 압도적이었다. 이 회사는 브랜드 인지도가 매우 높았고, 가장 머리 좋은 사람들만 모였다는 평판도 있었다. 직원 복지도 훌륭했으며 다양한 특전과 수당이 있었다. 게다가 구글 역사의 산증인 같은 인물과 함께 일하게 되면 그런 사람만이 알고 있는 구글의 비결을 배울 수 있을 것 같았다.

처음 두 차례 면접은 순조롭게 진행되었다. 그들의 질문에 내가 제대로 대답한 것 같았고 그들도 내가 마음에 드는 눈치였다. 이 정도면 충분히 붙겠다 싶었다. 구글에서 일하는 것과 트리스턴과 함께 창업하는 것, 이 두 선택지 앞에서 나는 생각했다. '구

글의 수당과 급여와 명성을 어떻게 포기해?'

그런데 세 번째 면접을 앞두고 신경이 곤두서기 시작했다. 내가 지원한 자리가 정확히 어떤 종류의 일을 하는지 여전히 감을 잡을 수 없어서였다. 면접관은 자신감을 넘치도록 발산하는 30대 백인 여자였고, 나에게 별 흥미를 느끼지 못하는 듯했다. 나는 면접장에 들어가기 직전에 갈아 신으려고 구두를 챙겨 갔지만 면접을 시작하고 3분이 지나서야 내가 신발을 갈아 신지 않았다는 것을 깨달았다. 옷차림과 전혀 안 맞는 신발을 그대로 신고 있었다. 내 복장은 꽝이었고, 대화도 꽝이었다. 그 면접관과 나는 전혀 통하지 않았다.

면접이 끝났을 때, 느낌이 별로 좋지 않았다. 그리고 나는 취직에 실패했다. 어마어마하게 실망스러웠다. 그때까지 오만 군데에 이력서를 냈는데도 오는 연락이 거의 없었다. 내가 뭔가를 놓치고 있는 게 분명했다. 그게 뭘까?

내가 느끼기에 어떤 회사들은 내가 지원한 자리에 맞지 않게 학력이 높고 경험이 많다고 생각하는 듯했다. 또 어떤 회사들은 오히려 내가 부족하다고 생각하는 듯했다. 하버드대학을 졸업했고, 스탠퍼드대학에서 두 개의 석사 학위를 땄으며, 테크 부문 안팎에서 일한 경험이 있는데도 적임자로 보이지 않는 모양이었다. 뭔가 내가 풀지 못하는 수수께끼, 내가 잃어버린 퍼즐 조각이 있는 것 같은데 그게 뭔지 도저히 알 수 없었다. 나는 너무도 의기소침했고 거부당한 기분이었지만, 그래도 어디선가 기회를 준다면 잘해낼 자신이 있었다.

벽에 부딪히는 횟수가 늘어날수록 "내 능력을 인정해주는 사람이 한 명—트리스턴—은 있지" 하는 생각을 점점 더 자주 하게 되었다. "다른 사람들에게 나를 채용해달라고 애써 설득할 게 아니라 나를 채용하겠다는 사람하고 일하는 게 맞지 않을까." 당장 달려들어 시작할 수 있는 그 일이 점점 더 내 마음을 잡아당기고 있었다. 그 단체를 성공적으로 출범시킬 자신도 있었다.

처음엔 트리스턴과 함께 18개월 동안 사업 체계와 프로그램을 제 궤도에 올려놓은 다음 다른 사람에게 자리를 넘기고 손을 뗄 생각이었다. 하지만 코드2040은 설립한 첫해부터 너무나 빠른 속도로 사업을 추진해나갔고 우리는 벌써 제 궤도에 올라 있었다. 신생 회사인 데다 검증되지 않은 모델을 채택했음에도 많은 저명한 인물들이 우리와 한배를 타고 싶어했다. 기업들과 대학들이 우리와 파트너십을 맺고 싶어했다. 모든 대화의 끝에 "내가 참여할 수 있는 방법을 알려달라"는 말을 들었다. 알고 보니 다들 어째서 테크 산업은 백인 일색에, 남자 일색에, 그토록 균질적인가를 두고 각자 고민하고 있었다. 그러나 그 누구도 그 고민을 입 밖에 내지 못하고 있었다. 그때 우리가 나타나서 대화의 물꼬를 트자 사람들이 '드디어!'라고 열렬히 응답한 것이다. 코드2040의 비전과 사명은 빠른 속도로 확장되었고 점점 더 활기를 띠었다.

그때까지 테크 산업을 설명하는 틀은 '실력주의'였고, 이 업계에 다양성이 결여된 이유는 '공급 부족'이었다. 실력 있는 흑인, 라틴계, 토착민, 여성이 부족해서 다양한 인력을 채용할 수 없을 뿐이라는 것이다! 우리는 소외된 집단 출신의 컴퓨터공학과 학생들을 위한 커리어 촉진 프로그램을 통해 그 주장이 틀렸음을 입증하기로 했다. 우리는 이 학생들이 인턴으로 채용되도록 지원했고, 인턴 생활을 잘 마치고 정규직으로 채용될 수 있게 도왔다. 프로그램은 대단히 성공적이었다. 우리는 수백 명의 학생이 기회와 보상과 온갖 좋은 결실을 누릴 수 있도록 이끌며 그들의 삶을 바꾸고 있었다. 다만 진짜 문제는 훨씬 더 크다는 것이 분명해졌다.

테크 업계에는 다양한 인재의 진입을 차단하는 채용 관례들이 있었다. 예를 들면 하도 많은 이력서가 쏟아져 들어오다 보니 회사들은 '10대 명문 대학 출신' 같은 일견 단순해 보이는 범주로 이력서를 분류했다. 그러면 이른바 유수한 '흑인 대학'과 라틴계 학생이 많이 다니는 대학 출신은 자동적으로 탈락했다. 또 한 가지 관례는 '록 스타' '닌자' 같은 특정한 비유로 직무를 소개하는 것이었다. 일정 수준 이상의 개성과 자신감을 전제하는 이러한 표현 앞에서 소수 집단 학생들은 당혹감을 느낄 때가 많았다. 심지어는 사무실의 공용 공간—특정한 종류의 음악을 재생하고 특정한 게임을 제공하는 경우—까지도, 이 회사는 스물네 살의 백인 남성 엔지니어를 위해 설계되었다는 메시지를 전했다. '이 공간은 인종/성을 구별한다'고 잘라서 말할 수 있는 요소는 단 한 개도 없었지만, 시스템과 정책과 관례가 하나로 모여 백인 남성 문화를 가장 중요한 위치에 올려놓고 있었다. 이 회사들의 인종 구성을 유의미한 수준으로 바꾸어내려면 그들의 운영 방식을 재편해야 한다는 것을 우리는 깨달았다. 그것이 코드2040이 나아갈 다음 단계였다.

길지 않았던 구직 기간을 돌아보면, 나는 기업의 채용 절차와 대중의 인재상에 깊이 스며들어 있는 편향에 대해 무지했던 것 같다. 내 이력서에는 내가 여자라는 사실이 분명하게 드러나 있다. 하버드 흑인 학생회에서 활동했다고 적었으니까 내가 흑인이라는 사실도 분명히 알려주었을 것이다. 이런 정보가 면접 단계에 이를 가능성을 얼마나 줄이는지에 관해서는 이미 온갖 연구가 나와 있다. 그런데도 나는 거절을 내 개인의 실패로 받아들이기만 했지 더 넓은 패턴 안에서 파악하지 못했다.

코드2040을 출범시키고 몇 년 후에 나는 데이비드 드러먼드, 그러니까 내가 함께 일하려고 지원했던 구글의 그 남자를 만나게 되었다. 그의 비서에게 내가 그의 내부 소통 담당자 채용 때 면접을 본 적 있다고 이야기하자 그 비서는 "우리 팀에 그런 자리가 있었던 적은 한 번도 없었는데요"라고 했다. 그들은 결국 아무도 채용하지 않았던 걸까. 벌써 6년이나 지났으니 알 수 없는 일이었다. 하지만 결국 드러먼드와 전혀 다른 경로로 관계를 맺게 되었다는 것은 참으로 아이러니하다고 생각했다.

로라 와이드먼 파워스의 조언

1. 문제의 구글 채용 건이 당시의 나에게 그토록 큰일이었던 이유는

그때는 그 기회가 가장 크게 보였기 때문이었다. 그러나 세상의 모든 기회가 하나하나 완벽한 타이밍으로 당신 앞에 굴러오는 일은 결코 없다. 우리는 필연적으로 거절당한다. 그다음에, 다른 기회들이 시간차를 두고 찾아온다.

2. 일터가 만족스럽지 않을 때, 어떤 편향이 당신의 경험에 악영향을 끼치고 있음을 감지했을 때, 그때는 당신과 당신의 가치를 존중하는 공동체와 기회에 접속해야 한다. 시스템을 바꾸려고 노력하는 중이라도 그렇게 하라.

로라 후앙

경영학자, 교수

어느 날 하버드대학에서 연락이 왔다. 교수 자리를 제안하고 싶다며, 나더러 그 지역으로 올 생각이 있느냐는 문의였다. 나는 엄청나게 놀라서 이렇게 되묻기까지 했다. "그동안 나를 세 번이나 거절한 건 알고 하는 말씀이시죠?"

하버드대학 경영대학원 교수 로라 후앙은 그동안 거절을 하도 많이 당해서 그중 어떤 사연을 골라 이 책에 실으면 좋을지 고민이 된다고 했다. "난 거절당한 사연이 수백 가지예요. 어렸을 때는 영재 프로그램에 지원했지만 떨어졌죠. 여기저기 학교에 지원했다가 다 떨어졌고, 취직할 때도 여러 번 떨어졌어요. 심지어 지난 주에도 한 번 거절당했어요!"

어릴 적 로라 후앙은 수줍음이 굉장히 많은 아이였다고 한다. 신기했다. 그렇게 내성적인 사람이 어떻게 저 자리까지 올라설 수 있었을까? 거절당하고 퇴짜 맞을 수많은 위험을 어떻게 다 감당했을까? 후앙 박사는 말한다. "오랜 시간에 걸쳐 내 성격에 가장 잘 맞는 행동 방법을 찾아냈어요. 예를 들면 '난 이렇게 생각합니다!'라고 의견을 강하게 내세우는 것보다는 '사람들은 왜 이렇게 생각할까요?' 하고 질문을 던지는 방식이 나에게 더 잘 맞아요. 이렇게 내 성격과 기질에 잘 맞는 행동 방법을 여러 가지로 찾아내서 비축했습니다."

로라 후앙은 얼마 전인 2020년 첫 책 『에지: 위기를 기회로 바꾸다*Edge: Turning Adversity into Advantage*』를 세상에 내놓았고, 펜실베이니아대학 경영대학원을 거쳐 하버드대학에 부임했다. 연구 분야는 사업 및 직업 환경에서의 인간관계와 암묵적 편향이다. 〈월스트리트 저널〉 〈USA 투데이〉 〈포브스〉 〈네이처〉 등 수많은 매체가 그에 관한 기사를 실었다.

로라 후앙이 거절에서 배운 것

거절 경험을 추적하라. 거기에 유익한 정보와 패턴이 담겨 있다.

나는 일직선의 성공가도를 달려온 사람이 절대로 아니다. 여러 번 멈췄다가 다시 시작했고, 지그재그로 방향을 바꾸었다. 어렸을 때는 어른이 되어 어떤 일을 하면 좋을지 알 수 없었고 사실은 지금도 그렇다. 이곳 하버드대학에서 남은 평생을 보내게 될지 어떨지도 잘 모르겠다.

이민 2세대인 나는 대만과 미국을 오가며 자랐다. 어렸을 때는 잘하는 게 많지 않았다. 운동과 음악에는 영 소질이 없었다. 수줍음이 지나치게 많아 친구도 많지 않았다. 듀크대학에 진학해 공학을 공부했지만 나한테 잘 맞는 분야라는 느낌이 들지 않았다. 늘 무리하고 있는 기분이었다. 아마 늘 너무 많은 일을 하느라 그랬을 것이다. 학교 공부 외에도 일주일에 20시간씩 부업을 했으니까. 어쨌든 학위를 딴 뒤에는 IBM에 입사해서 서버 건축 일을 했다. 그러다 존슨앤드존슨으로 이직했는데, 그곳의 상사가 나에게 경영대학원에 가는 게 어떻겠느냐고 했다.

경영대학원에 들어가 지도 교수 밑에서 연구를 시작했을 때, 드디어 내 적성에 맞는 일을 찾았다고 느꼈다. 학자라는 직업이 존재한다는 사실조차 몰랐던 내가 이젠 그 직업을 가지고 싶어했다. 하지만 당연하게도 학자금 대출이 어마어마하게 쌓여갔다.

만나는 모든 사람에게 이렇게 물었다. "학자금 대출을 가장 빨리 갚는 방법을 아세요?" 그러면 "아이뱅킹 쪽을 알아보라"는 대답이 자주 들렸다. 난 아이뱅킹이 뭔지 전혀 몰랐고, 친구에게 "요즘 인터넷뱅킹이 대세인가 봐!"라고 말하기도 했다. 물론 아이뱅킹은 인터넷뱅킹이 아니라 투자뱅킹을 뜻한다. 나는 학자금 대출을 상환하기 위해 2년간 투자은행에서 일했고, 딱 2년째 되는 날 회사를 그만두고 캘리포니아 주립대학 어바인 캠퍼스의 박사과정에 들어가 조직 행동과 기업학을 공부했다.

내가 처음 교수로 임용된 곳은 펜실베이니아대학 경영대학원이다. 학계에서 성공하는 유일한 방법은 연구 결과를 발표하는 것이다. 그러나 전체 연구 중 학술지에 논문이 게재되는 비율은 지독하게 낮고 특히 최상위급 학술지는 그 관문을 통과하기가 정말 어렵다. 처음에 나는 그 사실만으로 겁을 잔뜩 먹었다.

어느 날 우리 과의 매우 저명한 중견 교수 한 분, 그러니까 이미 수많은 논문을 발표한 학자가 나에게 물었다. "잘되어가나요?"

나는 그에게 털어놓았다. "최상위 학술지에 제 논문을 한 편 싣고 싶어요. 제가 이 자리에 있는 것이 운이 아니라는 사실을 나 자신을 비롯한 모든 사람에게 증명할 수 있게요."

그러자 그가 말했다. "전 18번 퇴짜를 맞은 뒤에야 첫 논문을 발표했답니다."

나는 무척 놀란 동시에 용기를 얻었다. 그리고 나도 18번 퇴짜를 맞아보자는 계획을 세웠다. 한 번 퇴짜를 맞을 때마다 벽에 붙여둔 종이에 퇴짜 맞은 논문의 제목을 썼다. 그러자 신기하게도 패턴이 보이기 시작했다. 유독 한 논문이 계속 거절당하고 있었고, 다른 학자들과 공저한 논문 하나도 계속 거절당하고 있었다. 공저자 중엔 지위가 꽤 높은 교수도 있고 다들 제대로 된 학자들이었다. 난 오히려 나와 비슷한 수준의 경력을 가진 동료들과 협업할 때 더 좋은 결과를 내고 있었다.

나는 '18번 거절당하기' 계획 덕분에 마음놓고 위험을 무릅쓸 수 있었다. 심지어는 거절당할 일을 일부러 찾아다니기까지 했다. 이 실험을 통해 몰랐던 것을 알게 되었다. 거절에는 데이터가 담겨 있었고, 나는 모든 거절 경험에서 무언가를 배울 수 있었다.

당혹감도 데이터다. 나는 내 마음이 편한 방식으로 인맥을 쌓는 법을 배웠다.

펜실베이니아대학에 막 임용되었을 때 한 동료가 나에게 충고했다. "네트워킹이 아주 중요해요. 학장, 부학장, 학과장, 이런 사람들을 자주 만나세요."

내가 물었다. "네? 어떻게요?"

그가 설명했다. "같이 한잔하러 가든가 저녁 식사를 함께하는 거죠. 특별한 안건 같은 건 없어도 돼요. 그냥 만나서 이야기를 나누세요."

그때부터 나는 학장이나 학과장이나 선임 교수를 만나면 "언제 점심 함께하실래요?"라고 물었다. 그리고 가능하면 약속을 잡아두려고 했는데, 때로는 한참 기다려야 하는 상대도 있었다.

한 학장과는 약속 시간을 잡는 데만 몇 주가 걸렸다. 마침내 마주 앉아 점심을 먹게 되었을 때, 그가 나를 쳐다보며 이렇게 물었다. "그럼 들어봅시다. 긴히 할 이야기가 뭔가요?"

"긴히 할 이야기 같은 건 없는데요. 그냥 선생님과 이야기를 나누고 싶었어요."

그때 그 사람 얼굴에 떠오른 표정을 지금도 기억한다. 마치 '뭐라고? 나는 엄청나게 중요한 사람이야. 날 점심에 불러냈으면 그만큼 중요한 이야기가 있어야 하는 것 아닌가? 학교 전체의 문제라든가, 교수 커리큘럼이라든가, 연간 예산이라든가. 그런 중요한 안건도 없이 날 불러냈다고?'라고 말하는 듯했다.

그날의 점심 자리는 재앙이었다. 대화는 겉돌았고 나는 당황해서 정신을 못 차렸다. 대체로 침묵이 길게 이어지는 가운데 각자 음식을 씹어 삼켰다. 나는 거부당했다는 생각에 당혹스러웠다.

그 후 3주 동안 나는 그 사람을 피해 다녔다. 그러다 콘퍼런스에서 강연할 일이 있어 비행기를 탔을 때 그를 발견했다. 비행기에서 내릴 때쯤 그가 나를 발견하고 물었다. "오, 선생님도 이 콘퍼런스에 가시나 봐요?" 그렇다고 대답했더니 그가 다시 물었다. "회의장까지는 어떻게 가실 생각이에요?"

"택시를 타든가 해야겠죠." 회의장은 공항에서 45분 거리의 호텔이었다.

"제가 타고 갈 차가 기다리고 있어요. 같이 타시겠어요?" 나는 괜찮다고 사양했지만 그가 거듭 권유하기에 결국 차를 얻어 타기로 했다. 우리는 45분 동안 함께 차를 타고 학회장으로 향했다. 이번만큼은 '긴히 할 이야기'가 없어도 되었다. 우리는 각자의 가족과 가치관에 대해 이야기를 나누면서 지난번 점심 때보다 훨씬 더 편안한 시간을 보냈다. 그날 우리는 공감대를 형성했고, 현재 그는 내가 문제를 해결하는 데 도움이 필요하거나 멘토가 필요할 때 전화를 걸 수 있는 사람이다. 두 번째 만남에서는 의무감이 없었다는 것이 큰 차이였다. 나는 전과 달리 이 학장과 '네트워킹'을 하려 들지 않았다.

거절당하면 창피하다. 그런데 우리는 이 창피함이라는 감각으로부터 많은 데이터를 도출할 수 있다. 왜 다른 사람들은 무던하게 넘기는 일을 나는 창피해할까? 반대로, 다른 사람들은 창피해할 만한 일이 왜 나에겐 덤덤할까? 창피하다는 감각은 그 사람의 가치관과 연결되어 있다. 이 가치관, 즉 자신이 무엇을 믿고 아끼는지를 알게 되면 일을 추진하는 방식이 달라진다.

그 악몽 같은 점심에서 내가 알아낸 사실은, 잘 모르는 동료에게 먼저 식사를 청하는 식의 관계 맺기가 나에겐 맞지 않는다는 것이다. 그런 행동이 나에겐 진실하지 않게 느껴진다. 나는 더 유기적인 방식을 통해 사람을 알아가는 편이 좋다. 가령 가까워지고 싶은 사람이 생기면 그 사람이 속한 위원회에 들어간다. 함께 일하며 의견을 내고 질문을 던지면서 있는 그대로의 내 모습으로 관계 맺기를 시도하는 방식이 나에게 훨씬 잘 맞는다.

그때로부터 수년이 지난 2020년, 나는 첫 책 『에지: 위기를 기회로 바꾸다』를 출간했다. 세상에는 기회를 타고나는 사람이 있는 것 같지만, 기회를 스스로 만들어내는 사람도 분명히 있다. 진실한 방법으로 기회를 만들어내는 것, 그것이 내가 원하는 방식이며 충분히 가능한 방식이다.

로라 후앙의 조언

1. 나는 투자은행에 들어가 일한 지 딱 2년째 되는 날 퇴사하고 박사 과정에 들어갔다. 그렇게 해서 학자금 대출을 갚았다. 학생들에게는 늘 이렇게 말한다. 누구나 책임져야 할 일들이 있고 때로는 하기 싫어도 해야만 하는 일이 있다고. 자신이 정말로 하고 싶은 일은 좀 늦게라도 하면 되는 거라고. 때를 기다리는 것도 괜찮다.
2. 나는 거절당하고 퇴짜 맞은 일에서 '데이터'를 찾아낸다. 사람들이 거절 경험을 분류하는 보통의 기준은 그 일의 성격일 텐데(일 관련인가 사생활 관련인가), 나는 내가 느낀 감정(당황했는지 화가 났는지 서글펐는지 등)을 기준으로 거절을 분류한다. 그런 다양한 감정 속에 패턴이 있는지 찾아봄으로써 나 자신을 더 잘 알 수 있다.

매릴린 칼슨 넬슨

기업인

우리가 사람들에게 변화를 요구할 때, 일단 거절을 경험할 것이고 때로는 분노까지 마주할 것이다.

매릴린 칼슨 넬슨이 스미스대학 경제학과를 졸업한 1961년은 대졸 여성이 비서, 교사, 간호사가 아닌 직업을 얻기가 어려웠을 때였다. 그는 얼마간의 탐색기를 거쳐 페인 웨버 투자은행에 증권 분석가로 취업했다. 회사에서는 그에게 서명할 때 이름을 머리글자로 줄여 'M. C. 넬슨'으로 기입하라고 했다. 여자에게 증권을 사려는 사람은 없다는 이유에서였다.

이윽고 그는 결혼을 했고 아이를 낳았고 가족이 운영하는 마케팅 회사로 일터를 옮겼다. 넬슨의 상사는 (가족은 아니었다) 그의 뛰어난 업무 능력에 깜짝 놀라 부서 하나를 통째로 그에게 맡겼다. 넬슨은 기쁜 마음을 안고 아버지에게 승진 소식을 전하러 갔다. 그런데 아버지의 반응은 너무도 뜻밖이었다. 어린 자녀들을 키우는 엄마에게 그런 중요한 자리는 "어울리지 않는다"는 것이었다.

"눈물이 나던 게 지금도 기억나네요." 넬슨이 나에게 말했다. "난 사무실 뒤편 계단으로 내려갔어요. 승진해서 한껏 치솟았던 기분이 푹 꺼져버린 데다 말 그대로 회사에서 쫓겨난 거예요."

넬슨은 가정으로 돌아갔고 아이를 둘 더 낳았다. 하지만 아이들이 학교에 갈 나이가 되자마자 자원봉사를 시작했다. 그는 자신이 가족 사업에 필요한 사람일 뿐 아니라 그 회사를 이끌 수 있는 인재임을 아버지에게 증명할 생각이었다. 그 후 10년 동안 넬슨의 자원봉사 활동은 수백만 달러 예산 규모의 여러 사업을 동시에 이끄는 수준에 이르렀다. 미니애폴리스시의 주요 인물들이 그에게 주지사나 연방 상원의원 선거에 출마하라고 다그쳤다. 넬슨의 아버지는 태도를 바꾸어 딸의 포부가 얼마나 큰지를 마침내 이해했다. "네가 그런 희생까지 감수할 생각이라면 우리 회사에 들어와서 하는 게 좋겠다."

넬슨이 아버지의 반대를 이겨내는 데는 오랜 세월이 걸렸지만, 그는 세계 여행과 호텔, 레스토랑, 마케팅을 아우르는 가족 사업에 복귀하자마자 자신의 진가를 보여주었고 결국 회사의 최고경영자에 임명되었다. 그는 그 자리에서 칼슨사를 10년 동안 운영했다.

매릴린 칼슨 넬슨이 거절에서 배운 것

변화를 추구하는 리더는 저항에 부딪히기 마련이다.

나는 2000년대 초에 성매매 목적의 아동 인신매매 범죄 근절을 위한 국제회의에 참석하려고 스웨덴에 갔다. 그에 앞서 칼슨가족재단은 세계아동재단 설립에 참여했는데, 나는 '거리의 아이들'로 불리는 집 없는 청소년을 돕는 재단의 노력을 그 회의에서 소개하게 되었다. 세계아동재단은 이 아이들을 학교에 보내고 기술을 가르치고 쉼터를 물색해주는 일을 한다. 그런데 스웨덴 회의에서 나는 집 없는 아이들에 관한 새로운 사실을 알게 되었다. 그들은 인신매매의 위험에 무방비로 노출되어 있었다. 나는 점점 심각해지고 있는 이 문제에 대해, 그리고 인터넷이 어떤 식으로 그런 일을 가능케 하는지에 대해 끔찍한 이야기를 들었다. 이 세상에는 정해진 수의 아동을 '약속'받고 타이와 캄보디아로 향하는 남자들이 있었다.

회의에 참석하고 얼마 후 방글라데시 주재 대사인 얼 밀러에게서 전화를 받았다. 그는 나에게 워싱턴에 와서 인신매매를 주제로 강연을 해달라고 했다. 칼슨사가 전 세계에 호텔을 둔 회사인 만큼 이 문제를 주도적으로 해결할 수 있지 않겠느냐는 것이었다. 인신매매를 당한 아동 중 다수가 국경을 넘어 이런저런 호텔과 모텔로 옮겨진다. 밀러의 설명에 따르면 북아메리카의 여행사와 숙박업체 중 '아동 성매매 및 인신매매 근절 연대(에크팟) ECPAT'에 가입한 곳은 한 군데도 없었다. 그는 칼슨사가 물꼬를 틀어줄 수 있느냐고 물었다. 나는 그 즉시 '예스'라고 말하고 싶었지만, 이 사안에서 앞장섰다가는 자칫하면 우리 호텔에서 아동 인신매매가 문제시되고 있다는 오해가 생길 것 같았다. 나는 밀러 대사에게 경영진의 동의를 먼저 구해야겠다고 대답했다.

나에게 이 문제는 운명적이라는 느낌도 주었다. 뉴욕에 사는 딸이 아이를 낳은 직후 나의 첫 손자와 함께 미네소타까지 왔다. 어느 날 밤 아기가 잠들어 있길래 딸에게 가서 좀 쉬라고, 애가 깨면 내가 돌보겠다고 했다. 손자는 내 생각보다 더 오래 깨지 않았다. 마침내 아기가 소리를 냈다. 막 동이 틀 때, 동쪽으로 난 창문 옆에 놓인 아기 침대에서 아이를 안아 올렸다. 떠오르는 해가 아기의 머리통 뒤에서 빛났고, 마치 아기에게 후광이 나는 것만 같았다. 사랑이라는 감정이 몰려왔고, 내 목에 기대어 그 자그마한 머리를 가누고 있는 아기는 막 신에게서 온 것 같았다.

나는 그 순간을 일종의 공현公現이라고 생각한다. 아이를 안고 있는 그때, 나는 그를 보호할 수 없다는 사실을 깨달았기 때문이다. 내가 국제적인 대기업의 수장이어도 소용없었다. 그 어떤 높은 벽을 세우고 그 어떤 강력한 자물쇠를 잠가도, 내 손자를 사람들로부터 떼어놓을 수 없었다. 그 어떤 아기도 사랑스럽게 안아 올려본 적 없는 사람들이, 절망 속에서 성장기를 보내고 분노에 가득 찬 사람들이 내 손자에게 접근하는 것을 막을 수 없었다. 이 아이를 보호하기 위해 내가 할 수 있는 가장 효과적인 일은 다른 모든 아이를 안전하게 지키는 것임을 그때 깨달았다.

그날의 깨달음을 다시 떠올리자 한층 용기가 나서 회사 경영진에게 아동 인신매매 근절 운동에 합류하자고 제안할 수 있었다. 에크팟에 가입한다는 것은 앞으로 우리의 노력을 공개적으로 알리고, 산하 모든 호텔의 직원에게 무엇을 감시해야 하고 인신매매가 의심될 때 어떻게 신고해야 하는지를 교육한다는 뜻이었다. 또한 우리의 공급 사슬에 있는 업체들에게 우리는 성매매나 강제노동 목적의 인신매매와 관련 있는 사람이나 기업과는 손잡지 않는다는 사실을 분명히 밝힌다는 뜻이었다. 나아가 직원들은 물론 고객들에게도 우리가 이 문제에 대해 경각심을 높이는 활동에 참여하고 있음을 강조한다는 뜻이었다.

경영진의 첫 반응은 극도로 부정적이었다. 홍보 부서에서는 "절대 안 됩니다"라고 했다. 법률 부서에서는 이렇게 말했다. "우리 호텔은 전 세계에 수천 개가 있습니다. 어느 한 곳의 직원 한 명이 아동 인신매매 사건에 연루된다면 그 책임을 우리가 져야 하는 겁니다. 공개적으로 망신을 당할 거라고요! 스스로 약점을 만들어야겠습니까?"

나는 그들에게 집에 가서 찬찬히 생각해보라고 했다. "그동안 이 문제를 몰랐던 게 행운이었습니다. 문제 해결에 일조해야 한다는 생각을 안 해도 됐으니까요. 하지만 이제는 우리가 알게 되었고, 우린 이 업계를 선도하는 리더입니다."

며칠 후 홍보 부서 사람을 다시 만났다. 그가 직원들에게 의견을 물었더니 놀랍게도 그들은 내가 이 계획을 제안했다는 사실을 자랑스러워했다고 했다. 우리 회사에서 일하는 게 뿌듯하다고도 했다. 직원들은 이 계획에 놀라기는커녕 아동 인신매매 근절을 위한 노력이 우리가 책임감 있는 국제 기업이라는 인식을 강화해 주리라 기대했다. 그들은 사회에 참여하고 봉사하기를 원했다.

다음엔 법률 부서 사람이 돌아와 이렇게 말했다. "우리 회사는 이미 국내에서 반부패 활동에 참여하고 있고 이것도 일종의 부패죠. 도와드리겠습니다."

변화를 도모할 때는 여러 경로를 확보하라.

우리는 에크팟에 가입했고 각자의 직무에 맞추어 직원들을 훈련시켰다. 예를 들어 호텔 안내 데스크의 직원은 아이를 데려온 손님이 직원의 눈을 피할 때 상황을 주시한다. 객실 청소 직원은 화장이 너무 진하고 노출이 심한 옷을 입은 여자아이들이 있으면 상황을 주시한다. 무엇보다 우리 칼슨가족재단은 인신매매 피해자 및 목격자를 위한 긴급 서비스인 폴라리스 핫라인에 자금을 댔다. 피해자가 어느 위치에서든 폴라리스에 전화를 걸면 곧 구조대가 출동한다. 호텔에서 전화를 거는 경우에는 경찰 등 대응 조직으로 바로 연결된다.

우리는 아동 인신매매를 걱정하는 승무원 연합인 에어라인 앰버서더스와도 협력했다. 이들은 어린이가 장난감 하나 없이 비행기를 타는 경우, 또는 가족이 아닌 것 같은 성인과 함께 탑승하는 경우 등 의심스러운 상황에서 개입할 방법을 찾고 있었고, 우리와 함께 그 방법을 찾기 시작했다. 마침내 대형 항공사인 델타 에어라인스도 에크팟에 가입했다.

하지만 아직 부족했다. 미국여행산업협회의 (당시) 회장으로서 나는 업계의 대규모 회의에서 아동 인신매매 문제에 대해 발언했다. 미국여행산업협회는 아동 인신매매에 반대하는 입장을 채택했지만, 다른 개별 기업들은 여전히 에크팟에 가입할 의지를 보이지 않았다. 그로부터 거의 9년이 지나서야 칼슨사에 이어 두 번째 여행산업 회사가 에크팟에 가입했다.

그들이 에크팟에 가입하지는 않아도 우리와 협력할 수는 있었다. 나는 책임감이 투철한 기업인인 빌 메리엇부터 찾아갔다. 메리엇은 가족 기업이다. 그는 나에게 말했다. "우리는 독자적으로 해나가겠습니다." 그러더니 우리 회사의 홍보 부서와 법률 부서가 처음에 드러냈던 우려를 똑같이 드러냈다. 나는 그에게 이 논의에 참여하기만 해달라고 부탁했다. 그게 중요했다. 빌 메리엇은 그렇게 했고 결국엔 메리엇사의 직원들을 훈련시켰다. 짐작했던 대로 몇 년 후 그는 어느 컨퍼런스의 연단에 올라 다른 기업들에게도 함께하기를 촉구했다. 나는 그가 이 업계의 진정한 지도자로서 책임감을 보여준 데 감사했고 그가 큰 변화를 이끌어내리란 걸 알았다.

처음에는 너무도 조심스러웠던 우리 회사 법률 부서는 나를 미국변호사협회와 연결해주었다. 이제 이 협회는 기업들이 반인신매매 강령을 채택하는 일을 돕는 전담 위원까지 두고 있다. 성매매 목적의 아동 인신매매는 부패 행위다. 기업들이 이윽고 이 사실을 이해하기 시작했다. 우리는 점차 논의의 방향을 바꾸어, 이 운동에 참여하는 사람들이 아니라 참여하지 않는 사람들이 기업 이미지를 걱정하게 만들었다.

사람들은 누군가 골치 아픈 일을 도모하면 저항부터 한다. 하지만 데이터만 충분하다면 그들도 서서히 적응한다. 사회변화를 도모하는 사람은 장기적으로 내다봐야 한다. 무력감에 빠지지 않도록 주의하면서 변화의 기회를 포착해야 한다. 인내심을 가지는 것, 그리고 데이터를 확보하는 것이 무엇보다 중요하다.

매릴린 칼슨 넬슨의 조언

1. 변화를 도모하는 사람은 사람들의 저항에 부딪히기 마련이다. 그러나 그들이 우려하는 데에도 나름 타당한 이유들이 있을 수 있다. 다른 의견도 존중하는 모습을 보여라. 그 대신 당신이 아는 사실들을 거듭거듭 전달하라.
2. 때로는 사람들의 말에 귀 기울이고 논지를 새롭게 가다듬을 필요가 있다. 당신이 추구하는 변화가 그들에게도 이롭다는 점을 보여주는 것이다. 이 방법으로 상대를 같은 편으로 끌어들여라.

2부

거절 경험은 창의력을 깨운다

내 친구 애리엘 엑스터트는 일곱 살 때부터 사업가를 꿈꿨고, 초등학교 2학년 때 시내 도매상에서 사과와 주키니호박을 사와 학교 복도에서 파는 진짜 청과물상이 되었다. 애리엘은 늘 성실하고 기발하고 앞서가는 아이였기 때문에 나는 그가 첫 사업체 '리틀미스매치트'를 설립했을 때도 별로 놀라지 않았다.

리틀미스매치트는 10대 여자아이들이 창의력과 개성을 발휘하도록 영감을 주기 위해 만들어진 회사다. 애리엘의 표현에 따르면 10대 아이들은 "어린아이의 자유와 10대의 억압 사이에 걸쳐 있으며 남들이 하는 것을 따라 해야 하는" 존재다. 애리엘의 회사는 예쁘고 참신한 (검은색 바탕에 무지개색 물방울무늬나 줄무늬가 들어간) 양말을 세 켤레씩 묶어 파는데, 소비자가 묶음 구성을 직접 선택할 수 있다. 이 회사의 디자인과 컬러와 아이디어는 모두 애리엘의 머리에서 나왔다. 어린아이들이 마음껏 그림을 그릴 수 있는 화이트보드형 가구도 그의 작품이다. 애리엘은 영업 전문가 파트너와 함께 회사를 운영해나갔다.

리틀미스매치트는 대형 투자회사가 투자에 나섰을 정도로 성공했다. 마침 그 무렵 애리엘은 딸을 낳고 출산휴직을 했다(공동 운영자는 '휴가'라고 불렀다). 애리엘이 회사를 쉬는 동안 투자회사는 남자 공동 운영자를 회사의 최고 운영자로 승진시키고 애리엘을 마케팅 총괄 자리에 앉혔다.

"말도 안 되는 일이었지." 애리엘은 그때를 회고하며 말한다. "하지만 난 '직함이 뭐가 중요해, 일만 잘하면 되지' 이렇게 생각하는 사람이잖아." 그러나 애리엘이 강등당한 것은 사실이었고 그건 결코 기분 좋은 일이 아니었다. 그뿐 아니라 애리엘은 결국 회사에서 쫓겨났다.

"그 거절 이후로 너무나 심각한 악순환이 시작됐어. 하지만 회사에서 점점 더 비참해지는 기분만 느끼고 있었기 때문에 홀가분하기도 했지." 그러나 창의력은 당장 돌아오지 않았다. 애리엘은 자기 안의 예술가를 부활시키는 데 시간이 꽤 걸렸다고 말한다. (회복에 도움이 된 것 하나는 그 회사가 애리엘을 내보낸 뒤 크게 흔들렸다는 사실이다. 애리엘은 말한다. "그런 데서 힘을 얻는 게 이상할 수도 있는데, 그땐 힘이 되더라고.")

창의적인 파트너 관계도 큰 힘이 되었다. "나를 응원해주고 영감을 주는 사람, 내 머리에 불을 켜주는 사람이 옆에 있으면 창의력이 제대로 발휘되기 시작해. 거절당했던 기억은 희미해지기 시작하고." 애리엘은 어머니 조앤과 함께 『컬러, 그 비밀스러운 언어*Secret Language of Color*』와 『컬러란 무엇인가?*What Is Color?*』를 썼다. 남편 데이비드와는 작가들의 글쓰기와 출판을 돕는 회사인 '북닥터스'를 시작했다. 두 사람은 딸과 함께 강연을 다녔다(올리브는 이제 열두 살인데 벌써 서른일곱 개 주에 가보았다). 애리엘은 어느 행사에서 아동문학가 크와메 알렉산더를 만났고 이제 그들은 사업 파트너로서 어린이 책과 방송 프로그램을 함께 기획한다.

애리엘이 자신의 첫 회사 리틀미스매치트에서 당한 거절은 다른 창의적인 사업들로 이행하는 디딤돌이 되었다. 그뿐만 아니라 어떤 사람들은 거절 경험 이후 더욱 창의적인 사람이 된다. 이는 연구로 입증된 바이며, 나 역시 여러 사람들을 인터뷰하면서 그 사실을 확인할 수 있었다. 가수 레이철 플래튼은 거절을 자신의 연료로 삼았다. 사람들이 자신을 인정하지 않자 직접 앨범을 제작했고 결국 〈파이트 송〉을 전 세계 음악 차트에 올려놓았다. 배우 얼리시아 라이너는 영화를 직접 제작했다. 기업인 폴리 로드리게스는 성차별이 만연한 스타트업 기업에서 일하는 데 지쳐 자신이 직접 회사를 차렸다.

거절당한 뒤 다시 창의력을 발휘하기까지는 시간이 걸릴 수 있고, 그 과정도 사람마다 다를 수 있다. 애리엘의 경우에는 파트너를 찾아 함께 일하는 것이 창의력을 끌어내는 열쇠였지만, 그 열쇠는 사람마다 다르다.

레이철 플래튼

싱어송라이터

아름다운 예술은 당신 안의 예술가를 재단하는 대신 그가 두려움 없이 자유롭게 표현하도록 놔둘 때 탄생한다.

레이철 플래튼이 나에게 들려준 이야기에 따르면 어릴 적 그는 그리 뛰어난 보컬리스트는 아니었다. 그 누구도 "와, 넌 꼭 음악 분야에 진출해야겠다"라고 말하지 않았다. 플래튼은 피아노 레슨을 받고 가족과 함께 노래를 불렀지만 한편으로는 수학에도 흥미가 있었다. 그는 코네티컷주 트리니티대학에 진학하여 국제관계학을 전공했다.

플래튼은 그 후에야 진로를 바꾸었고 정말 열심히 노력했다. 나는 세계적으로 유명한 가수들은 운이든 인맥이든 마법이든 뭔가가 있어서 음반 회사에 스카우트되는 것이라고만 생각했다. 그런 다음에 회사가 곡을 주고 이 행운아들이 노래를 녹음하면, 짜잔 하고 히트곡이 나오는 줄 알았다. 그러나 아니었다. 플래튼은 10년 넘게 열정적으로 노력하고 수천 곡을 작곡한 뒤에야 성공한 사람이었다. 그의 히트곡 〈파이트 송〉 뮤직비디오를 보면 이 노래가 다름 아니라 이 뮤지션의 인내와 끈기, 거절당해도 포기하지 않고 공연을 계속했던 그간의 노력에 관한 작품임을 알 수 있다. 또 아이가 있는 독자라면 레이철이 최근에 출간한 첫 어린이 책과 같은 제목의 노래 〈네가 있을 곳You Belong〉의 뮤직비디오를 찾아보라. 티슈를 미리 준비하시길.

〈파이트 송〉은 세계적으로 큰 인기를 얻었다. 레이철 플래튼은 〈투데이〉에서 이 노래를 부른 공연으로 에미상을 수상했으며, 그의 앨범들은 수백 만 장의 판매고를 기록했다. 내가 만난 플래튼은 다정하고 소박한 성격의 소유자였고 자신이 걸어온 길에서 경험한 거절들에 대해 너무나 솔직히 이야기해주었다.

레이철 플래튼이 거절에서 배운 것

때로는 뼈아픈 좌절을 겪은 뒤에야 성공에 도달할 수 있다.

나는 대학 3학년 때 트리니다드 토바고 웨스트인디스대학에 교환학생으로 가서 카니발 문화에 대해 배웠다. 이 프로그램에는 인턴 활동이 포함되어 있어서 어느 음반사에서 인턴으로 일하게 되었다. 어느 날, 한 뮤지션이 그 회사에 연락해서 키보드 연주가 가능한 코러스 가수가 급하게 필요하다고 했다. 그날 밤 큰 공연이 잡혀 있는데 키보디스트가 갑자기 아프다는 것이었다. 어려서부터 피아노를 연주했고 집에서 가족들과 늘 노래를 하며 지냈던 나는 용기를 내어 그 일에 지원했다.

그날 밤이 내 인생을 바꾸어놓았다. 나는 무대에서 관객들을 바라보며 즐거움과 목적의식을 느꼈다. 저 사람들이 나를 보러 온 관객이었으면 했다. 전기가 통하듯 짜릿한 감동이 밀려왔다. “이거다. 내가 인생에서 원하는 것은 이 일이야.”

곧장 기타 연주와 작곡을 배우기 시작했고 대학을 졸업한 뒤에는 뉴욕시로 이사해서 웨이트리스 일 같은 아르바이트를 했다. 나는 공책에 작은 목표들을 가득 적었다. ‘브로드웨이 커낼 룸에서 공연하기’ ‘자작곡 열 곡 쓰기’ 등등. 그리고 작은 퇴짜를 수없이 맞았다. 이런저런 무대에 서고 싶어 신청했지만 거절당했고, 매니저들에게 데모곡을 보냈지만 아무 소식이 없었다. 하지만 그 순간은 속상해도 계속해나갔다. “그럼 오늘은 뭘 해볼까? 피아노를 연습하자. 친구를 만나서 곡을 쓰자. 다른 사람의 공연에 가서 그 음악이 나와 맞는지 어떤지 확인해보자.” 나는 계속해서 아주 바쁘게 살아갔다.

그러다 스물다섯 살쯤에 지금의 남편을 만났다. 그가 내 인생을 바꾸어놓았다. 내가 누군가를 사랑하게 되었다는 점에서도 그랬지만, 내가 더 열심히 작업하게 만들었다는 점에서도 삶이 달라졌다. 나는 저녁 시간 내내 피아노를 연습하기 시작했다. 기타 실력도 갈고닦았다. 그때까지 한 달에 한 곡 쓰던 것을 열 곡으로 늘렸다. 창의력도 근육처럼 단련할 수 있다는 사실을 그때 알았다. 뮤즈가 나타나는 날에도, 아닌 날에도 나는 매일 작업실에 나갔다. 어떤 날에는 아무 일도 일어나지 않았지만, 어떤 날에는 목을 풀고 손가락을 건반에 올리면 내 마음에 쏙 드는 곡을 써낼 수 있었다.

한편으로 나는 뉴욕의 예술가들과 공동체를 형성했다. 우리는 화요일 저녁마다 맥두걸 스트리트의 바에 모여 함께 연주했다. 거기서 멋진 사람들을 만났고 그중 몇몇과는 지금도 가깝게 지내고 있다. 무대에 오른 순간부터는 다른 사람의 생각에 신경 쓰는 대신 내 안에서 벌어지고 있는 일에 집중해야 한다는 것을 그들에게 배웠다.

또 '응답하는 음악가들'이라는 자원봉사 프로그램에 참여하여 병원에 입원한 환자들을 위해 음악을 연주했다. 이 중요한 경험을 통해 난 자아를 내려놓고 내가 음악으로 할 수 있는 일이 무엇인지 되새길 수 있었다. 가끔 중환자 병동에서 심각한 뇌손상을 겪은 환자들을 위해 연주했는데, 그럴 때 간호사가 이렇게 말하곤 했다. "환자가 눈을 깜빡이네요!" "손을 움직이고 있어요!" 그런 날은 병원을 떠날 때 구명줄을 내려 받은 기분이었고, 나에게 중요한 것은 음악을 통한 연결과 치유라는 사실을 재확인했다. 난 매주 월요일, 수요일, 금요일 밤에 주로 다른 뮤지션들의 노래를 커버하고 중간중간 내 자작곡을 끼워넣어서 세 시간씩 공연했다. 그러면서 팬이 조금씩 생겨났다. 그중 한 사람이었던 홍보 전문가가 나 자신에 관한 앨범을 만들어보라고 했고 그 조언을 따랐다. 그 팬은 결과물이 무척 마음에 든다며 자신이 아는 작은 인디 레이블에 내 앨범을 소개하고 싶어했다.

그 레이블과 계약한 뒤 소규모 투어를 시작했고 어느 라디오 방송국 관계자 앞에서 〈천 척의 배A Thousand Ships〉를 불렀다. 그 사람은 내 노래를 마음에 들어했고 라디오에서 홍보해주기로 했다. 이 단계에 접어든 뮤지션은 전국을 돌아다니면서 피자를 사 들고 라디오 방송국을 찾아가 악수를 하며 이렇게 말한다. "이게 제 노래예요. 저는 레이철이고요. 제 노래를 방송에서 틀어주시겠어요?" 그리고 회의실에서 노래를 부른다. 나는 이미 7년 동안 스포츠 중계를 트는 바에서 공연하면서 손님들의 관심을 사로잡는 연습을 해왔기 때문에 관객 다루는 법을 잘 알고 있었다. 라디오 방송국들에서 내 음악을 틀기 시작했다.

노래들이 차트에 오르기 시작했고, 큰 레이블들이 나에게 주목하더니 메이저 중의 메이저인 RCA에서 연락이 왔다. 나와 계약하고 싶다는 것이었다! 내가 꿈꿔온 가장 큰 목표였기 때문에 너무나 행복했다. 나는 회사 사람들을 만나고 계약을 제안받았다. 드디어 돈이 좀 생기게 됐다. 투어용 버스도 살 수 있었다.

계약서에 서명하기 직전에 공연이 하나 있었다. 그런데 무대에 오르기 전 매니저가 평소와 좀 다르게 행동하는 것을 느꼈다. 그는 나에게 이따 이야기 좀 하자고 했다. 나는 그와 함께 맨해튼 맥두걸 스트리트의 엘리베이터 없는 건물 5층에 있는 내 집으로

갔고, 거실 소파에 앉아서 RCA와의 계약 이야기를 꺼내려고 했다. 하지만 그가 마침내 꺼낸 말은 RCA가 내 노래의 차트 성적이 떨어지는 것을 보고 계약에 흥미를 잃었다는 것이었다. 제안은 없던 일이 되었다. 나는 몸에서 바람이 빠져나간 것처럼 충격을 받았다. 꿈이 좌절되었다. 다시 처음으로 돌아가야 했다.

거절은 온몸을 던져 노력해야 극복할 수 있다.

그게 전환점이었다. 30대 초였고, 주변의 친구들은 모두 아이를 낳거나 집을 사는 등 어른의 삶을 착실하게 꾸려나가고 있었다. 나는 결단이 필요하다고 판단했고, 작곡 산업의 중심지인 로스앤젤레스와 내시빌에서 활동하기로 했다. 나는 퍼블리싱 회사와 계약을 맺었다. 이번에는 내 노래를 라디오에 내보내는 게 아니라, 내가 작사 작곡한 곡을 광고에 사용하거나 다른 가수에게 주는 방식이었다. 회사는 나에게 전문 작곡가들을 소개해주었고, 나는 4년 동안 뉴욕의 남편과 떨어져 로스앤젤레스에 살면서 그 어느 때보다 열심히 곡을 썼다.

〈파이트 송〉은 회사의 제작자와 통화한 뒤에 만든 곡이다. 그는 나에게 "그냥 당신의 이야기를 쓰면 돼요"라고 했다. 내 이야기? 그건 내가 싸움꾼이라는 것이다. 나는 수많은 거절과 실망스러운 일 앞에서도 포기하지 않았다. 담당자에게 이 노래의 후렴구를 들려주었을 때 그가 말했다. "바로 이거네요. 이게 당신의 불꽃이에요. 이게 당신의 노래예요."

그다음에 벌어진 일은 간단히 설명하고 넘어가기로 하자. 〈파이트 송〉을 완성하고 제작하기까지 이런저런 우여곡절이 있었기 때문이다. 결국 이 노래는 내가 직접 녹음해서 온라인으로 공개했다. 인기 텔레비전 드라마 〈프리티 리틀 라이어스〉에 이 노래가 삽입된다는 소식을 들었을 때, 난 마침내 나를 위한 순간이 왔다고 생각했다. 내 노래가 나온 방송을 본 뒤 난 잠자코 기다렸다. 무슨 일인가 일어나기를, 트위터든 이메일이든 뭔가가 폭발하기를 기다렸다.

하지만 아무 일도 일어나지 않았다. 그날 밤 나는 처음으로 포기할 생각을 했다. 눈물이 주체할 수 없이 쏟아졌다. "지금까지 13년이야. 여기다 모든 것을 쏟아부었다고."

다음 날 아침 나는 잠에서 깨서 이렇게 생각했다. '내 자아가 너무 커졌던 거야. 젠장, 뭘 기대한 거야? 실망은 그만하자.' 나는 사람들이 내 음악에 공감하는 모습, 내 음악이 사람들에게 힘이 되는 모습을 병원 자원봉사를 통해 이미 보았다. 그걸 굳이 수많은 사람에게서 확인해야 하는 이유가 있을까? '그래, 새 직업을 찾고 음악은 취미로 하면 돼. 그럼 행복할 거야.'

그런데 일주일 뒤, 어디선가 내 노래를 들은 한 유방암 환자가 볼티모어의 라디오 방송국에서 DJ로 일하는 가족에게 이렇게 말했다. "이걸 라디오에서 틀어. 그 어떤 노래보다도 나를 치유해준 노래야."

DJ는 그주 주말 방송에서 내 노래를 틀었고, 〈파이트 송〉은 볼티모어 및 인근 지역 음악 차트에서 1위에 올랐다. 그 순간, 나에게 거듭거듭 퇴짜를 놓았던 그 모든 음반사에서 연락이 오기 시작했다.

투어 중이었던 나는 오하이오주의 어느 하우스 콘서트에 가려고 밴을 몰아 눈길을 달리고 있었다. 그때 매니저에게 전화가 왔다. "어디예요? 어서 LA로 가세요."

내가 대답했다. "여기 오하이오예요. 중요한 공연이 있어요."

그가 말했다. "아니, 아니, 아니. 지금 무슨 일이 벌어지고 있는지 모르는군요." 스물네 시간 후, 나는 로스앤젤레스에서 스눕독이 주최하는 그래미상 파티에 있었다. 다시 스물네 시간 후, 나는 컬럼비아 레코드와 계약한 뮤지션이 되어 있었다. 그로부터 2주일 후 라디오에 내 노래가 나왔다. 나는 라디오 디즈니 뮤직 어워즈에서 노래했고 테일러 스위프트와 한 무대에 섰다. 내 노래가 미국 전역에서 차트 1위에 올랐고 다른 몇몇 나라의 차트에서도 1위에 올랐다. 믿을 수 없는 여정이었다.

지금 나는 다음 앨범을 작업 중이고, 매일 새 노래를 쓰면서 내 안의 예술가를 성장시키는 그 연습을 다시 하고 있다. 꿈이 있는 사람은 집착에 빠지기 쉽다. '난 이러이러한 성공을 거두어야만 행복해질 수 있어'라고 생각하는 것이다. 다시 그 회로가 시작될 기미를 느끼지만, 나는 이제 전보다 더 현명해졌고 그런 생각이 어떻게 침투하는지 안다. 나는 명상으로 나 자신을 제자리에 붙들어놓는다. 또한 우리가 행복해지는 데는 무엇이 더 필요한 게 아니라 이미 가지고 있는 것으로 충분하다는 사실을 잊지 않으려고 한다.

레이철 플래튼의 조언

1. 거절당한 뒤에는 머릿속에 들려오는 파괴적인 목소리를, 방금 일어난 일에 대해 반복 재생되는 이야기를 멈추어야 한다. 그럴 때 필요한 것은 바로 창의력이다. 머릿속의 소음을 차단하고 다시 심장의 소리에 귀 기울여라.
2. 실패를 극복하는 가장 좋은 방법 중 하나가 자원봉사다. 타인을 돕다 보면 당신이 가지지 못한 것들에 대한 생각이 문득 희미해지고, 대신에 당신이 사람들에게 줄 수 있는 것들에 초점을 맞출 수 있다.
3. 당신 안의 예술가를 이제 막 예술을 배우기 시작한 유치원생으로 생각하라. 즉 비판적으로 굴지 말고 다정하게 대하라. 모닥불에 둘러앉아 함께 노래할 때의 단순한 즐거움, 친구들을 위해 피아노를 연주할 때의 기쁨, 그 단순하고도 가장 중요한 감정을 잊지 마라.

엘리자베스 벨

정신건강의학과 의사

난 의학대학원에 합격했다는 소식을 부모님께 전했던 기억이 없다. 이건 의미심장하다. 두 분이 기뻐하며 발을 구르지 않을 거라고 생각해서 그런 거니까.

어느 대도시에서 정신건강의학과 의사로 일하는 엘리자베스 벨은 (프라이버시 보호를 위해 가명을 사용하겠다) 자신의 직업을 사랑한다. "환자와 마음을 맞추고 공감하는 순간, 우리가 함께 기울인 노력이 환자에게 힘이 되는 순간, 그보다 행복할 때가 없어요." 그가 나에게 설명했다. "한 사람이 삶의 방향을 바꾸어가도록 돕는 일은 감동 그 자체예요." 벨은 환자들의 이야기를 듣고 그것을 환자에게 의미 있는 방식으로 결합하는 일이 얼마나 멋진지 모른다고 말한다. 그런 작업을 통해 환자들은 자신이 무엇을 원하는지 알아낼 수 있다. 벨은 환자들에게 자신은 조언을 제공하는 사람이 아니라 "환자의 마음이 작동하는 방법을 알아내는 사람"이라고 설명한다. 환자들은 자기 자신에 대해 새롭게 알게 된 사실을 활용할 수 있다. 결국 활용하지 않는다 해도 그건 의식적인 선택이다.

벨은 일주일에 50시간가량 환자들을 만난다. 이와 더불어 어느 정신분석연구소에서 레지던트 의사들을 지도하고, 모교인 의학대학원에서도 여러 역할을 맡고 있다. 학생장려위원회에서는 (학업적으로, 또는 중대한 규칙 위반으로) 문제를 일으킨 학생들을 평가하는 일을 한다. "그 일도 정말 즐거워요. 이 위원회에는 정신건강의학과 의사가 별로 없는데, 정신질환이 행동에 미치는 영향을 제대로 고려할 필요가 있거든요. 예를 들어 어떤 과목에서 낙제한 학생은 머리가 나빠서 그랬을까요, 아니면 다른 이유들이 있었을까요? 난 다른 이유가 있을 수 있다는 걸 직접 경험해봐서 압니다."

엘리자베스 벨이 거절에서 배운 것

목표를 이루는 방법은 하나가 아니다.

나는 1960년대 말에 대학을 졸업한 뒤 고등학교 영어 교사가 되었다. 졸업을 앞둔 학생들에게 늘 이렇게 말했다. "네가 정말로 하고 싶은 일을 하렴." 그런데 어느 순간 나 자신이 교사라는 직업을 좋아하지 않는다는 사실을 깨달았다. 우리 부부의 친구 중에 의사 부부가 있었다. 아내가 소아과에서 인턴 중이었는데, 난 그 사람이 너무나 부러웠다. 처방전을 쓰는 내 모습을 상상해보았다. 의사가 되면 흰 가운을 입을 수 있을 텐데, 내 이름 앞에 '의학 박사'라는 호칭을 붙일 수 있을 텐데, 하면서. 하지만 이 상상의 핵심은 나도 중요한 사람이 될 수 있다는 가능성이었다. 나도 명망을 얻을 수 있고 가치 있는 일을 하는 사람이 될 수 있었다.

그 무렵 첫아이를 낳았고 학교 일을 그만두었다. 다음 진로를 고민하던 어느 날, 차에 아기를 태우고 도자기 공예 수업을 들으러 가는 길이었다. 그때 생각했다. '의학대학원에 가고 싶어. 의사가 되면 어디서든 일할 수 있겠지. 어떤 상황에 처해도 재미있는 일을 하면서 생계를 유지할 수 있어.'

일단 지역 대학에서 의학대학원 진학에 필요한 선수 과목들을 들어보기로 했다. 나는 학창 시절에 뛰어난 학생이었던 적이 한 번도 없지만, 지역 공립대학은 등록금이 쌌다. 결국엔 잘 안 되더라도 큰돈을 낭비하진 않을 거라는 계산이었다. 수업을 신청했고, 대학생 베이비시터를 구해 일주일에 이틀씩 오후에 도서관에서 공부했다.

저녁 시간의 일반화학 수업에는 학부생보다 나이 많은 나 같은 학생이 여럿 있었다. 모두 여자였는데 아이 엄마는 나 혼자였다. 그들은 우리 집에 와서 식탁에 둘러앉곤 했다. 내 딸도 유모차에 앉아 그 자리에 함께했다. 우리는 저녁을 먹으며 수업 내용을 복습했다. 우리는 강한 동지 의식을 느꼈다. 서로가 서로의 지식을 넓혀주었고, 당연하게도 난 그런 방식의 공부가 매우 효과적이라는 것을 깨달았다. 나는 이 과목에서 A 학점을 받은 뒤 나머지 선수 과목인 미적분, 유기화학, 물리학도 다 듣기로 했다(생물학은 대학생 때 들었다). 미적분은 이해가 됐다 안 됐다 하는, 절대 정복되지 않는 과목이었다. 선생님은 경고했다. "공식만 달달 외워서 해치우겠다는 분은 다시 생각하세요. 그렇게는 통과 못 합니다." 하지만 나는 공식들을 달달 외웠다. 그게 내가 할 수 있는 최선의 방법이었고, 결국 A 학점을 받아냈다.

우리 모두가 의학대학원에 지원했다. 나는 미국 동해안 저 위에서 아래까지 열일곱 군데의 학교에 지원했다. 남편은 나를 지지했고 이사할 준비도 돼 있었다. 하지만 내 부모님은 나를 별로 응원하지 않았다. 어려서 부모님을 잃었던 아버지는 늘 의사가 되고 싶었지만 20세기 초에 유대인이 의대에 진학하기란 거의 불가능했다. 내가 의사가 되겠다고 했을 때 아마도 아버지는 무척 복잡한 감정을 느꼈을 것이다. 어쨌든 나는 좋은 성적으로 지원서를 낸 데 뿌듯해하며 결과를 기다렸다.

그 스터디 그룹에서 어느 한 군데에도 합격하지 못한 사람은 나뿐이었다. 열일곱 개의 의학대학원 모두가 나를 떨어뜨렸고, 총 불합격 횟수는 열여덟 번이었다. 한 학교에서 내 지원서를 재평가하겠다고 했다가 다시 한번 나를 낙방시켰기 때문이다. 이제는 웃으면서 말할 수 있지만 그땐 정말 어안이 벙벙했다.

이제 어떻게 해야 할지 알 수 없었다. 정말로 의사가 되고 싶었다. 하지만 그런 일은 불가능하다는 걸 인정해야 하는 걸까? 나는 세 번 도전하기로 했다. 3은 그럴듯한 숫자니까. 나이가 점점 많아지고 있었고, 당시에 의학대학원들은 여학생과 만학도를 좋아하지 않았다.

부모님은 처음보다 한층 더 노골적으로 의구심을 드러냈다. "뭘 어쩌려는 거니?" "아이를 낳고 남편도 있는 여자가 진로를 바꾸기로 했다가 이혼한 경우를 주변에서 여럿 봤다. 이건 너에게 도움 되는 일 같지가 않구나." 하지만 남편은 그때도, 또 지금도 언제나 나를 응원해주기만 했다. 한편 모든 학교에 불합격한 일은 내게 의사가 될 능력이 없는 게 아닐까 하는 두려움을 느끼게 한 동시에 그 길을 더욱 원하게 만들었다.

나는 시험에 강한 사람이 아니고, 의학대학원 입학 시험인 MCAT 성적이 그렇게 좋지도 않았다. 나는 점수를 높일 수 있는 수업을 듣기로 했다. 그래서 세 번째 시험에서는 그럭저럭 괜찮은 점수가 나왔다. 과학 수업도 더 신청해서 들었다. 과학 평균 점수는 꽤 좋았지만 대학 때 C를 받았던 생물학 점수가 평균을 깎아먹었기 때문이다.

그사이에 나는 아이를 한 명 더 낳아서 이제 유치원생과 갓난아이를 함께 키우고 있었다. 그러다 보니 내가 의학대학원 진학을 포기하지 않는 것이 내 주변 모든 사람(특히 남편)을 힘들게 하고 있는 것만 같았다.

여러 번 거절당한 뒤에도 원하는 것을 얻어내는 일은 어렵고 혼란스러울 수 있다.

의학대학원 합격 소식을 들은 날, 눈물을 흘렸다. 반드시 진학할 생각이었다. 이런 기회가 다신 없을 것 같았다. 하지만 그러려면 이제 막 태어난 아들과 그 위 딸을 두고 매일 학교에 다녀야 했다. 부모님께는 합격 소식을 전할 엄두도 나지 않았다.

입학을 앞둔 여름, 나는 생화학을 좀 공부해두었다. 학기가 시작되었을 때 아들은 5개월, 딸은 세 살 반이었다. 어쩌면 남편이 집안일을 하고 내가 학교에 다닐 수도 있지 않을까 하는 환상을 품기도 했는데 그러면 돈 벌 사람이 없었으므로 우리는 결국 베이비시터를 고용해야 했다. 나는 한 시간 거리의 학교에 다녔다.

1학년 학생들은 해부학, 세포생물학 등 여러 과목을 들어야 했다. 내용이 방대했고 난 이 모든 것을 하나도 빠뜨리지 않고 외워야 한다는 사실을 믿을 수 없었다. '심장, 아주 중요한 장기지. 하지만 모세관은 덜 중요하지 않나?' 그런 생각으로 임했다가 첫 학기 세 과목의 중간고사를 1, 2점 차이로 하나도 통과하지 못했다. 돌이켜 생각하면 나는 부모님의 기대에 부응하는 동시에 그들을 벌하고 있었던 게 아닐까 싶다. '내가 못할 거라고 하셨나요? 정말 맞는 말씀이었어요!'

나는 오늘날까지도 나의 해부학 담당 교수에게 무한히 감사하고 있다. 그는 정형외과 의사 출신의 다정하고 나이가 많고 우아한 흰머리에 약간 외국인 액센트가 있는(어디 먼 나라는 아니고 캐나다 사람이었던 것 같다) 사람이었다. 그가 말했다. “아이가 둘에다 매일 한 시간씩 통학을 한다고요? 속도를 늦춰서 1년에 한 학기만 소화하세요.” 요즘에는 그렇게 하는 학생도 많지만 나는 이 괴롭기만 한 시간을 더 연장하고 싶지 않았다. 일단 기말고사를 무사히 통과해서 학점을 딸 수 있는지 보겠다고 대답했고 교수는 나를 도와주겠다고 했다.

나는 일주일에 두 번씩, 수업 시간에 앞서 그에게 개별 지도를 받았다. 교수와 나, 시체 이렇게 단 셋이서. 그는 나에게 공부하는 법도 알려주었다. “한 페이지를 읽어봐요. 거기서 한 가지를 배웠다면 충분해요. 그리고 다시 읽어봐요. 그렇게 반복, 반복, 반복하세요.” 바로 그거였다. 나는 다시는 그 어떤 시험에도 떨어지지 않았다.

결국 나는 의학 박사 학위를 따고 정신건강의학과 의사가 되었다. 70대에 접어든 지금도 예전과 마찬가지로 전업으로 진료한다. 우리는 원하는 모든 것을 꼭 원하는 경로로 얻을 순 없다. 다른 경로로 접어들게 되더라도 인내할 줄 알아야 한다.

엘리자베스 벨의 조언

1. 당신이 세운 목표는 당신이 원하는 그 방법으로가 아니라 다르게도 실현될 수 있다. 목표에 이르는 경로를 다시 선택할 줄 아는 유

연성이 필요하다.

2. 나에겐 의지가 되는 스터디 동료들이 있었던 것이 결정적인 차이를 만들어냈다. 우리는 서로의 배움을 도왔을 뿐 아니라 서로의 고군분투도 공유했다. 공부가 아닌 일에서도 힘이 되는 동료를 찾아내거나 그룹을 만들어 서로의 노력을 도와주면 좋다.

미셸 티

시인, 소설가, 퍼포먼스 예술가

내 경우 인기 있거나 좋은 평가를 받은 책을 몇 권 썼다고 그대로 앞날이 순탄해지진 않았다. 우리는 어떤 일을 하든 매번 거절의 위험을 무릅쓴다.

미셸 티는 시인, 소설가, 퍼포먼스 예술가로 그가 주로 다루는 주제는 퀴어 문화, 페미니즘, 계급이다. 그는 스무 살 때부터 쉬지 않고 작품을 발표했다. 나와 인터뷰한 시점에는 로스앤젤레스에 살면서 자신의 책 『회고록에 반대한다*Against Memoir*』에 실린 글을 원작으로 하는 텔레비전 프로그램의 파일럿을 수정하고 있었다. 그는 새 형식을 익히는 것이 "정말로 어렵다"며 자신의 본래 성향은 "개요 없이 본능에 따라 쓰는 것"이지만 텔레비전 각본에는 그 방법이 잘 들어맞지 않는다고 설명했다. 티는 그 밖에도 새로운 책의 아이디어를 에이전트에게 막 전달한 참이었고, 오래전에 초고를 썼지만 다른 작업들 때문에 제쳐두었던 청소년 소설을 손보는 중이었다.

미셸 티는 『발렌시아』, 『검은 파도*Black Wave*』, 『자라는 법*How to*

Grow Up』 등 여러 권의 회고록과 소설을 썼고 〈무타 매거진〉을 창간했다. 여러 상에 후보로 선정되었고 펜/디아몬스타인슈필포겔 상 에세이 부문을 수상했다.

미셸 티가 거절에서 배운 것

당신을 찾아오는 기회들을 과감하게 붙잡아라.

사는 동안 늘 글을 썼지만 '작가'가 될 수 있다는 생각은 못 해봤다. 가족 중에 대학을 나온 사람이 한 명도 없었고 나도 대학에 가지 않았다. 나는 20대 초에 샌프란시스코로 향했다. 뿌리 없는 뜬풀 신세였고 가족과도 소원했다. 1993년이었다. 시를 엄청 많이 썼다. 어린 다이크의 사랑 노래도 썼고, 여성 혐오나 동성애자 혐오에 관한 분노에 찬 정치시도 썼다. 샌프란시스코에는 힙합과 펑크, 찰스 부코스키의 영향으로 아마추어 '스포큰 워드'* 신이 크게 형성되어 있었다. 누구든 무대에 올라 하고 싶은 말을 할 수 있었다.

처음 무대에서 낭독했을 때, 나는 내 시가 괜찮다는 확신을 가

---

* 시인이 무대에서 시를 낭독하는 공연 형태. 랩, 힙합, 스토리텔링, 연극, 즉흥 음악의 요소를 차용하고 사회정의, 정치, 인종, 공동체 등 다양한 주제를 다룬다.

지지 못한 상태였다. 레즈비언의 이별을 다룬 시였고, 목소리를 극적으로 올렸다 내렸다 하는 그 진부한 '낭독용 목소리'로 읽었다. 하지만 내 논리는 이랬다. '대부분의 팝 문화는 엄청난 팬을 거느리고 있지만 나는 그런 게 싫다, 누군가 한 사람은 내 시를 좋아할 것이다.' 실제로 그날 행사가 끝나갈 때 머리를 빡빡 민 레즈비언 한 명이 다가와서 내 시가 자기들 마음에 쏙 든다고 말해주었다.

"다행이에요. 전 당신들을 위해 그걸 읽었으니까요."

이런 오픈 마이크 무대 경험 덕분에 나는 매일 새 작품을 내놓으려고 글쓰기를 멈추지 않고 해나갔다. 작은 잡지 판형의 시집을 자비로 출판하기도 했다. 내가 시로 표현한 경험을 더 깊이 파고들고 싶다는 생각이 들어, 역시 낭독용이긴 하지만 시보다 긴 글을 쓰기 시작했다.

그 무렵 아일린 마일스의 소설집 『첼시 걸스』가 세상에 나왔다. 읽어 보니 이 책에는 개인들의 서사가 담겨 있었고, 작가가 자신의 삶을 쓴 글도 문학이 될 수 있고 심지어 누군가는 그것을 출판한다는 사실을 알게 되었다. 나도 용기가 났다.

나는 아일린 마일스를 집착에 가깝게 좋아하게 됐다. 어느 날 친구의 주소록을 넘겨보다가 아일린의 주소와 전화번호를 발견하고 깜짝 놀랐다. 그건 누가 비욘세의 전화번호를 아는 것이나 마찬가지였다. 나는 물었다. "이거 뭐야? 어떻게 된 거야?"

그러자 친구가 대답했다. "뭐긴 뭐야. 아일린은 뉴욕의 우리 집

앞으로 해서 개를 산책시키는 우리 같은 작가인 거지.”

나는 마일스의 주소를 베껴 적었다. 그 후 어느 여행길에서 그에게 엽서를 보냈다. “안녕하세요, 아일린. 저는 위스콘신에 왔어요. 추신: 저는 당신이 모르는 사람입니다.” 내 엽서가 마음에 들었는지 아일린은 그걸 자기 책상 위에 붙여놓았다.

몇 달 후, 나는 ‘시스터 스핏’이라는 매주 열리는 여성 퀴어 오픈 마이크 무대에 설 예정이었고 아일린은 책 홍보차 샌프란시스코에 오기로 되어 있었다. 난 내가 가진 전화번호로 그에게 연락해서 낭독 행사에 참석할 생각이 있는지 물었다. 아일린이 그러겠다고 했고, 그렇게 내 우상을 초대하게 되었다. 믿을 수 없었다. 그 후 아일린은 〈빌리지 보이스〉에 시스터 스핏에 대한 글을 기고했다. 또한 나에겐 알리지 않고 내 작품을 여기저기 소개하면서 “이 사람은 책을 내야 한다”고 추천했다. 그렇게 해서 세미오텍스트의 크리스 크라우스가 내 첫 책을 내게 되었다.

글을 쓸 기회가 있으면 무조건 붙잡았다. 〈샌프란시스코 베이 가디언〉은 나에게 ‘지금 샌프란시스코에서 다이크로 산다는 것’이라는 주제로 기사를 청탁했다. 나는 생각했다. ‘뭐라고? 내가 친구들과 수다를 떨고 와서 걔네 이야기로 글을 쓰면 700달러를 주겠다고?’ 믿을 수 없었다.

〈온 아워 백스〉라는 레즈비언 섹스 잡지에는 작가들이 본인의 성적 모험을 이야기하는 칼럼이 있었다. 나는 이미 회고록을 통해 섹스 이야기를 써온 터라 모험적 경험을 글로 쓰는 이 작업을 흔쾌히 받아들였다. 당시에 나는 절제와는 거리가 멀었기 때문에 성적 탐험과 함께 화학적 탐험에 관한 내용도 다수 집어넣었다. 말하자면 그 칼럼을 섹스와 마약과 로큰롤로 채웠다. 잡지사가 원하는 방향과는 다소 어긋났지만, 그게 내가 원하는 방향이었다.

누군가 당신의 작품을 거절한다면, 그건 그가 그 작품의 앞길을 보지 못했다는 뜻일 뿐이다. 당신의 작품 앞에 길이 존재하지 않는다는 뜻이 아니다.

1990년대에는 급진적인 퀴어 정체성과 좀 더 동화주의적인 정체성 사이에 심각한 싸움이 있었다. 말하자면 부유한 백인 퀴어 남성이 최상류층이었고 다이크는 그 밑이었으며 트랜스젠더는 거의 논의조차 되지 않았다. 어쨌든 소외된 사람들 모두가 백인 퀴어 남성이 누리는 특권을 일부라도 가져오려고 했다.

앨리슨이라는 유명한 퀴어 출판사가 있었다. 나에게 그곳은 백인 퀴어 남성의 특권을 상징했다.

그때 나는 『미국의 한 소녀가 저지른 강렬한 실수들과 복잡한 타락*The Passionate Mistakes and Intricate Corruption of One Girl in America*』이라는 책을 막 출간하고 〈네이션〉과 〈빌리지 보이스〉에서 긍정적인 반응을 얻은 참이었다. 이어서 다음 책 『발렌시아』의 제안서를 썼고 스스로 무척 만족했다. 다이크 특유의 정체성과 시간과 장소를, 그러니까 주류 퀴어 문화가 줄곧 무시해온 그 열광적이고 활기 넘치고 중요한 문화를 다루는 책이 될 것이었다. 나는 아주 자신만만하게 앨리슨 출판사에 이 책의 제안서를 보냈다.

나는 인쇄물 형태의 답장으로 거절을 통보받았다. 이해할 수 없었다. '내 제안서를 읽어보긴 한 거야?'

한편으로 내 책이 지나치게 다이크스럽고 지나치게 비주류인 퀴어 문화를 다루나 싶기도 했다. 그래서 정치적으로 부당한 일을 당한 것 같았고 그들은 이쪽 문화에 관심도 없다는 생각이 들었던 동시에, 내가 퀴어 문화의 무법자가 된 기분도 들었다. 재미있게도 이 거절은 그다지 뼈아프지 않았다. 내 책이 형편없어서 거절당한 거란 생각은 조금도 들지 않았다.

『발렌시아』는 실 프레스에서 출간했고 그해 람다문학상 최고의 레즈비언 소설 부문을 수상했다. 시상식장에서 앨리슨의 편집장이 나에게 다가와 이렇게 물었다. "저희하고는 언제 책을 내실 거예요?"

내가 말했다. "전 그쪽에 『발렌시아』를 보냈다가 퇴짜를 맞았습니다만." 편집장은 놀란 기색이었다. 하지만 이미 그렇게 되고만 일이었다. 우리의 대화는 아주 짧게 끝났다.

이 경험에서 많은 것을 깨달았다. 우리는 출판사라고 하면 얼굴 없는 어떤 권력 덩어리를 떠올리지만, 대형 출판사가 아닌 이상 사실 그 실체는 그냥 한 사람이다. 그 한 사람이 당신을 좋아하든가 싫어하든가 하는 것이다. 심지어 당신 작품의 시장성도 그 한 사람이 판단한다. 출판사나 에이전트가 당신의 책을 좋아하지 않는다고 해서 속상해할 것 없다. 그들 눈에 당신 작품의 가능성이 보이지 않는다고 해서 정말로 당신 작품에 가능성이 없는 게 아니다. 아마도 그들은 그저 그 가능성을 실현할 능력이 없거나 그럴 인맥이 없거나 아니면 그럴 계획조차 없는 사람일 것이다.

미셸 티의 조언

1. 출판사가 당신의 책을 출판할 수 없다고 할 때, 혹은 에이전트가 당신을 대리할 수 없다고 할 때, 그런 결정은 언제나 아주 주관적이라는 사실을 기억하라. 모든 결정은 말 그대로 겨우 한 사람 아니면 두 사람에 의해 내려진다.
2. 당신이라는 사람과 당신의 작품을 지나치게 동일시하지 않도록 주의하라. 누군가 당신 작품을 좋아하지 않으면 마치 그가 당신을 좋아하지 않는 것처럼 느껴질 수 있다. 그러나 작품은 당신에게서 나오는 신비한 산물이다. 당신은 작품에 봉사하고 작품을 도와야 하지만 그다음엔 그것을 떠나보내고 다음 작업으로 넘어가야 한다.
3. 예술가 공동체를 찾으면 작품을 세상에 내놓기가 더 쉬워진다. 내 두 번째 책 『발렌시아』의 원고는 친구를 통해서 실 프레스와 연결되었다. 또 다른 책은 내 팬인 작가가 일하는 맥애덤/케이지에서 출간되었다. 내가 이룬 모든 성취는 다른 작가들과 작가 공동체의 도움이 있었기에 가능했다.

폴리 로드리게스

기업인

나는 300명 하고도 9명에게 거절당한 뒤에야 겨우 첫 투자자를 찾았다. 그때까지 2년 반이 걸렸다.

폴리 로드리게스가 들려주는 이야기에 따르면, 그가 섹스 토이를 비롯한 섹스 웰니스 제품을 파는 멋진 웹사이트 '언바운드'를 열었을 때 그의 어머니는 무척 "실망"했다. 어머니가 미친 듯이 화를 냈다면 차라리 나았을 것이다. "엄마가 그러시는 거예요. '상원의원 사무실에서 일하던 애가 이런 걸 하겠다고? 네 평판은 어떻게 되는 거니? 친척들에겐 뭐라고 말하면 좋니?' 이 분야에 대한 사람들의 경멸은 그 정도였어요."

그러나 로드리게스는 새로운 일이나 사회적으로 논란이 되는 일을 시작하면 (어머니뿐만 아니라) 모든 사람이 제각각 한마디씩 얹는다는 사실 또한 알게 되었다. 가령 남자 벤처 투자자들은 이렇게 말했다. "흠, 제 아내는 그런 제품을 쓸 일이 전혀 없는데요."

이 말은 그냥 치워버리도록 하자.

로드리게스는 자신의 상품을 실제로 사용하고 있는 사람들의 의견에만 집중하기로 했다. 언바운드는 초창기부터 많은 고객으로부터 이 회사의 제품에 도움을 받았다는 감사 이메일을 받았다. "정말 다양한 사연을 들었어요. 어떤 분은 '나는 대학생 때 성폭행을 당했는데 이 제품을 구입하고 섹슈얼리티를 되찾았고 이것이 인생을 바꾸어놓았다'고 하셨고, 어떤 분은 '나는 최근에 암투병과 완경을 겪고 세상에 혼자 남은 기분이었는데, 이런 기업과 제품이 있어서 고맙다'라고 하셨죠."

로드리게스가 이끄는 언바운드는 350만 달러의 투자금을 유치했고, 이후 800만 달러의 판매고와 함께 흑자를 달성하면서 투자금이 두 배로 늘었다.

폴리 로드리게스가 거절에서 배운 것

별 볼 일 없는 수많은 남자들이 회사를 운영하는 것을 보면서 그들이 할 수 있다면 나도 할 수 있다는 걸 알았다.

나는 스물한 살에 암 진단을 받았다. 의사들은 말했다. "당신이 생존할 확률은 30퍼센트고, 살아남는다면 암이 재발할 확률이 80퍼센트입니다." 그게 어떤 면에서는 나를 해방시켜주었다. 내게 남은 시간이 얼마인지 몰랐기 때문에 늘 꿈꾸었던 일을 하고 싶었다. 겁이 없어졌다. 잃을 것이 없었으니까.

나는 언제나 정치를 하고 싶었다. 미주리주 세인트루이스 출신인 나는 민주당의 클레어 매캐스킬이 상원의원에 당선되었을 때 정말 기뻤다. 당시 대통령이 버락 오바마였고, 나는 건강보험개혁법*이 통과되는 데 힘을 보태고 싶었다. 이 일이 나에게 큰 의미가 있었던 이유는 나 자신이 암에 걸린 뒤 건강보험을 상실했고 방사선 치료와 화학요법과 큰 수술을 받느라 우리 가족의 재정이 거의 파탄날 뻔했기 때문이었다. 나는 무리하지 말라는 의사들의 만류를 무시하고 매캐스킬 의원 사무실에 들어갔고 그 일을 정말 즐겼다. 그러나 사람들이 건강보험개혁법의 내용을 왜곡하고 곡해하는 데는 환멸을 느낄 수밖에 없었다. 가령 우리가 '생애 말기 상담'을 주장하면 반대파는 우리가 '할머니를 벼랑에서 밀어버리려 한다'고 했다. 이런 싸움판에서는 진정한 변화를 기대하기가 어려웠다.

나는 월 스트리트에서도 잠깐 일했지만 그곳은 사람의 정신을 망가뜨리는 것 같았다. 나에겐 스타트업이 더 잘 맞을 것 같았다. 2014년, 데이트 앱을 개발하는 집단에 합류했다. 매니저급에는 나를 포함해 여자가 세 명 있었고, 나는 제품 발표 전략을 개발

---

* 저소득층까지 의료를 확대하는 일명 오바마 케어. 2010년에 제정되어 2014년부터 시행되었다.

했다. 다른 여자들은 회사 운영과 소비자 서비스를 담당했다. 최고 경영자와 엔지니어들은 죄다 남자였고 그들은 여자가 제품 개발 회의에 참여하는 것을 반대했다. "여자들 능력에 비해 너무 복잡한" 사안이라는 게 그 이유였다. 또 팀원들이 함께 점심을 먹고 나면 남자들은 그대로 일어나 자리로 돌아갔다. 여자들더러 치우라는 것이었다. 어느 날 나는 우리 팀 사람들에게 말했다. "우리가 남자들 뒤를 치워주고 있네요. 더는 그렇게 하지 않겠습니다." 2주 후, 사무실에 초파리가 들끓었다. 아무도 설거지를 하지 않았던 것이다. 나는 컴퓨터 앞에 앉아 초파리 트랩을 대량으로 주문하면서 결론지었다. "제기랄, 나 이거 안 해."

이렇게 별 볼 일 없는 남자들이 회사를 운영하는 걸 보면서 깨달았다. 당신들이 할 수 있는 일이면 나도 할 수 있다고.

나는 섹스 토이 산업에 관한 시장 조사 보고서를 입수해 그 시장이 얼마나 크고 한편으로는 얼마나 형편없는가를 파악하고 있었다. 그건 개인적 경험으로도 알고 있었다. 암을 진단받았을 때, 의사들은 방사선 치료 때문에 생리가 끊길 수 있다는 사실을 나에게 설명조차 하지 않았다. 나는 스물한 살 때 윤활유를 사러 공항 옆의 허슬러 할리우드*를 찾아간 적도 있었다. 내가 사는 지역에서 윤활유를 파는 데가 거기뿐이었다. 그 무섭고 어색한 분위기 속에서 난 이렇게 생각했다. '정말 이게 최선인 거야?'

---

* 십여 군데의 성생활용품이 모여 있는 곳.

나는 테크 업계 여성 모임을 통해 여성의 섹스 웰니스를 위한 회사를 창업하려 하는 명석한 여성을 만날 수 있었다. 우리라면 기존 기업들과는 다른 회사를 만들 수 있을 거라는 이야기를 했다. 우리는 몸에 안전한 소재를 쓰고, 우아한 디자인을 채택하고, 소비자가 공감할 수 있는 교육 자료를 사용하며, 가격도 저렴하게 책정할 것이었다. 그날 밤 집에 돌아가는 길에 나는 이 멋진 아이디어를 가족에게 알려야 한다는 생각에 갑자기 허둥대기 시작했다. '젠장할, 이 사업은 절대 못 하겠다.' 하지만 다시 생각했다. '왜 못 하는데? 나는 바이브레이터를 쓰잖아. 윤활유도 써. 그런 내가 왜 이렇게 반응하지?' 스타트업에 뛰어든다는 것도 당연히 좀 두려웠다. 세상에는 이미 수많은 사람이 같은 아이디어로 사업을 하고 있으니까. 그러나 두려움은 가능성과 기회의 신호였다. 또 이런 생각도 했다. '남자들을 위한 비아그라 광고는 사방에 널려 있는데 왜 여자들의 행복한 섹스 생활은 금기야?'

나는 먼저 온갖 창업 교육 이벤트에 참석했고 관련 영상을 다 훑었다. 모두가 한목소리로 말했다. "첫 투자는 친구와 가족에게서 받아라." 나에겐 돈을 빌려줄 수 있는 친구나 가족이 없었지만, 그래도 말 그대로 내가 아는 모든 사람에게 부탁해보았다. 사람들에게 돈을 달라고 부탁하는 것은 정말이지 굴욕적이고 힘든 일이었다.

나에게 첫 수표를 끊어준 사람은 세인트루이스의 어린 시절 친구 라이언 존슨이었다. 그는 자신의 지프 자동차를 팔아 5000달러를 마련해주었다. 누군가에게 그런 돈을 받았을 때의 책임감과 무게감에 아찔했던 기억이 지금도 남아 있다.

당신의 제품을 무시하는 사람은 아마도 그것의 가치를 이해하지 못할 것이다.

한편 나는 모든 신생 기업 지원 사업과 모든 발표 공모전에 지원했다. 한 주에 열 통씩 지원서를 써댔던 것 같다. 그중 75퍼센트는 우리가 파는 제품 때문에 떨어졌다. 사람들 반응이 이랬다. "이건 너무 금기시되는 영역이에요. 부적절합니다. 저희 행사에는 참석하실 수 없겠습니다." 나를 가장 힘들게 한 것은 그 안에 내재된 판단이었다. 마치 내가 더러운 혹은 잘못된 일을 하고 있는 기분이었다.

이제 뉴욕시에서는 더 이상 거절당할 곳이 없었기에 나는 다른 지역의 발표 공모전으로 눈을 돌렸다. 뉴욕이 아닌 지역은 지원자도 더 적을 것 같았는데, 실제로 그랬다. 마침내 버지니아주 헌든에서 열리는 발표 공모전에서 나를 불러주었다. 장소는 아주 허름한 호텔 연회장이었다. 내 바로 앞 발표자는 거름 회사에서 온 대럴이라는 남자였다. 그는 카우보이 부츠를 신고 무대에 올라 비료 이야기를 했다. 나는 생각했다. '대단하군. 하필 소똥 바로 다음이라니.' 나는 무대에 올라 200명쯤 되는 중년 백인 남자들 앞에서 내 제품에 대해 설명했다.

이런 발표 자리에서 나는 언제나 나의 암 투병 이야기로 말문을 열었다(이 사업이 나에게 개인적으로 중요한 이유를 설명하기 위해서다). 그날 난 목소리가 떨릴 정도로 긴장하고 있었다. 그런데 어느 순간 관객석의 남자들이 낄낄거리기 시작했다. 지금 와서 생각하면 아마 불편해서 웃었을 것이다. 하지만 그때는 그들이 나를 비웃는 것 같았다. 나를 그냥 철딱서니 없는 애로 생각하고 내가 열심히 설명하고 있는 사업을 우습게 보는 것만 같았다. 어떤 사람이 인생에서 가장 힘들고 무력했던 경험을 털어놓고 나서 사람들의 웃음소리를 듣는 것은 비참하고 당황스러운 일이다. 하지만 나는 이 발표를 끝까지 해내겠다고, 저들이 내 이야기에 귀 기울이게 만들겠다고 마음먹었다.

발표 끝에는 질의응답 시간이 있었지만, 아무도 질문하지 않았다. 주최 측은 다음 발표자를 위해 나에게 무대에서 내려오라고 속삭였다. 그때 연회장 뒤편에서 관객 중 유일한 여성이 손을 치켜들었다. "질문 있습니다!" 나는 생각했다. '아아, 한 사람은 질문을 해주는구나. 다행이다.' 그가 물었다. "제가 지금 당장 수표를 끊어드려도 되나요?"

순간 눈물이 차올랐다. 이 한 사람의 신뢰와 지지가 모든 것을 바꾸어놓았다. 알고 보니 질문자는 존스홉킨스대학의 교수였다. "제가 요즘 완경기를 겪고 있어서 당신 말에 공감이 가요. 당신이 하려는 일이 무엇인지 알아요. 이건 거대한 시장이죠." 마침내 내 이야기를 진지하게 듣고 우리가 하려는 일을 이해하는 사람이 나타난 것이다. 무대에서 내려오자 그가 내게 말했다. "제 명함이에요. 5000달러 수표를 써줄게요. 제가 투자하겠습니다."

이후 총 350만 달러의 투자금을 유치했고 그것으로 800만 달러가 넘는 수입을 달성하여 회사 수지를 흑자로 만들었다. 사람들은 잘 모르는 사실이 하나 있다. 여성이 창업한 스타트업의 평균 투자 수익은 1달러당 78센트인 반면 남성 스타트업의 수익은 1달러당 31센트다.

요즘 나는 다시 한번 투자금 유치에 나섰고 이 과정이 얼마나 힘든지 다시 깨닫고 있다. 자신의 인생 전부를 건 회사와 목표에 대해 그런 건 가망 없다는 말을 듣고 듣고 또 듣는 일이니까. 그런 말은 늘 상처를 주지만, 그래도 점점 덜 아프다. 가장 중요한 것은 그저 앞으로 나아가는 것이다.

폴리 로드리게스의 조언

1. 공동체는 힘이 세다. 그 안에 당신의 경쟁자가 있을 때도 마찬가지다. 나는 성교육을 내세운 기업을 만들려는 다른 여성들을 몇 명 만났고 우리는 좋은 친구가 되었다. '섹스 테크 여성 모임'까지 만들게 되었다. 처음에는 다섯 명에서 열 명의 여성 창업자가 전부였지만 이제는 250명의 여성 및 논바이너리 창업자가 활동하고 있다.
2. 거절 경험을 함께 이야기하는 일은 큰 힘을 발휘한다. 우리는 거절당하고 그것을 극복하는 과정이 얼마나 어려운지 서로 솔직하게 이야기함으로써 사업하는 여자들이 거절 앞에서 위축되는 것

을 막을 필요가 있다. 당신이 자신의 약점과 위기를 스스로 밝히면, 다른 사람들도 자신의 약점과 위기를 말할 수 있게 된다. 그러면 모두가 함께 더 강해질 수 있다.

로레타 J. 로스

활동가, 작가, 강사

사람은 누구나 억압에 저항해야 한다. 그런데 어떤 사람들은 그것을 직업으로 삼는다.

스미스대학의 방문 교수 로레타 J. 로스의 수업에는 늘 빈 자리를 기다리는 대기자 명단이 생긴다. 로스는 작가, 교사, 활동가이며 '유색인 여성의 재생산 정의 공동체 시스터송'의 공동 설립자다. '재생산 정의'는 로스와 그의 동료들이 창안한 개념으로, 자신의 몸에 대해 권력을 가지고 출산 여부를 결정할 권리 및 안전한 공동체 안에서 육아할 권리를 세우는 것을 뜻한다.

로스는 그의 연구 업적으로 수많은 상을 수상했고 〈굿모닝 아메리카〉, BET(흑인 엔터테인먼트 텔레비전), CNN 등에 출연했다. 그동안 여러 권의 책을 편집하고 공저했으며, 현재 집필 중인 『불러내기 문화를 불러들이다*Calling in the Calling Out Culture*』에서는 '언팔로 문화'에 착안하여, 우리의 정치 문화가 다양성이 아닌 유사성으로 경도될 때 이 문제의 해결책은 '불러내기'가 아니라 '불러들이기'임을 주장한다. '불러들이기'는 이를테면 난감한 질문도 인내심과 유머 감각으로 환대하는 태도다.

"난 이른바 '전업 페미니스트'예요." 스미스대학 연구실에서 만난 로레타 로스는 자신을 이렇게 소개했다. "10대 때부터 활동가였고 예순여섯인 지금도 그렇습니다. 그 긴 세월 동안요." 로스는 성적 자율성 문제를 계기로 활동가의 길로 들어섰다. 그는 10대 때 강간당해 아이를 낳았는데, 그의 부모님은 딸이 고등학교를 마칠 권리를 빼앗기지 않도록 지역 학교 시스템을 법정에 세웠다. "아마도 그게 저의 정치적이고 페미니즘적인 첫 저항 행동이었어요. 물론 그때는 그 두 단어에 대해 아무것도 몰랐지만."

로레타 J. 로스가 거절에서 배운 것

당신의 아이디어가 거절당했을 때, 노련한 선배들에게 정치적 지혜를 구하라.

워싱턴 D. C.의 '여성문제위원회'에 임명되었을 때 나는 짧은 레게 머리에 아무 데서나 '마더퍼커'라고 욕을 하는 20대 젊은이였다. 전통적으로 이런 종류의 위원회는 시장이나 주지사가 후원자의 부인들을 데려다 앉히는 곳이었다. 당연하게도 위원회 사람들은 자신을 임명한 인물을 비판하는 법이 없었다. 나를 그 자리에 앉힌 사람은 워싱턴 D. C. 시장인 매리언 배리였다.

위원회 구성원들은 장갑을 끼고 다니는, 모든 면에서 '숙녀' 그 자체인 사람들이긴 했지만 그들은 도러시 하이트, 메리 매클라우드 베순 등과 같은 시대를 산 열렬한 정치 활동가였다. 그러다 강간위기센터의 젊은 센터장이자 입이 거칠고 되바라진 페미니스트인 내가 나타난 것이었다. 그들은 나를 안 좋아하는 게 당연했고 나 또한 사람들에게 호감을 사려고 거기 있는 게 아니었다. 워싱턴 D. C.가 예산 위기에 빠졌을 때, 시 당국은 인원을 감축해야만 했고 '가장 나중에 들어온 사람을 가장 먼저' 내보내는 방침을 따르기로 했다. 그런데 데이터를 살펴보니 '가장 나중에 들어온' 직원 중에 미혼 흑인 여성의 비율이 지나치게 컸다. 나는 성별을 고려하지 않는 이런 방침을 취해선 안 된다고 주장했다. 나는 시장에게 논의를 요구했지만 그는 응하지 않았다. 위원회 사람들은 내가 그쯤에서 포기하길 바랐다. 나는 그대로 그들을 지나쳐서 시장 집무실 문을 벌컥 열고 들어가 욕을 퍼부을 준비가 되어 있었다.

그러나 그들은 매너를 지켰다. 나보다 한두 세대 앞의 이 여자들은 부드럽게 교활했다. 그중 한 사람이 나를 회의실에서 데리고 나가 이렇게 타일렀다. "이 테이블에는 당신 몫의 자리가 있어요. 어쩌면 이 테이블을 뒤집어엎는 게 당신이 맡은 일이라고 생각할지도 모르겠네요. 하지만 애초에 당신이 그 자리를 얻을 수 있게 문을 열어준 사람이 누군지는 잊지 마요. 굳이 우리에게까지 무례하게 굴 필요 없어요."

그의 말이 맞았다. 그들은 내 적이 아니었음에도 나는 그들을 적으로 대하고 있었다. 그들이 움직이는 속도가 내가 옳다고 믿는 만큼 빠르지 않다는 이유로, 또는 그들이 움직이는 방향이 내가 옳다고 믿는 방향이 아니라는 이유로.

때로 어떤 거절에는 교훈이 담겨 있다. 나는 속도를 늦추고 결정권자를 대화 자리로 끌어들였어야 했다.

1980년대에 나는 전미여성협회에서 유색인 여성 프로그램을 총괄하고 낙태권 보호를 위한 행진과 캠페인을 조직하는 등 재생산권 투쟁에 유색인 여성들을 집결시켰다. 1989년, 나는 낙태권 운동을 이끄는 전국적인 흑인 활동가 중 한 사람이었다. 당시 전미흑인여성보건사업의 창립자 빌리 에이버리가 나를 활동 총괄자로 선임했다.

빌리는 스타 활동가였고 지금까지도 나의 스타다. 그는 1983년 흑인 여성의 보건을 논의하는 최초의 전국 회의를 조직했고 플로리다 지역에 낙태 병원과 출산 병원을 만드는 데 앞장섰다. 나는 두 번 생각할 것 없이 워싱턴 D. C. 생활을 접고 애틀랜타로 옮겨가 그의 일을 돕기로 결정했다. 빌리는 내가 믿고 배울 수 있는 사람이었다. 그가 나에게 맨 처음 한 말 중 하나를 나는 늘 기억할 것이다. “로레타, 당신이 내 비밀을 지키지 않을 땐 당신을 해고할 수밖에 없어요.”

나는 빌리에 이은 2인자였고, 그는 1년 반 만에 한 사람을 더 구해야 했다. 이번에는 국제 활동을 운영할 사람이 필요했다. 그는 비밀을 전제로 그가 누굴 선택했는지 나에게 알려주었다. 나는 비밀을 지키는 데 아무 문제가 없을 것으로만 생각했다. 그때 지원자 중 한 사람이 나에게 연락을 해왔다.

이 지원자는 자신이 늘 바라던 곳에서 채용을 제안받았다고, 〈애틀랜타 저널 컨스티튜션〉의 편집위원이 되게 생겼다고 했다. 그런데 만약 자신이 전미 흑인 여성 보건 사업의 국제 활동 총괄로 뽑힐 가망이 정말로 있다면 그 제안을 거절할 생각이었다. 그 사람은 빌리가 선택한 후보가 아니었기 때문에 나는 이렇게 생각했다. ‘우리 쪽에선 이미 결정났잖아. 발표만 하지 않았을 뿐이지.’ 그래서 그에게 말했다. “그쪽으로 가는 게 낫겠어요.”

그러나 좋은 일을 하고도 벌을 받는 경우가 있다. 나에게 전화했던 후보자는 그 즉시 빌리에게 전화를 걸어 자신의 이름을 후보자 명단에서 빼달라고 했고, 그 통화 중에 자신이 인선에서 이미 탈락한 사실을 나에게 들어 알았다고 밝혔다.

빌리가 자신의 집에서 저녁 식사를 하자며 나를 초대했다. 이 훌륭한 사람은 자신의 집에서 나에게 그 소식을 전하려고 한 것이다.

“로레타, 당신이 내 비밀을 지켜주리라고 믿을 수 없을 땐 당신을 해고할 수밖에 없어요."

나는 그 순간 해고당했다. "잠시만요, 제가 사실을 말했다는 이유로 해고당한다고요?" 그건 나로선 이해할 수 없는 논리였다. 우리 조직에는 오지 못할 사람이 〈애틀랜타 저널 컨스티튜션〉의 몇 안 되는 흑인 여성 중 한 명이 되는 것을 우리가 왜 막아야 하는가? 나는 빌리도 내 논리에 동의하리라고 기대했지만, 그 기대가 무너지자 나는 그가 잘못 생각하고 있다며 큰 소리로 비난했다. 나는 상처받았고 실망했고 분노했다.

충격도 받았다. 그다음에 무슨 일을 하면 좋을지 알 수 없었다. 그와 함께 일하기 위해 하던 일을 그만두고 낯선 도시에 왔으니까.

이 시기는 내가 개인적으로 감정이 상한 때였을 뿐만 아니라 재생산 정의 운동에도 비슷한 일이 벌어지고 있었다. 시인이자 페미니즘 활동가 오드리 로드가 말기 암을 앓고 있었던 터라 그를 위한 헌정 회의가 보스턴에서 계획되었다. 나는 원래 항공편으로 보스턴에 갈 계획이었지만 마음을 바꿔 그냥 내 도요타 자동차를 몰고 애틀랜타부터 보스턴까지 가기로 했다. 조지아주에서 친구 둘이 합류했고 워싱턴 D. C.에서 한 명이 더 차에 올랐다.

나는 차 안에서 친구들에게, 또 도착해서는 나와 빌리를 모두 아는 지인들에게 그 이야기를 했다. 설명하기가 간단하진 않았다. 나는 여전히 빌리를 너무도 좋아했고, 우리는 같은 운동을 하는 동지로서 나에게 너무도 중요한 목표를 위해 함께 일하고 있었기 때문이다. 결국 빌리의 옆자리는 그저 하나의 일이었고, 우리는 그 후로도 계속 교류할 것이 분명했다.

화가 머리끝까지 나긴 했지만 빌리의 관점을 이해하기 시작했다. 그는 나에게 "내 비밀을 지키지 못하면 해고할 것"이라고 분명히 일렀다. 조금의 애매함도 없이. 하지만 아직 어리고 독선적이었던 나는 사실을 말하는 것이 그 어떤 약속보다도 강력하다고 생각했다. 이렇게 생각이 짧았다니. 이제 와서야 깨달았지만, 난 그때 빌리에게 먼저 어떻게 하면 좋을지 물어볼 수 있었다. 혼자서 결정할 필요가 없는 문제였다. 그에게 조언을 구하기만 했어도 우리 모두가 만족했을 것이다. 그에게 먼저 물었다면 내가 헌신의 필요성을 이해한다는 증거가 될 테니 나에게도 이득이었다. 나는 빌리에게 상처를 줄 생각이 없었으나, 어쨌든 그 문제를 그에게 가져가지 않았다. 나는 그의 비밀을 누설했고 그는 정당히 나에게 책임을 물었다.

보스턴에서 우리는 오드리를 만나 그의 삶을 기념했다. 이 행사는 많은 것을 분명하게 드러냈다. 전국에서 온 흑인 페미니스트를 만날 수 있는 행복한 자리였다. 그 모임은 우리를 치유했지만, 물론 그 중심에는 상실도 자리했다. 몇 달 후, 오드리는 세상을 떠났다.

애틀랜타로 돌아올 무렵 나는 민주적 재생센터(전 전미 KKK 반대 네트워크)에서 활동 총괄 자리를 제안받았다. 이곳에서 보낸 5년간 나는 반파시즘 운동에 점점 깊이 관여했고 현재 나는 미국의 여러 대학에서 백인 우월주의에 대해 가르친다.

빌리 얘기로 돌아가면, 그는 온갖 사람들이 그를 사랑하지 않고는 못 배기는 특별한 사람이었다. 그의 그런 능력은 사람들을 아끼는 순수한 마음과 정서적인 지능에서 비롯된 것이다. 그러니까 나는 그에게 그렇게 화가 났는데도 계속 그를 사랑할 수밖에 없었다. 우리가 친구로 남을 수 있었던 이유 하나는 빌리의 그 사랑스러움 때문이었다. 하지만 또 하나의 이유는 내가 찬찬히 지난 일을 돌아보았기 때문이었다. 나는 우리의 협력 관계를 내가 어떻게 끝장냈던가를 이해할 만큼은 성숙해졌다.

로레타 J. 로스의 조언

1. 당신이 원하는 일을 하라. 그리고 그 일로 돈을 벌 방법을 모색해라. 가령 당신이 하려는 일과 가장 방향이 비슷한 조직을 찾아 그곳에서 일한다든가, 자신의 분야에서 최고가 되기 위해 노력한다든가, 글을 쓰거나 블로그를 연재하든가 해서 스스로 전문가가 되어라.
2. 당신의 일을 충분히 사랑한다면 거절은 결국 이겨낼 수 있는 문제일 뿐이다. 나는 나를 해고한 사람과 내가 같은 목표를 위해 일하고 있음을 잘 알았다. 비록 우리 관계의 성격은 바뀌었지만 우리는 여전히 재생산 정의를 위한 흑인 페미니스트 공동체의 일원이었다.
3. 지나치게 뻔한 말로 들릴 수 있겠지만, 문이 하나 닫히면 다른 문이 열리는 법이다. 나도 정확히 그런 일을 경험했다.

얼리시아 라이너

배우

나는 배우가 된 이후 오디션을 수천 번 보았고, 열 번 중 아홉 번은 떨어졌다. 그러나 이 업계에서 10퍼센트의 성공은 굉장한 타율이다!

이 책을 쓰면서 맨 처음 인터뷰한 사람이 얼리시아 라이너다. 전화 인터뷰였는데, 통화를 끝내고 보니 녹음기가 꺼져 있었다. 기억에 남아 있는 내용을 부랴부랴 기록했고 라이너에게 보내는 감사 이메일에는 (직업상 실수를 주제로 무려 책 한 권을 써놓고도) 내 부끄러운 실수에 대해 밝히지 못했다. 책의 마감 시한이 가까워져서야 용기를 내서 그에게 다시 이메일을 보내 사정을 설명할 수 있었다. 라이너는 너무도 너그럽게 이해해주었고 즉시 두 번째 인터뷰에 응해주었다.

얼리시아 라이너는 고등학생 때부터 전문 연기자로서 오디션을 보러 다녔다. 그러던 중 그의 연기 교사가 〈죽은 시인의 사회〉(피터 위어 감독, 로빈 윌리엄스 주연의 1989년도 영화)에 학생 배우가 필요하다는 소식을 가져왔다. 오디션장에서 라이너의 연기를 본 위어 감독은 그에게 평생 잊지 못할 말을 남겼다. "너에게 이 역을 주진 못해. 왜냐하면 이 캐릭터는 어린아이인데 넌 서른 살쯤 되어 보이거든. 하지만 넌 아주 훌륭한 배우니까 이 일을 계속해야 한다." 감독은 여기서 멈추지 않았다. "아마 사람들이 코를 고치라고 할 거야. 그러지 마라. 네 코는 네 얼굴에 딱 어울리고 그 옆얼굴이 정말 아름답단다. 좀 애매한 각도가 있긴 한데, 네 얼굴을 제대로 담을 줄 아는 카메라 감독을 만나면 문제없을 거야."

위어 감독의 말대로 라이너는 지중해풍 코를 가졌다. 그의 아름다운 얼굴에 완벽하게 어울리는 코다. 그 코와 얼굴 덕분에 라이너는 모딜리아니의 그림에서 튀어나온 것처럼 보인다. 이후 15년 동안 라이너는 '이국적'으로 생겼다는 그 코, 그리고 실제 나이보다 원숙해 보인다는 얼굴 때문에 주류에 진입하는 데 애를 먹었다. 대신에 그는 브로드웨이 바깥에서 연극과 광고에 출연했고, 스코틀랜드의 에든버러 페스티벌에서 버지니아 울프의 삶을 주제로 한 1인극을 공연해 찬사를 받았다. 참고로 배우 생활 초반에는 그를 아는 사람들은 물론 모르는 사람들까지 자신이 비용을 대겠다며 그에게 코 수술을 권했다. 그는 다 거절했다.

배우로서 어느 정도 성공을 이룬 시점에 라이너는 에이전트가 생겼다. 그는 라이너에게 넷플릭스의 초기 드라마 중 하나인 〈오렌지 이즈 더 뉴 블랙〉의 파일럿 각본을 보냈다. 그는 여러 번의 오디션을 거쳐 피게로아 역을 따냈고 이 역할로 전미배우조합상을 수상했다. 라이너는 FX 채널의 피바디상 수상작 〈베터 싱스〉에서 네 시즌 모두에 나오는 고정 배역인 주인공 친구 서니도 연기했다. 최근에는 비평가들의 호평을 받은 HBO 드라마 〈더 듀스〉에도 2시즌부터 합류했다. 그 밖에도 〈범죄의 재구성〉 〈브로드 시티〉 〈오드 맘 아웃〉 〈마스터스 오브 섹스〉 등 매니아를 거느린 드라마에 특별 출연했다. 라이너는 남편, 딸과 함께 뉴욕시에 살고 있다.

얼리시아 라이너가 거절에서 배운 것

나는 지금도 늘 오디션을 보러 다니기 때문에 어떤 의미에서는 늘 결과를 기다리는 중이다. 그 덕분에 세상을 위한 일에 봉사할 수 있었고, 직접 작품을 제작하는 아티스트도 될 수 있었다.

에이전트가 보낸 〈오렌지 이즈 더 뉴 블랙〉의 각본은 정말 멋졌다. 이 드라마의 원작 회고록의 저자 파이퍼 커먼은 스미스대학을 졸업한 뒤 마약상 여자 친구의 국제 배달을 돕다가 교도소에 갔다. 난 원래 주인공 중 한 명인 앨릭스 역으로 오디션을 보았다. 오디션장에 들어서기 전에 캐스팅 디렉터가 나에게 이렇게 당부했다. "젠지 코핸은 대화하는 걸 안 좋아해요. 그 옆에 있는 마이클도요. 그러니까 그 사람들에겐 말을 걸지 않는 게 좋아요."

그들은 나에게 파일럿에 나오는 장면 몇 개를 읽어보라고 했다. 하나는 과거 회상 장면으로 앨릭스가 사랑에 빠졌을 때였다. 또 하나는 현재 시점의 감옥 신이었다. 잘되는 오디션에선 굉장한 집중력을 느낄 수 있다. 그저 대사만 치는 게 아니라 대화를 하는 것 같은 상태에 빠진다. 내가 나 자신을 지켜보는 게 아니라 그 안에 들어간다. 그 선을 넘어가면 마법이 일어나서, 혹시 대사를 한 줄 빠뜨리는 경우에도 금세 만회하고 계속 연기할 수 있다. 그날 오디션이 그랬다. 그런데 내가 연기하는 동안 젠지는 한마디도 하지 않았고 마이클은 나를 보지도 않았다.

오디션이 끝났다. 나는 방금 일어난 일에 기분이 한껏 들떠서 방을 나오기 전에 마음먹고 룰을 깼다. "이 말은 꼭 해야겠어요." 나는 젠지를 향해 말했다. "정말 멋진 각본이에요. 〈위즈〉(젠지의 전작)도 모두가 사랑하는 드라마고요. 당신은 자주 듣는 말이겠죠? 제가 본 모든 드라마 중에서 가장 좋아하는 것도 당신이 썼어요. 〈트레이시 울먼 쇼〉요. 전 정말 그 작품을 보고 연기를 계속하게 되었답니다."

젠지가 얼굴을 빛내더니 나와 말을 주고받기 시작했다. "저도 이제까지 한 작품 중 그걸 제일 좋아해요! 여성이 이끌었기에 최고의 작가진이 구성되었고 현장이 정말로 유쾌했죠. 매일 적당한 시간에 일을 끝냈고(다른 많은 현장에서는 찾아볼 수 없는 일이다) 목요일에 방송이 끝난 뒤에는 다 함께 레드 와인을 마시곤 했어요."

나는 대답했다. “제가 이 역을 맡게 되면 목요일마다 레드 와인 한 병을 가져가도록 하죠.” 너무도 나답지 않은 말이었지만 거기서서 젠지와 이야기를 나누다 보니 자신감이 한껏 차올랐다.

그렇게 오디션장을 떠난 뒤 나는 아무런 소식도 듣지 못했다. 배우의 삶은 이렇게 멋진 기분에 취했다가 가뭇없이 퇴짜를 맞고 다시 일어서는 법을 배우는 삶이라고 할 수 있다. 배우는 캐스팅 과정에 관여할 힘이 거의 없기 때문이다. 다시 일어서는 법을 배우는 것이 가장 중요하다. 나는 신인 배우들에게 매일매일 계획을 세우라고 조언한다. 가능하다면 ‘내 안의 예술가’를 키울 경험(박물관이나 극장에 가기, 시집 읽기, 그림 그리기, 뭔가를 만들기 등)을 최소 한 가지 넣어야 하고, 예술계 비즈니스와 관련된 경험(각본 읽기, 리딩 연습, 에이전트가 될 만한 사람에게 메일 보내기, 네트워킹 이벤트 참석, 감독 만나기 등)도 한 가지씩 넣어야 한다. 나는 매일의 계획 덕분에 생산적이고 침착한 생활을 유지한다. 그뿐 아니라 내가 직접 작품을 제작할 계기도 발견한다.

내가 신인 배우들에게 권하는 또 한 가지 활동은 일이 있을 때나 없을 때나 이 세상을 위해 봉사하는 것이다. 나는 내가 사는 뉴욕의 지역 운동 덕분에 계속해서 공동체와의 연대감을 느끼고 기쁨을 누린다. 내가 속한 ‘액션 포트럭’이라는 단체는 난민 이웃을 위해 자원을 조직하는 역할을 맡고 있다. 나는 수감 생활을 마친 사람들을 돕는 활동도 하고 성폭력 피해자 지원 단체 ‘타임스 업’의 활동에도 열심히 참여하고 있다.

때로 거절은 '다른 것' '다음번'의 약속이다.

나는 계속 바쁘게 지냈고 오디션도 계속 보았다. 앨릭스 역으로 처음 오디션을 보고 두어 달이 지나서는 또 다른 주인공인 폴리(파이퍼의 친구) 역에 도전했다. 그때 나는 생각했다. '아, 내가 폴리 역을 맡으려고 앨릭스 역에 떨어졌구나. 바로 이 역할이야!' 나는 다시 한번 빠져들었고, 그 역할을 사랑하게 되었고, 내 생각엔 굉장한 연기를 펼쳤다. 그러나 이번에도 그 역할에 떨어졌다.

또 한 달이 지나갔다. 어느 날 갑자기 전화가 걸려왔다. "〈오렌지 이즈 더 뉴 블랙〉에서 피그 역을 주겠답니다." 에이전트가 전했다. 피그, 그러니까 피게로아는 교도소장의 비서였다. 에이전트 말로는 고정 배역이라는데 당시에 피그의 대사는 단 세 줄이었다. 그래도 두 살 난 딸과 함께 거실에 서서 엄청나게 기뻐했던 걸 기억한다. 전화를 끊은 뒤 우리는 소파를 돌면서 춤을 추고 발을 동동 굴렀다. 너무도 벅찼다. 놀랍게도 피그는 대사 세 줄짜리 인물에서 엄청난 과정을 거쳐 7년간 등장하는 복잡한 인물로 발전했다. 나중에 듣기로 젠지는 내가 앨릭스에는 어울리지 않지만 다른 역을 맡겨야겠다고 그 자리에서 마음먹었다고 한다. 이보다 더한 찬사가 있을까!

내가 만난 한 연기 지도자는 오디션의 가장 좋은 점은 그 장면을 그 사람만의 방식으로 연기할 수 있는 거라고 했다. 결과가 어떻게 되든 간에 그 자리에서 그 역할은, 그 3분 동안은 내 것이다. 나는 어제도 오디션을 보았다. 대단한 감독이 연출할 HBO의 신작이었다. 나는 정말 열심히 했고 느낌도 좋았지만 어떤 결과가 나올지 나는 알 수 없다. 그래도 나는 다시 시작한다. 오디션장을 나올 때 '다르게 했으면 좋았을걸'이라는 생각은 들지 않았으니 그걸로 된 거다.

얼리시아 라이너의 조언

1. 오디션의 정의를 바꾸어 생각하라. 오디션은 일할 기회이자 인맥을 쌓을 기회다. 모든 면접과 모든 오디션은 당신이 사랑하는 일을 할 기회이고 새로운 사람(작가, 제작자, 캐스팅 디렉터 등)을 만날 기회, 그들에게 당신을 알릴 기회다.
2. 멘토를 찾기 어려운 사람은 친구들과 함께 서로를 응원하고 서로를 책임지는 모임을 만들어보라.

앨리 아인빈더

뮤지션

아티스트나 뮤지션으로 살아남는 법은 거의 100퍼센트 시행착오와 쓰라린 경험을 통해서만 배울 수 있다. 밴드로 돈을 버는 것은 멋진 일이고, 당신의 밴드를 한껏 치켜세우는 열정적인 사람들이 기분을 좋게 한다. 그러나 프로의 세계에 들어와서는 결국 깨닫게 된다. "이건 일이야. 누구와 함께 일할지는 내가 선택할 수 있어."

앨리 아인빈더는 밴드 '포티 마우스'의 베이시스트다. 그는 뉴욕주 올버니에서 성장한 뒤 스미스대학에서 사회학을 공부했다. 졸업을 앞둔 시점, 아인빈더는 권위 있는 장학금을 받고 대학원에 진학할 기회를 얻었다. 교수들은 그에게 학자가 될 재능과 열정이 있다고 생각했다. 그러나 아인빈더는 다른 것을 원했다. 그는 나에게 이렇게 설명했다. "나를 가장 살아 있다고 느끼게 만드는 건 음악이에요. 특히 다른 사람들과 함께 연주할 때 그렇게 느끼죠. 나는 제대로 된 밴드의 일원으로 많은 관객 앞에서 베이스를 연주하면서부터 음악의 강력한 힘을 깨닫기 시작했어요." 아인빈더는 공연 투어를 하는 것, 낯선 지역을 찾아가 사람들을 만

나는 것, 그리고 자신이 젊은 여성의 본보기가 되는 것을 마음껏 즐긴다. “제가 어릴 때는 그런 게 없었어요. 저는 늘 펑크 공연을 보러 다녔는데, 여자들 공연은 정말 거의 볼 수 없었죠.” 포티 마우스는 2013년에 첫 앨범을 냈고 애틀랜틱 레코드에서 EP를 발매했다. 롤라팔루자 뮤직 페스티벌, 라디오 시티 뮤직 홀, 〈칼슨 데일리의 래스트 콜〉에서 공연했다. 스코틀랜드 밴드 처치스, 고고스와 한 무대에 섰다. 2019년에 두 번째 앨범 〈스나푸〉를 발표했다.

앨리 아인빈더가 거절에서 배운 것

목표는 작아도 좋다. 악기 연주가 재미있다는 이유만으로 밴드를 결성해도 좋다. 그러다 목표가 점점 커져가는 것도 흥분되는 일이다.

올버니에서 보낸 어린 시절에 난 언제나 음악을 좋아했지만 밴드는 한 번도 해보지 못했다. 남자들 중엔 밴드를 하는 친구들이 많았고 그게 그들에겐 아주 쉬운 일 같았다. 남자애들은 어느 날 갑자기 기타를 집어 들고 뭔가 치기 시작했다. “난 레슨 같은 건 받아본 적 없어. 그냥 칠 줄 아는 거야”라면서.

대학을 졸업하고 1년이 지난 2011년, 베이스를 치기 시작했고 친구가 속한 아웃데이츠라는 밴드와 어울리며 실력을 쌓았다. 나는 여자대학인 스미스대학을 다니면서 여자들끼리 공부하는 것이 얼마나 효과적인지 깨달았다. 여자들만 있는 환경은 나에게 자신감을 주었다. 그렇다면 나처럼 막 음악을 시작한 여자들과 함께 밴드를 하면 어떨까 싶었다.

포티 마우스의 드러머 빅토리아는 스미스대학 동창이고, 우리의 첫 기타리스트였던 피비 역시 스미스대학에서 만났다. 애비도 같은 지역에 있는 애머스트대학 출신이다. 우리는 거창한 기대 없이 밴드를 시작했다. 그냥 한자리에 모여서 즉흥 연주를 하고, 우리가 뭘 할 수 있는지 알아보고 싶었다.

처음에 우리는 내 집에서, 주로 지하실에서 연주했고 두어 가지 작은 목표를 추구했다. 주변에는 밴드를 시작하더니 앨범을 내고 투어까지 다니는 친구들이 널려 있었기 때문에 우리도 얼마든지 할 수 있을 것 같았다. 뉴욕, 보스턴, 필라델피아에서만 공연을 잡아도 그게 투어다. 어려울 것 없다. 나는 이렇게 생각했다. "우리가 네 곡짜리 미니 앨범을 한 장 내고 그걸로 짧게 투어를 할 수 있다면 난 더 바랄 게 없어."

첫 미니 앨범을 완성해서 음악 평론 웹사이트들에 보내자 리뷰가 올라오기 시작했다. 그때부터 우리는 들어오는 모든 제안을 받아들이면서 최대한 많이 연주했다. 어느 달에는 주말마다 공연이 있었다. 홍보도 직접 했는데, 효과가 썩 괜찮았다. 우리가 원하는 것은 우리 음악이 사람들 귀에 가닿는 것뿐이었다.

그러다 목표가 점점 커져갔다. 러프 트레이드라는 영국의 한 대형 레이블에서 우리 미니 앨범을 듣게 되었다. 사무실에 있던 누군가가 그걸 틀어서 알게 되었다고 했다. 이 회사는 이메일로 우리에게 연락해서 데모곡을 더 듣고 싶다고 했다. 이 사건은 우리 밴드의 가능성을 확인해주었다. 사람들이 우리에게 주목하기 시작했고 우리 음악이 진정성 있는 멋진 음악이라고 평가했다. 우리의 목표는 점점 더 커져만 갔다.

2014년, 우리는 애틀랜틱 레코드와 신인 개발 계약*을 했다. 유명 레이블에서 우리에게 돈을 주다니, 정말 신나는 일이었다. 우리는 그 돈으로 다섯 곡짜리 미니 앨범을 만들어 2015년에 발표했다. 애틀랜틱 레코드와는 그것으로 끝이었지만 우리는 웨스턴 매사추세츠에서 로스앤젤레스로 이사하기로 했다. 쉽지 않은 결정이었지만 그게 우리 밴드를 위한 '투자'라고 생각했다.

때로는 거절에 저항해야만 다음으로 나아가는 데 필요한 것을 얻을 수 있다.

우리는 2016년 로스앤젤레스로 이사했고, 원래 매니저의 친구 잭(이 사람의 이름은 가명으로 처리했다)이 차린 신생 매니지먼

* 음반사가 주로 신인 뮤지션과 하는 계약으로, 뮤지션에게 필요한 기술 교육과 매니지먼트를 회사가 제공하고 저작권에서 높은 지분을 가져간다.

트 회사에 소속되었다. 우리는 그 회사의 초창기에 함께한 밴드 중 하나가 되었다. 잭과 샘은 그 자신들이 뮤지션 출신인 업계 유명인이었다. 그들이 신인이었을 때 어쩌다 대형 레이블과 계약을 했지만 이후 진로에 대해 아무도 알려주지 않았다. 그래서 신인 뮤지션을 위해 길을 안내하고 역량을 키우는 일에 뛰어들게 되었다. 이 회사에는 투명한 유리로 벽을 세운 멋진 사무실이 있었고 그 안에는 최신 장비가 가득했다. 사내에 녹음실과 녹음 기사, 크리에이티브팀까지 있었다. 그들은 우리에게 이렇게 제안했다. "여기서 우리의 자원을 전부 활용해서 무료로 앨범을 만드세요. 뮤직비디오 제작도 우리에게 맡기고요." 마음이 든든했다. '이 돈 많고 유명한 사람들까지 우리 음악을 멋지다고 생각하는구나. 게다가 마치 가족처럼 우리를 보살펴주려고 해.'

우리에게 밴을 살 만한 돈이 생기면 그들은 "투어를 다니려면 밴이 꼭 필요해요"라고 돈 쓰는 법을 알려주었다. 그런 다음엔 적당한 물건을 찾는 것까지 도와주었다. 또 한 예를 들면, 우리가 투어 중일 때 회사 인턴이 우리가 로스앤젤레스에서 머물 집을 알아봐주었다. 그 사람은 아파트 매물의 영상을 찍어서 나와 애비에게 보내주기까지 했다. 나는 생각했다. '와, 유명인의 삶이란 이런 건가 봐. 다른 사람을 시켜서 집을 알아볼 수 있다니.' 당시 난 수입이 전혀 없어서 집주인에게 보여줄 소득 명세서가 없었는데, 그런 나를 위해 회사는 신원 보증서도 써주었다.

우리는 이 회사와 2년을 함께하면서 좋은 점들을 누렸다. 그들은 늘 열려 있어서 우리가 묻고 싶은 것이나 논의하고 싶은 일이 있으면 언제든 만날 수 있었다. 정해진 예산으로 결과물을 낼 수 있도록 우리를 도와주었고, 그 과정에서 회사 내 자원을 마음껏 쓸 수 있게 해주었다. 우리는 앨범의 대부분을 이 회사의 녹음실과 녹음 기사를 이용해 녹음했다. 그런 지원이 없었다면 아마 앨범을 내지 못했을 것이다. 크리에이티브팀은 우리를 위해 두 편의 뮤직비디오를 제작해주었다. 또 회사는 우리를 브랜드들과 연결하여 주로 신발과 옷을, 때로는 기타와 앰프까지 협찬으로 받게 해주었다.

음악 산업에서는 밴드의 콘셉트를 어떻게 잡을 것이냐, 밴드를 어떻게 브랜딩할 것이냐를 두고 엄청난 공을 들이고, 이미지와 보이는 모습을 만들어내는 데 엄청난 시간을 쏟는다. 그러나 잭과 샘은 우리가 그런 건 이미 가졌다고 판단했던 것 같고 그것도 마음에 들었다. 나는 우리를 바꾸려 드는 사람은 그 누구라도 싫다. 문제는 그들이 우리의 이미지만으로도 승승장구할 수 있다고 기대했다는 것이다. 그들은 우리의 이미 준비된 이미지와 쿨한 인디 로커 정체성이 쿨한 여성 팬을 끌어모을 것으로 예상했다. 우리 밴드가 그들과 손잡기만 하면 레코드 회사들이 알아서 찾아오리라 생각했다.

그러나 그 어떤 레코드 회사도 알아서 찾아오지 않았다. 잭과 샘은 우리를 시장에 파는 법을 알지 못했다. 그들은 우리의 담당 매니저를 대여섯 번이나 바꾸었다. 게다가 시간이 지나면서 우리가 녹음실에서 하는 작업에 전혀 관심이 없는 것 같았다. 우리가 들어보라고 뭘 보내도 반응이 전혀 없었다. 회의 자리에서 우리가 쓴 곡을 들려주면 이렇게 반응했다. “아, 좋네요. 하지만 우리에게 정말 필요한 음악이 어떤 거냐면…” 그들이 원하는 음악이 무엇인지 설명을 들어보면 결국 라디오 방송에 먹히는 뻔한 공식으로 만든 음악이었다. “앨범에는 이렇게 비트가 빠른 음악이 하나씩 들어가야 해요. 처음부터 끝까지 미디엄 템포로만 채울 순 없어요. 빠른 곡이 반드시 들어가야 합니다.” 그들은 그런 공식이 좋은 앨범의 핵심이라고 믿었고, 우리 음악에는 무언가가 부족하다고 생각하는 것 같았다.

점차 무서운 기분이 들었다. 우리에겐 몇월 며칠까지 앨범을 만들겠다는 계획이 있었는데, 그 날짜가 다가올수록 녹음실 예약이 자꾸 뒤로 밀렸다. 레이블과의 계약이 성사되어 사용료를 낼 수 있는 다른 밴드들이 우리 대신 녹음실을 썼다.

우리는 녹음실이 잠깐 빌 때 가서 틈틈이 트랙을 녹음했지만, 그다음 몇 달은 자리가 전혀 나질 않았다. 앨범을 80퍼센트 만들어놓은 상태에서 언제 나머지 작업을 할 수 있는지 알 수가 없었다. 이런 식으로 음악을 만들다 보니 맥이 완전히 빠질 수밖에 없었다.

결국 2018년 2월, 우리는 회사를 찾아가 우리 입장을 분명히 밝혔다. “우리는 이 앨범을 완성해야 해요.”

그 자리에 나온 대표 매니저가 마치 좋은 아이디어가 있다는 듯 미소를 지으며 말했다. “자기들이 킥스타터 크라우드 펀딩으로 앨범을 완성할 돈을 마련하는 게 어때요? 그걸 ‘잇츠 미’ 운동하고 연결하는 거죠!”

우리는 반문했다. “대체 뭔 소리예요?”

그는 멈추지 않았다. “여러분이 ‘잇츠 미’를 가지고 킥스타터 펀딩을 받으라는 거예요.” 당시는 다름 아니라 연예 산업에서 일하는 여자들이 남자들의 만행과 성폭행에 대해 공개적으로 발언하기 시작한 때였다. ‘잇츠 미’가 뭔가 했더니 #미투 운동이었다.

빅토리아가 낄낄 웃기 시작했다. 나는 생각했다. ‘당신 지금 진심이야? 그게 무슨 뜻인지 알고 하는 말이야? 지금 우리한테 앨범을, 그러니까 당신네 녹음실에서 무료로 만들기로 되어 있는 그 앨범을 킥스타터로 만들라고 하는 거야? 그리고 뭐? 우리더러 “그래요, 우리 모두 성폭행을 당했습니다. 돈 좀 주세요. 우리 전부 끔찍한 경험을 했어요. 이건 미투예요. 그러니 앨범 만들게 돈 좀 주세요”라고 말하라고?’ 미친 소리였다.

그래도 우리는 끝내 계획을 잡고 그 회의를 끝냈다. 회사는 우리에게 녹음실 사용을 보장하고, 우리는 2주 안에 앨범을 완성하겠다는 계획이었다.

“할 수 있고말고.” 우리는 녹음할 날짜를 잡았다.

그러나 그 뒤로 상황이 더욱 나빠졌다. 회의가 끝난 직후에 잭과 샘의 큰형에게서 이메일이 왔다. 그날은 일요일이었고 이메일에는 이렇게 쓰여 있었다. “내일 전화로 근황을 나눌 수 있을까요?”

월요일, 우리는 화상회의를 했다. 그가 꺼낸 첫마디는 "오늘 부로 우리 회사는 여러분을 대리하지 않게 되었습니다"였다. 우리는 앨범을 아직 완성하지 못했는데, 그들은 우리를 내쫓고 싶어 했다. 그가 덧붙였다. "좋은 소식도 있어요. 여러분이 그동안 작업한 모든 원본 파일을 드리겠습니다!"

그건 좋은 소식이 아니었다. 그 파일들을 다른 프로듀서에게 주고 음반을 완성하라고? 음악은 그렇게 만들어지는 게 아니다. 녹음실과 장비마다 특성이 너무도 다르다.

우리는 화가 난 채 전화를 끊었다. 다시 한번 그들에게 농락당한 기분이었다. 우리는 그 앨범에 2년이 넘는 시간을 바쳤다. 애비는 대학 공부를 미루었다. 나는 가족과 내가 사랑하는 모든 사람을 두고 멀리 이사했다. 우리가 그 많은 것을 감수한 이유는 그들을 신뢰했기 때문이었다. 마치 가족에게 버림받은 것 같았다.

회사에 고용되어 우리 앨범을 함께 만들어온 프로듀서에게 이 소식을 전하자 그도 미친 듯이 화를 냈다. "이건 내 작품이기도 해요. 난 이 앨범을 사랑해요. 이걸 완성하고 싶다고요."

우리는 분노로 충전되어 샘과 잭에게 재협상을 요구했고, 그들은 우리가 이 앨범을 회사 녹음실에서 같은 프로듀서와 함께 녹음하고 편집해서 완성하는 데 동의했다. 단, 이틀 안에, 속사포로. 그것만이 아니었다. 그들은 우리에게 돈을 받으려고 했다. "그간의 관계에서 우리는 자기들에게 3000달러가 넘게 투자했어요." 그놈의 자기들. "우리 관계가 여러분에게 소중했던 거 알아요. 그

점을 잘 생각해서 낼 수 있는 만큼 냈으면 하는데요."

애비가 전화를 바꿔 들고 잭에게 말했다. "물론 우리는 그동안 회사에서 우리에게 해주신 모든 것과 우리를 믿어주신 것에 감사드려요. 하지만 우리도 회사를 정말 신뢰했습니다. 우리에게 남아 있는 돈은 이제부터 우리가 살아가야 할 돈이에요. 여유 같은 건 없다고요." 잭은 요구를 철회했다.

정말 지독한 경험이었다. 음악을 하는 사람에겐 자신을 믿을 이유가 필요하다. 그런 이유가 없으면 다 자기만족일 뿐이라는 의구심이 든다. 다른 사람들이 "이 밴드는 가능성이 있어. 인디에만 있긴 아까워. 전업으로 나가면 좋겠는데" 하는 말은 얼마나 듣기 좋은가? 그런데 그들이 우리가 더 이상 특별하지 않다고 하자 이런 의문이 들었다. '우린 이걸로 끝일까?' 우리는 계속했다. 그 앨범은 이틀 만에 완성했다. 이후 믹싱은 자비로 했고, 앨범 발매도 우리가 원하는 방식으로 했다.

밴드에는 매니지먼트팀이 필요하다고 생각하기 쉽지만, 반드시 그런 것은 아니다.

뮤지션들은 이 업계의 모든 사람에게 온갖 의견을 듣는다. 그래서 그 모든 것을 판단하고 결정하는 데 지친 나머지 매니지먼트 회사에 결정을 일임하는 경우가 많다. 하지만 우리의 경우엔 일을 다른 사람에게 맡길수록 우리가 주도할 수 있는 영역이 줄어들었다. 가령 그 회사를 떠난 직후, 우리는 우리를 담당한 퍼블리싱 회사의 새 대표가 그동안 줄곧 우리를 만나고 싶어했으며 우리가 곡을 쓰고 녹음할 수 있는 스튜디오도 확보해놓았다는 사실을 알게 되었다. 그 대표는 그동안 40통의 이메일을 보냈는데 그중 한 통도 우리에게 전달되지 않았다. 이 사실을 알았더라면 앨범을 더 일찍, 우리가 원하는 방식으로 완성할 수 있었을 것이다.

자랑스럽게도 우리는 잭과 샘에게 쫓겨난 지 1년 만에, 앨범을 완성하고 발매하고 마케팅하는 법을 다 터득했다. 또한 그 회사 외에 우리가 관계를 맺었던 다른 사람들은 지금까지도 우리와 함께하고 있다. 예를 들어 우리의 홍보 담당자는 2015년 애틀랜틱에서 미니 앨범을 냈을 때부터 지금까지 쭉 우리의 파트너이며 이제는 자매나 마찬가지다.

앨범이 나온 뒤 〈LA 위클리〉는 우리를 이 도시 최고의 펑크 밴드로 선정했다. 이름을 알리기가 쉽지 않은 이곳 로스앤젤레스에서 대표적인 밴드로 인정받는다는 것은 정말 멋진 일이다. 한편 뮤지션의 최종 목표는 음악만 하는 삶이다. 무대 섭외나 마케팅을 하지 않아도 되고, 직접 이메일을 받지 않아도 되고, 비즈니스 업무를 처리하지 않아도 되는 삶 말이다. 곡을 쓰고 음악만 하는 삶을 누군들 원하지 않을까? 밴드는 그게 좋아서 하는 것이다. 하지만 그 나머지는 마냥 재밌지가 않다. 하지만 요즘 우리는 초심으로 돌아가서 직접 밴드를 홍보하고 각종 업무를 처리하고 있다. 처음에 그렇게 해서 밴드가 잘되기 시작했고, 이번에도 그 방법이 통하고 있다. 우리 멤버 중에 음악 산업과 관련 있는 집안에서 태어난 사람은 한 명도 없다. 우리가 가진 것이라곤 우리의 경험을 돌아보는 능력, 그리고 그것을 토대로 스스로 판단하여 관계와 거래를 추진하는 능력뿐이다.

어려운 시기도 있었지만, 음악은 여전히 나의 모든 불안을 잠재우는 유일한 힘이다. 나는 음악과 비슷한 다른 것을 아직 모른다. 사람들과 함께 음악을 연주하는 것만이 다른 모든 생각을 잠시 멈출 수 있는 유일한 방법이다.

앨리 아인빈더의 조언

1. 내가 무엇을 선택해야 하는지를 다른 사람이 대신 결정해주는 데 익숙해지기 쉽지만, 실제로 매니지먼트팀에 대한 필요와 그런 편리함에 대한 욕구는 서로 다르다.
2. 밴드도 일종의 팀 프로젝트다. 각자 다른 삶을 살아온 네 사람이서 어떻게든 무언가를 만들어내야 한다. "우리는 각자 삶의 어느 정도를 여기에 쏟아붓고 싶은가?" 같은 이야기를 함께 나누는 것이 중요하다.

3부

거절은 마음의 근육을 단련한다

논문 심사를 앞둔 주말, 환경사회학자 케이틀린 커비는 컴퓨터 앞에 앉아서 '안타깝게도'라는 단어가 들어간 이메일을 검색했다. 그는 자신에게 탈락을 통보했던 편지들을 찾고 있었다. 특히 길이가 긴 편지일수록 심미적 가치가 높았다. 커비는 거절 편지들을 천과 종이에 인쇄해서 치마를 한 벌 만들 생각이었다. 미시간 주립대학 논문 심사장에 입고 갈 치마였다.

"난 평소에는 주말 내내 뭘 만들고 앉아 있는 사람이 아니에요." 커비가 말했다. "하지만 박사 학위를 받는 과정은 단거리 경주가 아니라 마라톤이란 걸 확실히 표명하고 싶었어요. 이 여정에 대해서 이야기하고, 거절이 그 과정의 불가결한 부분임을 강조하고 싶었죠."

커비는 처음 당했던 거절들을 아주 생생하게 기억한다. 처음 국립과학재단에 장학금을 신청했다가 떨어졌을 때, 처음 학술지에 투고했다가 퇴짜 맞았을 때, 처음 학회 발표를 지원했다가 거절당했을 때를. “하지만 그 뒤의 거절들은 하나같이 좀 더 희미해요. 뒷배경으로 물러나는 거죠.” 그는 거절을 수용하는 능력이 근육과도 같다고 생각한다. 실망에 대처하는 힘이 점점 커지고, 시간이 지날수록 거절의 아픔이 줄어든다. 그러나 새로운 운동을 하면 근육통이 뒤따르듯이 새로운 리스크 뒤의 거절은 아픔을 주기도 한다. 커비는 말한다. “새로운 종류의 거절을 처음 당할 땐 여전히 타격이 클 수 있어요.”

케이틀린 커비가 논문 심사장에 거절 편지로 만든 옷을 입고 가는 ‘근육질’ 과학자가 된 사연은 무엇일까? 그의 지도 교수 줄리 리버킨은 매주 대학원생, 박사 후 과정 연구자, 교수를 한자리에 불러모았다고 한다. 각자 잘한 일을 이야기하는 것은 물론 그 주에 경험한 거절이나 실패도 공유하는 자리였다. 그들은 보조금을 받지 못하거나, 논문이 퇴짜를 맞거나, 마감 기한을 맞추지 못한 일들을 동료들에게 털어놓았다. 커비는 나에게 이렇게 말했다. “이 모임은 거절과 실패를 정상화하는 효과가 있었고, 특히 젊은 학생일수록 큰 도움을 받았어요. 그 누구도 ‘여긴 내가 낄 자리가 아닌데’ 하는 기분을 느끼지 않았죠.” 시간이 지날수록 거절 경험을 공유하기가 점점 쉬워졌다고 했다.

한편 그는 다른 박사 과정 학생들이 학회에 냈던 발표 포스터로 옷을 만들어 입고 찍은 사진들을 보았다고 한다. 시트콤 〈파크스 앤드 레크리에이션〉에서 주인공 레슬리 노프가 공원 담당 부서에서 일하며 모은 전단지와 신문 기사로 웨딩드레스를 만들어

입는 에피소드도 보았다.

'거절 치마'를 입고 심사장에 등장한 날, 커비는 호기심 어린 눈길도 많이 받았지만 그 자리에 참석한 대학원생들로부터 그 치마가 격려로 다가왔다는 말을 들었다. "덕분에 그들 자신의 실패에 대해 걱정을 누그러뜨릴 수 있었다고 해요. 몇몇 교수님과 책임평가원 분들은 본인 연구실에 가서 학생들에게 보여주려고 사진을 찍으셨고요."

나와 이야기를 나눈 시점에 케이틀린 커비는 박사 과정을 마친 뒤 풀브라이트 장학생 연구를 마무리하고 있었고 네브래스카 링컨대학에서의 박사 후 과정을 준비하고 있었다. 그는 그동안 많은 성공을 거두었다. 하지만 "거절당하는 건 여전히 속상해요. 거절엔 면역이 생기질 않네요"라고 털어놓았다.

그렇다면 해결책은 뭘까? 커비는 일단 자신이 화를 내도록 내버려둔다. 그건 "완벽하게 정상적인 반응이기 때문"이다. 시간이 좀 흐른 다음에는 자신이 그때 무엇을 잘했는지 짚어본다. "그리고 필요하다고 판단된다면, 아쉬운 부분에 대해 생각해"본다. 가령 학술지에서 퇴짜 맞은 논문의 심사평은 "처음엔 도저히 재미있게 읽을 수 없지만" 읽고 나면 대체로 기분이 나아진다. "거절이나 실패는 결국 우연—적당한 장소, 적당한 시간—에 달린 일이지 내가 얼마나 잘하고 못하는지의 문제가 아니거든요."

3부에 나오는 저자들은 여러 번 거절당하면서 그 일에 능숙해진 과정에 대해 이야기한다. 서른 살이 넘어 코미디를 시작한 코미디언 샘 제이는 첫 무대를 망친 이야기를 들려주었다. 사람들은 그에게 야유를 보냈다(세상에, 사람들이 실제로 야유하는 소리를 상상해보라. 맙소사다). 그러나 제이는 자신이 무엇을 원하는지 알았기에, 앞으로 수많은 무대에 서야겠다고 다짐하며 가볍게 털고 일어났다. 작가 에밀리 윈터는 1년간 100번 거절당하기를 목표로 삼았다. 철학자 케이트 만이 학생들에게 권하는 거절 횟수는 50번이다. 어떤 논문이 거절당해 돌아오면 다른 논문을 내면 된다.

우리는 거절에 대처하려고 노력하면서 점점 강해진다. 강해진다고 해서 거절의 아픔이 사라지는 것은 아니다. 강해지기 위해서 꼭 거절 편지로 옷을 만들어 입어야 하는 것도 아니다(물론 입어도 좋다!). 강해진다는 것은 우리가 거절에 더 잘 대처하게 된다는 뜻이다.

케리 스미스

예술가, 작가

나는 출판사에 원고를 보내놓았다. 그들의 기대와는 동떨어진 글을 써서 보냈고, 과연 어떤 반응이 나올지 모르겠다. 어쩌면 내일 대차게 거절당할 수도 있다. 그래도 난 분명 괜찮을 것이다. 이미 이런저런 사소한 실패를 통해 많이 연습했으니까. 덕분에 이제는 큰 실패도 받아들일 수 있는 내가 되었다.

예술가이자 작가, 베스트셀러 『이 책을 파괴하라*Wreck This Journal*』와 『이 세계의 탐험가가 되는 법*How to Be an Explorer of the World*』을 비롯해 다수의 책을 출판한 케리 스미스는 유명인답지 않게 너무나 소탈한 사람이다. 그는 나와 대화를 나누는 내내 그런 면모를 보여주었고 특히 마지막에 들려준 일화가 인상적이었다.

케리가 하는 일은 주로 글을 읽고 "연결되어서는 안 되는 서로 다른 것들 사이에 연결성을 만들어내는" 것이라 그에겐 도서관이 중요하다. 매사추세츠주 노샘프턴으로 이사했을 때 그는 기대에 부풀어 스미스대학 도서관을 둘러보았다. 하지만 그의 마음 한구석에는 자신이 학문 공간에는 어울리지 않는다는 생각이 자리하고 있다. 그는 대학 도서관에 들어갈 때마다 "내가 들어가면 안 되는 곳에 들어간다는 느낌이 든다."

스미스는 이사한 직후 자전거를 타고 스미스대학 도서관에 가서 학교 직원이 아닌 사람도 책을 대출할 수 있는지 알아보았다. 문의에 응대한 젊은 여자 직원은 상사에게 확인해봐야 한다고 말하고 스미스에게 운전 면허증을 보여달라고 했다. 그의 면허증을 받아든 직원이 놀라서 물었다. "작가 케리 스미스세요?"

스미스는 "아, 네, 그게… 어떤 분을 말씀하시는지는 모르겠는지만…"이라고 대답했다.

도서관 직원은 "말도 안 돼요. 제가 당신의 엄청난 팬이거든요!" 케리 스미스는 흐뭇했다. 상대가 자기 이름을 알고 있어서가 아니라 "이제 그 도서관에 가면 '제가 뭐 찾아드릴까요?'라고 도와줄 사람이 생겼기" 때문이다.

케리 스미스의 작품들은 그의 겸손함과 독창성, 세상에 대한 호기심, 그리고 기꺼이—혹은 반드시—실수를 저지르겠다는 태도에서 태어난다. 이에 대해 그와 이야기를 나누는 시간은 정말 즐거웠다.

케리 스미스가 거절에서 배운 것

완벽하지 않아도 만족하는 법을 연습하라.

나는 캐나다에서 공립학교에 다녔고 공부는 잘하지 못했다. 어릴 때는 만사에 꾸물대는 아이였다. 글쓰기 과제가 있으면 시작하는 것도 미루고 끝내는 것도 미뤘다. 결과물이 완벽하지 않으면 아무 의미가 없다고 생각하면서. 또 굉장히 정신없는 아이였다. 요즘 같으면 '실행 기능 장애' 진단을 받고 치료받았을 텐데, 나는 어떤 도움도 얻지 못하고 엉망인 채로 지냈다.

가정사도 복잡했다. 내가 고등학생일 때 어머니가 불치병에 걸렸다. 나는 그 일을 헤쳐나가고 있었다. 아니, 사실은 헤쳐나가지 못하고 있었다. 하지만 그 누구도 내 상황을 감지하지 못했고, 학교의 그 누구도 나에게 신경 쓰지 않는 것만 같았다.

고등학교 3학년 때 나는 모든 것을 포기하고 있었다. 하지만 어느 날 한 선생님이 나를 교무실로 불렀다. 갔더니 그가 앉으라고 했다. 그리고 물었다. "어떻게 지내고 있니? 좋아하는 일은 뭐야?"

그때까지 그 누구도 나에게 묻지 않았던 질문이었다. 나는 그림을 좋아하는 것 같다고 대답했다. 그러자 그가 말했다. "좋아. 내일 네가 그린 그림을 몇 점 가져와봐라."

이튿날, 그림을 가져갔다. 선생님은 말없이 그림을 넘겨보기만

했다. 이윽고 그가 말했다. "이번 졸업반의 모든 학생 중에 네가 가장 성공하겠구나."

'미쳤나 봐.' 난 그렇게 생각하고 선생님에게 그럴 일은 없다고 말했다. 하지만 선생님은 계속해서 주장했다. 내가 스스로 사고하는 법을 알고 있고, 그게 핵심이라고. 그는 나에게 미술대학 진학을 권유했지만 그때 난 고등학교를 무사히 졸업할 수 있는지부터가 확실치 않았다. 이미 그런 지경이었다.

고등학교를 졸업한 뒤 서점에서 일자리를 구한 뒤, 거기 있는 책 중에 대학에 간 친구들이 과제로 읽는 모든 책을 나도 다 읽겠다고 마음먹었다. 마음 한편으로는 내가 그렇게 똑똑하지 않다고 생각했지만, 또 한편에는 호기심이란 게 있었다. 나 혼자서도 대학교 수준의 독서가 가능할지 궁금했다. 나도 할 수 있을까?

가장 친한 친구가 자기가 듣는 수업의 계획서를 보여주었고 나는 거기 나온 책 한 권 한 권을 겨우겨우 읽어나갔다. 점점 가슴이 벅차올랐다. "이거 완전 되잖아. 이 책들을 이해할 수 있다고." 난 그때 처음으로 내가 사실은 명석한 사람일지 모른다고 생각했다.

서점 일은 재미있었고 거기서 2년을 보냈다. 그 시기에 고등학교 때 선생님 또 한 분을 서점에서 마주쳤다. 그는 내가 일하는 것을 보더니 이렇게 물었다. "평생 서점에서 일할 생각이니?" 나는 서점 일을 아주 좋아했지만, 그 질문은 새로운 다짐을 촉발했다. 난 누군가 나더러 '넌 그거 못해'라고 하면 반항하는 사람이다. 혹시 대학에 가고 싶어질 경우를 대비에 내가 대학에 갈 수 있는지 조사했다. 알아보니 캐나다의 교육 제도에는 나 같은 학생에게 '만학도'로 입학할 수 있는 기회를 주었다.

나는 온타리오 예술대학에 일러스트레이션 전공으로 입학했다. 대학 진학과 함께 삶이 트였다. 도전할 기회와 놀고 실험할 기회에 굶주렸던 나는 매일매일 배웠고 대학을 무사히 졸업했다.

상업 일러스트레이터로 첫발을 내디디고 몇 년간 나 자신의 이야기를 쓰고 그리고 싶었지만 자신이 없었다. 그래서 대신에 오직 나만을 위한 작업 공간을 만들었다. 이 아름답고 안전한 공간에서 매일 글과 콜라주를 한 공간에 전부 뱉어내어 일기를 썼다. 나의 모든 결점—자꾸 미루는 버릇, 시작에 대한 두려움—은 매일 질문을 만들어냈다. '내가 성취감을 느끼는 데 필요한 최소한은 무엇인가?' 어쩌면 종이에 점 하나 찍는 것으로 충분할 수도 있었다. 혹은 무언가를 부수는 것일 수도 있었다. 나는 한 번에 한 쪽씩 일기장을 채워나갔다.

서점에서 일할 때 나는 늘 계산대 옆에 놓인 특이한 책들에 마음이 갔다. 어느 범주로 분류해서 선반에 꽂기가 불가능한 책들 말이다. 또한 나는 책을 만드는 사람들과도 알고 지냈다. 문득, 내 일기 작업이 그런 특이한 책의 대열에 합류할 수 있지 않을까 싶었다. 그렇게 해서 『이 책을 파괴하라』가 탄생했다.

우리 문화는 실험을 권하지 않는다. 내 일기 작업은 결과적으로 나 자신이—물론 다른 사람들도—소소하게 실험하고 실패를 만들어내는 효과적인 길잡이가 되었다. 일부러 실수하기에 익숙해지면 완벽하지 않은 상태에 더 만족하게 된다.

모든 비판에 귀 기울이지 마라. 모든 일을 다 잘할 필요도 없다.

그런데 어떤 사람들은 의도적인 실패라는 개념에 심하게 발끈한다. 그들은 내 작업의 어떤 면엔가 버튼이 눌려 나에게 미친 듯이 화를 내기까지 하고, 심지어 혐오 편지도 보낸다.

악의 가득한 편지나 인터넷 댓글에 아무리 상처받지 않으려고 해도 그러기가 어렵다. 왜냐하면 나는 책을 쓸 때 그 안에 내 전부를 쏟아붓기 때문이다. 그만큼 내밀하다. 사람들이 불을 뿜듯 내 작업을 헐뜯을 때 처참한 기분이 들기도 한다. 피해갈 방법은 없다. 나는 남편에게 이렇게 말하곤 했다. "사람들이 나한테 무슨 말을 하고 있는지 당신은 믿지 못할 거야!"

그러면 남편은 이렇게 대답했다. "당신과 만난 적도 없는 사람들이야. 그 사람들 생각에 왜 신경을 써?" 중요한 지적이었다. 내가 왜 얼굴도 모르는 사람들에게 신경 써야 하지? 내 작업을 깎아내리는 사람의 생각까지 신경 쓸 이유는 없었다.

내가 겪은 가장 어려웠던 거절 중 하나는 볼티모어의 존스홉킨스대학에서 열린 학술회의에서의 일이다. 나는 '배움, 예술, 뇌'라는 제목의 토론회에 패널로 참석해서 질문에 답변할 영광을 얻었다.

나는 예술가 정신과 과학자 정신의 융합에 대해 이야기하고 관객에게 아인슈타인의 '사고실험'을 실천하라고 권장했다. 그때 패널 중 한 사람인 하버드대학 심리학자가 내 말을 반박하기 시작했다. "아인슈타인을 예로 들면 안 되죠! 아인슈타인은 예외적인 경우였거든요! 평균적인 사람은 사고실험을 할 수 없고 사고실험에 성공할 수가 없다고요!"

그는 나를 공격하며 신이 났고, 나는 당황하고 겁을 먹었다. '공부'를 잘하지 못한 데 대한 나의 그 오래된 (고등학생 때로 거슬러 올라가는) 수치심이 다시 돌아오는 게 느껴졌다. 그날로부터 10여 년이 흘렀지만, 만약 지금 내가 그 토론회에 있다면 이렇게 생각할 것 같다. '난 대학원에 가지 않았어. 그렇다고 내가 다닌 학교와 그간의 독학이 전부 무효화되는 건 아니야.'

이제 나는 전보다 자신감이 늘고 자기 공감 능력이 좋아졌다. 또 전에 비해 완벽주의 성향도 덜하다. 노래하기를 좋아해서 얼마 전에는 합창단에도 들어갔다. 첫 연습이 끝난 뒤, 나와 비슷한 나이에 나처럼 신입인 어떤 여자가 내 귀에 대고 속삭였다. "세상에, 저 선생님은 정말 엄격한 것 같아요. 전 노래를 잘 못하는데 어떡하죠."

내가 그에게 말했다. "저도 딱 그렇게 생각하는 사람인데요, 이제는 될 대로 돼라, 하고 있어요. 노래를 못해도 상관없잖아요? 매주 나와서 최선을 다하면 돼요. 즐기는 게 중요하지 잘하는 건 별로 중요하지 않으니까요." 무언가를 준비하는 데 보낸 수많은 세월 때문에 나는 정말로 그렇게 생각한다. 나는 못하는 일을 기꺼이 선택할 것이다. 나는 실패를 기꺼이 겪을 것이다.

케리 스미스의 조언

1. 실패 확률이 높은 일을 통해 실패하기를 연습하라. 나는 고등학생 때 바느질을 시작했다. 처음 바느질을 하는 사람은 절대 입고 싶지 않은 옷을 만들어내게 되어 있다. 하지만 스스로를 밀어붙여 실패를 견디고 또 견딜 때, 우리는 실패에 무너지지 않는다.
2. 우리는 우리의 여가 시간을 인스타그램에서 상품화하기에 이르렀다. 늘 "내가 이걸 하는 모습을 찍어서 올려야지" 하면서. 당신의 삶은 '좋아요'를 받는 것에 집중된다. 나는 우리가 깊은 생각을 할 사적 공간, 그 누구에게도 보여주지 않고 자신만을 위해 무언가를 할 시간을 되찾아야 한다고 믿는다.

에밀리 윈터

스탠드업 코미디언, 작가

코미디와 연예 산업에서는 80시간을 쏟아부어 무언가를 만들어 보내도 아무 답변도 듣지 못하는 경우가 부지기수다. '노'는 차라리 반가운 대답일 정도다. 더욱이 '이건 별일 아니야'라고 확신하기도 어렵다. 무려 80시간을 쏟아부었으니까! 사회의 다른 영역에서는 그런 식의 행동—누군가의 80시간짜리 작업물을 받고 무시하는 것—은 몰상식한 것으로 여겨진다. 이 일은 정말 힘들고, 그래서 나는 늘 여러 가지 프로젝트를 동시에 진행한다.

NPR의 퀴즈 프로그램 〈애스크 미 어나더〉를 즐겨 듣거나 〈뉴요커〉의 칼럼 「샤우츠 앤드 머머스」를 즐겨 읽는 사람이라면 에밀리 윈터의 농담에 웃은 적이 있을 것이다. 혹은 NBC 방송국의 〈투데이〉에 출연하여 '100번 퇴짜 맞기' 프로젝트를 (뒤에서 자세히 소개하겠다) 소개하는 모습을 본 사람도 있을 것이다.

에밀리 윈터는 스탠드업 코미디언이자 작가로, 여러 성공적인 코미디 이벤트를 제작해왔다. 윈터는 자신이 제작자가 된 것을 두고 직관이 시킨 일이라고 말한다. "성별 관념이 작용한 것 같아요. 여자들은 다른 사람들이 즐거운 시간을 보낼 수 있는 환경을 만드는 법이나, 다른 사람들의 기분과 필요에 조응하는 법을 배우니까요. 결국 그런 기술들이 저를 제작자로 만들었죠." 그는 2017년 트럼프 전 대통령의 취임식이 열린 주말, 32개 도시에 걸친 축제를 조직하여 미국시민자유연맹을 위해 5만 달러를 모금했다. 또 친구와 함께 매년 브루클린의 벨 하우스에서 한 문장 농담 토너먼트를 개최해왔고 이 행사를 미국 전역으로 확대하고 있다. 그 밖에도 현재 윈터는 코미디언이자 작가인 남편 크리스 칼러제로와 함께 여러 개의 파일럿 각본과 시나리오를 집필하고 있다.

에밀리 윈터가 거절에서 배운 것

거절당한 기회는 내가 놓친 '일생일대의 기회'로 느껴지기 쉽다. 사실은 그렇지 않을 때도.

방송계에서는 새 작가가 필요하면 내부 구성원에게 알리고 에이전트들과 매니저들에게 연락한다. 내부에 아는 사람이 없거나, 에이전트도 매니저도 없는 작가는 일자리가 났다는 사실 자체를 절대 알 수 없다. 그들은 인디드 같은 구인 웹사이트에도, 그 어디에도 글을 올리지 않는다. 이 기회를 얻은 사람은 '패킷(꾸러미)'

이라고 부르는 집필 과제를 받는다. 1인 농담극, 주제 스케치, 뉴스 보도나 현장 보도 형식의 소극 등 특정한 장르를 제시받은 다음 대략 3~5쪽 분량으로 아이디어를 써 내야 한다.

2017년 나는 〈데일리 쇼〉에서 일하는 친구를 통해서 패킷 과제를 받았다. 이 일엔 엄청난 시간이 필요하다. 온몸을 던져야 한다. 샤워도 못 한다. 다른 일은 할 수 없고 마감도 전부 미루어야 한다. 패킷 쓰기는 그 정도로 사람을 탈탈 턴다.

과제를 제출한 뒤 〈데일리 쇼〉에서 연락이 왔다. 추가 테스트를 하고 싶단다. 패킷을 또 내라는 것이다. "세상에! 이걸 하나 더 원하신다굽쇼?" 그래서 나는 또 하나의 패킷을 써 냈고 그다음엔 면접 기회를 얻었다. 너무나 벅차고 너무나 떨렸다. 난 〈데일리 쇼〉의 주인공 트레버 노아를 만났다. 제작진도 만났다. 그들은 내 글을 엄청나게 칭찬했다. 그리고 나를 떨어뜨렸다.

나는 이 사실을 소셜 미디어를 통해 알게 되었는데, 뭐 그게 업계 표준이다. 누군가 다른 사람이, 당신의 것이 될 줄 알았던 책상에 앉은 사진과 "첫 출근!"이라는 설명을 올리기 전에는 알 수가 없는 것이다.

내 경우엔 〈래스트 위크 투나잇〉에서 작가로 일하는 친구와 페이스북 채팅을 하다가 그 프로그램 출신 작가 둘이 최근에 〈데일리 쇼〉에 지원했더라는 이야기를 들었다.

"안 돼애애애! 나도 〈데일리 쇼〉에 지원했단 말이야!" 〈래스트 위크 투나잇〉의 작가 듀오와는 경쟁 자체가 안 되었다. 나는 그런

화려한 이력서가 없었다. 실제로 〈데일리 쇼〉는 그 둘을 채용했다. 나는 생각했다. '난 남은 게 없어. 내 전부를 거기다 쏟았어.'

난 나의 작은 재택 작업실 책상에 앉아 있었다. 그들은 이메일로 나에게 불합격 소식을 알렸다. 짐작은 하고 있었지만 그래도 뼈아팠다. 내 일생일대의 기회가 그렇게 날아가버렸다.

이상한 소리 같지만, 거절당하기를 목표로 삼으면 성공할 수 있다.

내 작업실에는 학교 교사들이 동기 부여 목적으로 학생들에게 별표를 그려주는 판이 붙어 있다. 나는 20분 동안 글을 쓰면 스스로에게 별을 하나 준다. 그러다 이런 생각이 들었다. '거절당한 횟수를 기록해두면 어떨까?' 전에 기사에서 읽었는데, 한 시인은 1년에 50번 거절을 당한다고 했다. 나는 생각했다. '시인이 50번 거절당한다면 코미디언은 그 두 배로 잡아야겠지? 시는 속도가 느리니까.' 시인들은 잡지 같은 데 발표할 시를 쓸 때 한 문장당 한 달 반이 걸린다. 코미디는 훨씬 빠르다.

나는 코미디언 열아홉 명으로 이루어진 비공개 페이스북 그룹에 속해 있다. 거기서 하는 말은 거기서 끝나기 때문에 우리는 온갖 말을 다 할 수 있다. 나는 거기에 이렇게 썼다. "나는 지금부터 1년 동안 100번 거절당하기를 목표로 일할 거야." 한 친구가 환호했다. "이거 다 같이 하자!" 실제로 이 그룹에서 우리는 많은 프로젝트를 함께한다. 하지만 나는 선을 그었다. "아니. 이건 개인 프로젝트야." 하고 싶은 사람은 알아서 해도 되지만, 난 다른 사람이 내 계획에 동참하길 바라지 않았다. 나는 새 표를 하나 만들어서 거기다 거절당한 일을 기록하기 시작했다.

거절 수집은 쉬운 일이었다. 25개를 넘어서자 탄력까지 붙었다. 소셜 미디어 계정에도 썼다. "난 올해 100번 거절당하기를 목표로 하고 있어요." 그러자 사람들이 "대박. 멋진 아이디어네요. 힘내세요!" 하고 응원했다. 난 그들의 반응에 힘입어 이 프로젝트에 본격적으로 착수했다. 지원 자격으로는 나도 빠지지 않는 것 같지만 내부에 아는 전혀 사람이 없는 코미디 페스티벌과 방송 등 여기저기에 수많은 지원서를 냈다. 또한 지원 자격에 못 미치는 것 같은 곳들에도 지원서를 냈다. 예를 들어 〈뉴요커〉는 늘 경외의 대상이었다. 20대 때는 이렇게 생각했다. '「샤우츠 앤드 머머스」에 글을 쓰기에 난 아직 너무 어려.' 30대가 되어서는 이렇게 생각했다. '난 너무 밋밋해. 〈뉴요커〉에 어울리는 위트가 나에겐 없어.' 두 문장짜리 농담이 안 써졌다. 완벽한 농담을 써 내는 데는 엄청난 시간이 필요하다. 몇 시간을 쏟아부어, 결국엔 퇴짜를 맞을 게 분명한 뭔가를 써 냈다. 그래도 어쨌든 한 편을 완성해서 보냈고 "이 글을 게재하겠습니다"라는 답변을 받았다. 또 한 편을 보냈다. 이번에도 '예스'였다.

하지만 스스로 기회를 창출하는 과정에서 수많은 거절을 당한 것도 사실이다. 나는 방송 프로그램들의 제작진에게 연락해서

"작가가 필요하신가요?" 혹은 "제 아이디어를 봐주세요!"라고 물었다. 나는 코미디 파일럿을 쓰니까 그런 글도 골라 보냈다. 그렇게 내 목숨을 갈아넣어 쓴 글을 보냈건만, 누가 관심이 있는지 없는지 당최 알 수가 없다. 그럴 땐 가슴이 답답해지고, 진공 안에 갇힌 것만 같다.

몇 년 전, 내가 정말 좋아하는 코미디언 중 한 사람인 오피라 아이젠버그에게 이메일을 쓴 적 있다. 당신의 각본과 스탠드업 무대를 내가 얼마나 우러러보는지 모른다고 썼다. 하지만 결국 보내지는 못했다. 그런데 거절당하기 프로젝트를 진행하던 중에 오피라가 진행하는 〈애스크 미 어나더〉에서 나에게 패킷을 요청했다. 나는 두말없이 응했다. 오피라가 내 글을 읽을 거라고 생각하니 너무나 긴장됐다. 그리고 놀랍게도 나는 이 프로그램의 정식 작가로 채용되었다! 꿈을 이루었다. 오피라는 최고이고, 여자를 위해 글을 쓰는 것이 너무도 즐겁다.

나는 원래 야행성이었지만 거절당하기 프로젝트 동안은 매일 아침 20분 동안 글을 써보기로 했는데, 그 결과 사실은 내가 아침형 작가라는 게 밝혀졌다. 지금까지 아침은 나에게 존재하지 않는 그 무엇이었는데도.

에밀리 윈터의 조언

1. 내 경험상으로, 거절당했다고 해서 텔레비전을 보거나 술을 퍼마시며 하루를 무위로 날려보내는 것은 도움이 되지 않는다. 거절에

대처하는 유일하게 효과적인 방법은 꾸역꾸역 책상에 앉아 새로운 일을 하는 것, 내가 봐도 만족스러운 무언가를 써 내는 것이다.

2. 거절당하기 프로젝트로 얼마간 주목받았을 때 몇 사람이 나에게 다음과 비슷한 이메일을 보냈다. "저는 일주일 전에 코미디를 시작했는데 당신의 거절 프로젝트에 깊은 인상을 받았습니다. 그래서 묻는 건데, 제 각본으로 공연을 해주실래요?" 난 이렇게 답변했다. "맙소사. 저는 제 관객을 늘리기 위해 이 분야를 오래, 아주 오래 파온 사람입니다. 이 프로젝트의 목표는 살짝 무리한 일에 도전하는 것이지 너무 무리한 일에 덤비는 게 아니라고요! 저한테 이러지 마시고 알아서 잘하시길." 어떤 사람들은 누가 떠밀어줘야 겨우 밖으로 나가 기회에 도전하는 반면에 어떤 사람은 누가 좀 말려야 하는 것 같다. 과도한 자신감에 차서 수준 이하의 작품을 팔러 다니기보단 묵묵히 실력을 갈고닦을 시간이 필요한 것이다.
3. 남자들은 쉽게 인정받는 반면에 여자들은 더 노력하라는 말을 자주 듣고 그래서 우리는 노력하길 멈추지 않는다. 이게 좋은 일은 아니지만 난 이것이 우리를 단련한다고 생각한다. 당신은 완벽하고 당신이 만드는 모든 것이 대단하다는 말보다는 차라리 당신은 더 노력해야 한다는 말, 앞날이 순탄치만은 않으리라는 말이 우리를 더 잘 준비시킨다.

샘 제이

코미디언

난 얼마나 많은 페스티벌에 초대받지 못했는지 모른다. 얼마나 많은 쇼케이스에서 다음 라운드에 진출하지 못했는지 모른다. 코미디언이 되려면 그처럼 많은 거절을 겪어야 한다.

샘 제이의 방송을 듣거나 보는 사람은 그와 살짝 사랑에 빠지게 된다. 〈보스턴 글로브〉는 이 코미디언의 "무심한 솔직함과 자신감"에 주목한 바 있다. 그는 당당하고 지적이며 무엇보다 정말 웃긴다. 그가 처음 출연한 심야 텔레비전 방송은 무려 〈지미 키멜 라이브!〉였다. 코미디 센트럴 채널의 스페셜 방송 〈스탠드업 프레젠츠〉와 넷플릭스의 〈코미디 라인업〉에도 출연했으며 2020년에는 넷플릭스의 단독 스페셜 〈샘 제이: 새벽 3시의 수다〉를 제작했다. 첫 코미디 앨범 〈도나의 딸〉도 발표했다. 제이는 〈새터데이 나이트 라이브〉의 작가로 에미상 후보에 올랐고 배우로도 자주 출연하고 있다.

제이는 보스턴에서 어린 시절을 보냈고 학생들의 개성을 중요시하는 특수 고등학교를 다녔다. 게스트로 참여한 팟캐스트 〈라스 쿨투리스타스〉에서 그는 교사들이 "우린 너에게 어떤 능력이 있는지 안다"는 말로 자신을 격려했다면서 학창 시절을 긍정적으로 회고했다. 이 학교는 그에게 배움은 경주가 아니며 모든 사람은 다르다는 걸 가르쳐주었다. 제이는 나에게 이렇게 말했다. "그 모든 마음가짐 덕분에 이 자리까지 오게 됐어요." 20대 후반에야 코미디를 시작한 코미디언의 말이다.

샘 제이가 거절에서 배운 것

당신이 하는 일이 어떤 면에서는 개인적일지라도, 그것을 시장에 파는 일은 구분해서 생각해야 한다. 그래야 거절 때문에 상처받지 않을 수 있다.

나는 언제나 코미디와 스탠드업 무대를 좋아했다. 꼬마 때부터 빌 코스비의 스탠드업 공연을 챙겨 보았고 에디 머피, 데이브 샤펠의 작품을 엄청 보았다. 〈아이들과 결혼했어요〉 같은 시트콤도 좋아했다. 그러니까 텔레비전을 너무 많이 보는 아이였고 언제나 코미디 방송을 보고 있었다.

스탠드업이라는 장르에 호기심이 생긴 것은 스무 살 무렵이었다. 어느 날 '난 바로 이게 하고 싶었어' 하는 생각이 들었고, 도전해보기로 했다. 말로 설명하니 이상하지만 아무튼 그랬다. 뭘 쓴 것은 아니고 보스턴의 이런저런 오픈 마이크 무대에 올라가서 공연 비슷한 걸 했다. 하지만 인생이 굽이쳤고 몇 년이 그렇게 지나갔다. 애틀랜타로 이사하고 한참 후에야 코미디를 다시 시작할 수 있었다.

복귀 첫 무대는 애틀랜타에 있는 '스타 바'라는 곳이었다. 스물일곱 살 때였고 곧 생일이었다. 곧 새해이기도 했다. 거기 있던 한 코미디언이 이러더라. "오, 새해를 맞아서 무대에 올라오고 싶어 하는 사람들이 한 부대가 왔어요." 내가 말했다. "저기요, 나도 그 중 한 명이거든요. 김 빠지네."

하지만 그해부터 제대로 달려들었다. 사촌 집에 가서 저녁을 먹을 때였는데, 내가 농담을 하자 모두가 숨이 넘어가게 웃었다. 생각했다. '역시 난 이거야.' 나는 스스로에게 1년의 말미를 주었다. 그때만 해도 이 업계에 나 같은 사람은 없는 것 같았다. 지나 예서, 니키 카 같은 남성적인 레즈비언 코미디언을 발견한 것은 그로부터 한참 후였다.

나는 사촌에게 전화했다. 그의 남편은 내가 꼬마일 때부터 코미디를 하던 사람이었다. 내가 어디를 찾아가면 되냐고 물었더니 "일요일에 내가 하는 공연에 와"라는 답변이 돌아왔다. 거기에 가서 공연을 했다. '아, 기분 좋네' 생각했던 기억이 나는데 사실 그날 나는 야유를 받았다. 하지만 실망하지도 상처받지도 않았다. 어차피 그 사람들은 나를 보러 온 게 아니었다. 그날 밤에 만난

한 코미디언이 다른 오픈 마이크 무대에 관해 알려주었고 그렇게 시작했다.

그 후로 오픈 마이크 공연을 정말 많이 했고, 마침내 내 공연을 하게 되었다. 코미디 페스티벌에도 나갔고 수많은 쇼케이스에 참가했다. 뉴욕, 로스앤젤레스, 샌프란시스코에서 그런 걸 한다. 거기서는 1분짜리 코미디를 하고 잠깐 주목을 받는다. 상위 10명에 뽑히면 로스앤젤레스에 가서 큰 쇼케이스를 한 번 더 한다. 그렇게 업계 관계자들에게 얼굴을 알려야 의미 있는 대화에 참여할 수 있다. 그런 자리에서 사람들과 연을 맺기도 하고, 심야 방송 에이전트가 "키멜 쇼에 자리를 마련해줄 수 있을 것 같으니 좋은 영상으로 골라서 보내줘요"라는 말을 듣기도 한다. 나는 어느 시점엔가 보스턴 지역에서 상위권에 들었지만 뉴욕에서 열린 NBC 쇼케이스에 가서는 첫 라운드에서 탈락했다. '이게 뭐야!' 싶었지만 한편으로는 그런 생각도 했던 것 같다. '저 인간들 진짜 잘하네.' 두 번째 참가해서는 최종 라운드까지 올라갔다. 세 번째 참가했을 때, 나에게 매니저가 생겼다.

쇼케이스 경험은 사람들에게 평가받는 방법을 배우는 기회였다. 처음에는 탈락에 상처받았다. 내가 하는 작업은 너무나 개인적인 것이기 때문이다. 하지만 이윽고 이게 다른 모든 사람에겐 비즈니스라는 사실을 깨달았다. 나에겐 예술이지만 다른 사람들에겐 비즈니스이고 여기도 비즈니스와 똑같이 굴러가는 것이다. 이 차이를 알아야 하고 그걸 구분해서 생각하는 법을 배워야 한다.

모든 기회를 붙잡을 필요는 없다. 이게 아니다 싶으면 거절해도 괜찮다.

한번은 뉴욕에서 다양성 쇼케이스라는 것이 열렸다. 풀어 말하면 여자 코미디언, 퀴어 코미디언, 유색인 코미디언을 대상으로 하는 쇼케이스였다. 보통의 쇼케이스가 아니었고 누구나 참가할 수 있는 공개 오디션이었다. 사람들은 선착순으로 입장하기 위해 노숙을 하면서 밤새 줄을 섰다. 다양하지 않기로 너무도 악명이 높은 이 방송국은 이 한 번의 쇼케이스로 다양성을 강조하려는 모양이었다. 여기서 우승하면 NBC인지 어딘지와 신인 개발 계약을 할 수 있었다. 하지만 보통의 쇼케이스에서는 코미디언들을 줄을 서서 기다리게 하지 않는다. 초청하든가, 초청하지 않든가 둘 중 하나다. 난 이 '다양성 쇼케이스'가 사람들을 거리에 줄 세우는 꼴이 짜증 났다. 사람들을 그런 식으로 밖에 기다리게 하는 게 재수 없었다.

난 매니저가 있어서 밖에서 기다릴 필요가 없었지만, 무대에 오른 순간 '여기선 흥이 안 나. 틀려먹었어'라는 생각이 들었다. 그날 무대를 망쳤다. 하지만 일부러 망쳤다. 아니, 꼭 일부러는 아니었더라도 거기 방식이 마음에 들지 않았다. 이런 식으로는 이기고 싶지 않았다. 그 무렵이면 나는 코미디로 이름을 꽤 알린 때라 "오, 샘 제이가 불만이 있나 봐"라는 느낌을 주고 싶었달까. 아무튼 그냥 흥이 안 났다.

그 순간에 깨달은 것은 모든 걸 붙잡을 필요는 없다는 사실이다. 나는 이 직업으로 돈을 충분히 벌어서 내가 하고 싶은 걸 하고 싶다. 하지만 이런 식으로 기회를 잡고 싶진 않았다. 난 내가 어떤 종류의 아티스트가 될 것인지 결정해야 한다고 생각했다.

결국 나는 로스앤젤레스로 옮겨와 코미디 센트럴의 〈코믹스투 워치〉 쇼케이스에 참가했고, 거기서부터 모든 것이 제대로 맞아떨어지기 시작했다. 캐나다 몬트리올에서 열리는 세계 최대의 코미디 페스티벌 '저스트 포 래프스'에서 나를 초청했다.

나는 몬트리올의 페스티벌에서 유망한 신인들을 위한 무대인 〈뉴 페이시스〉에 섰다. 그 자리에 〈새터데이 나이트 라이브〉 관계자들이 있었고, 그 공연을 본 뒤 내 매니저에게 오디션이 가능한지 문의했다. 나는 두 번인가 세 번 오디션을 보았고 이런 연락을 받았다. "우린 당신이 정말 마음에 들지만, 당신이 기존 출연진과 어울릴지가 문제네요. 하지만 당신이 이 쇼에 참여해주었으면 하니, 가능하다면 이쪽으로 와서 각본을 써주셨으면 합니다." 나는 뉴욕으로 돌아갔고 〈새터데이 나이트 라이브〉의 작가가 되었다.

이건 무엇보다도 배움의 과정이었다. 작가로서 성장하는, 너무도 유익한 경험이었다. 이제 나는 플롯을 쓸 줄 알고, 스토리를 제대로 전개할 줄 안다. 각본에 난 구멍들을 전보다 빨리 알아챈다. 이 방송에서는 늘 다른 작가들과 함께 글을 쓴다. 죽이 맞는 사람이 있으면 누구와든 짝을 지을 수 있다. 그렇게 쓴 각본을 제출하고, 스케치가 선정되고, 테이블 리딩을 하고, 최종 각본이 선택된다.

내가 제출한 스케치가 뽑히지 않는 경우도 허다하고, 그럴 땐 암담한 기분이 들기도 한다. 틀림없이 선정될 거라고 생각한 원고가 퇴짜 맞을 때도 있다. 하지만 모두가 겪는 일이다. 이곳의 모든 작가가 틀림없이 자신의 스케치가 뽑힐 거라고 생각했지만 뽑히지 않는 일을 경험했다. 그것이 이 일의 본질이며, 열 한번 받고 나서 다음으로 넘어가야 한다.

샘 제이의 조언

1. 코미디언이 되는 데 정해진 하나의 길은 없다. 무엇보다 중요한 것은 자기만의 것을 만들고 스스로를 믿는 것이다. 많은 무대에 오를 것. 잘하고 싶다면 그저 계속 무대에 올라가서 공연을 많이 할 것. 거절도 수없이 겪을 것이다.
2. 당신이 먼저 거절할 수 있다는 사실을 잊지 마라. 대단한 기회 같아 보여도 이게 아니다 싶은 느낌이 들면 '노'라고 말해라.

첼시 선데이 클라인

정치인, 활동가

선거에 출마해보면, 낙선한다고 해서 세상이 무너지지 않는다는 걸 알 수 있다.

첼시 클라인의 딸 루루는 첼시가 주 상원의원에 출마했을 때 지역 신문에 이렇게 썼다. "나는 첼시 클라인이 내 엄마가 아니었더라도 이 사람에게 투표했을 것이다. 왜냐하면 엄마는 10대 나이에 나를 낳아 키우고, 열심히 일하면서도 푸드 스탬프*와 저소득층 건강보험으로 살아가야 했던 본인의 인생 경험을 통해 정신적, 경제적, 제도적 지원이 필요한 사람들의 절박함을 본능적으로 이해하고 있기 때문이다." 클라인의 선거 공약은 우리 지역사회에서 가장 취약한 계층을 지원하겠다는 것이었다. 그는 이미 오래전부터 같은 목표를 위해 활동했지만 선출직 정치가의 권력을 가져본 적은 없었다. 클라인은 말했다. "나는 다양한 페미니스

* 저소득층을 위한 식료품 할인 구매권.

트 공간을 경험했지만, 그들은 외부에서 압력을 넣는 것으로만 포용성을 실현하려고 했어요. 나도 주류 속으로 들어갈 필요성은 느끼지 못했죠."

우리는 어느 월요일 아침에 내 집에서 만났다. 둘 다 감기에 걸렸던 터라 기침을 멎게 해주는 사탕을 나눠 먹으며 이야기를 나누었다. 나는 오래전부터 클라인을 알고 지냈지만 그렇게 마주 앉아 2018년에 정계 진출을 결심하게 된 계기에 대해 듣기는 처음이었다. 인터뷰가 끝났을 때, 나는 그의 다음 선거운동에 힘을 보태기로 다짐했다.

첼시 선데이 클라인이 거절에서 배운 것

정치할 사람은 '따로' 있지 않다.

나는 버지니아주에 살며 건강식품 전문점에서 일하던 열여덟 살 때 덜컥 아이를 임신했다. 뭘 어떻게 해야 하는 건지 알 수가 없었다. 낙태가 가능한 산부인과 병원에 가서 대기실에 앉아 있는데, '아니야. 이 아이를 낳고 싶어. 엄마가 돼야겠어' 하는 생각이 들었다. 난 불안하고 별난 어린 시절을 보냈는데, 엄마가 된다면 땅에 발을 붙이고 어른이 될 수 있을 것 같았다. 그때 나에겐 안전하고 합법적인 낙태라는 선택지가 있었기에 자유롭게 기꺼이 엄마가 되는 쪽을 선택할 수 있었다.

나는 임신과 함께 정치적으로도 좀 더 각성했다. 모든 여자가 나와 똑같이 자기 신체에 대한 결정권을 가지길 바라게 된 것이다. 나는 여성의 재생산권 운동에 뛰어들었다. 페미니스트 머조리티 재단과 가족계획협회에서 활동하는 등 내가 할 수 있는 일이면 무엇이든 했다. '날 보세요, 아이가 있는 여자도 이 운동을 합니다' 하는 생각으로.

그러다 워싱턴으로 이사해서 서너 가정에서 아이 돌보는 일을 했다. 그들은 거의 하루 벌어 하루 살아가는 이들이었다. 한동안은 내 가족도 푸드 스탬프로 겨우 살아갔다. 내가 돌보는 한 아이의 엄마는 중앙정보국 반테러 요원 출신의 멋진 사람이었다. 난 그 사람과 그의 아이들을 너무나 좋아했다. 그는 내 멘토가 되어주었다. "이 다음엔 어떡할 거예요? 평생 아이 돌보는 일을 할 순 없어요. 당신은 너무나 똑똑한 사람이에요. 세상에 필요한 사람이라고요." 이 사람 덕분에 나는 인생을 바꾸었다.

내가 선택한 '이 다음'은 대학 공부였다. 나는 어머니와 딸과 함께 매사추세츠주 노샘프턴으로 이사하여 스미스대학 종교학과에 직장인 전형으로 입학했다. 4학년 때 한 교수가 나에게 하버드대학 신학대학원에 지원해보라고 해서 그렇게 했다. 믿을 수 없게도 그 학교에 합격했다. 나는 하버드대학 신학대학원에서 사람들의 이야기에 적극적으로 귀를 기울이는 법, 차분하고 안심되는 방식으로 사람들을 격려하는 법, 전환기를 통과하는 이들이 스스로 판단하고 결정할 수 있도록 곁에서 돕는 법 등 다양한 기술을 배웠다. 그리고 그 공부 덕분에 한 지역 대학에서 여성 대상 직업 상담사가 될 수 있었다.

이 시기 동안 나는 결혼을 하고 아이를 두 명 더 낳고 활동가 일도 계속했다. 웨스턴 매사추세츠 지역에서 '성인 여성 및 청소년 여성의 지위 향상 위원회'를 발족했을 때 나는 내가 사는 지역을 대표하는 자리에 지원하여 위원으로 선발되었다.

나는 지역 대표로서 보스턴에 있는 매사추세츠주 의사당을 방문하여 선출직 공무원들과 함께 다음 표결에 부쳐질 관련 법안에 관해 토론했다. 가령 나는 '청소년 엄마'였던 경험을 바탕으로 본격적인 성교육의 필요성을 그들에게 설명했다. 그전까지 주 의회 의원을 만나본 적이 없었던 나는 그들도 나 같은 평범한 인간이라는 데 깜짝 놀랐다. 한 상원의원은 장애 아동을 키우고 있었는데, 나는 그가 자신의 지역구는 물론 주 전체에서 장애인의 권리를 보장하는 법안을 통과시키는 데 앞장서는 모습을 목격했다. 놀라운 경험이었다. 하지만 그때는 내가 공직에 출마해야겠다는 생각 같은 건 하지 않았다. 나에겐 '정치가다운' 배경이 없었고, 너무 어릴 때 아이를 낳았고, 푸드 스탬프로 살아야 했을 만큼 가난했기 때문이다. 정치할 사람은 따로 있지 나 같은 사람이 할 일은 아니라고 생각했다.

그런데 뜻밖의 일이 벌어졌다. 웨스턴 매사추세츠 지역구의 주 상원의원 스탠 로젠버그와 관련한 추문이 터진 것이다. 로젠버그의 남편이 직원들에게 부적절하게 접근했고 상원의원의 공식 이메일로 직원들을 위협하고 괴롭혀왔다는 내용이었다. 고발이 이어졌고 로젠버그가 어느 정도나 알고 있었는지에 대해 의심이 일었지만, 그는 의원직을 사퇴하려 하지 않았다.

이 사건이 내 안의 무언가를 건드렸다. 난 내 두 아들을 떠올렸다. 로젠버그의 집무실 직원들은 불안한 심정을 언론에 표명했고, 나는 이대로 가만 있어선 안 되겠다고 생각했다. 선거가 다가오고 있었다. 로젠버그를 끌어내려야 했다. 내가 맨 앞에 나서서 문을 열면 분명 다른 사람들도 그에게 책임을 물어야 한다고 생각할 것이고 그의 반대편에 표를 던질 것이었다.

선출직 정치가는 엄청난 권한과 자금을 가진 활동가와 같다.

나는 주 상원의원에 출마하겠다는 내용의 보도 자료를 써서 웨스턴 매사추세츠에 있는 모든 언론사에 보냈다. 그들은 신문 상단에 내 출마 선언을 실었다. 자원봉사자들이 모여들었다. 이젠 유권자의 서명을 모아서 후보 등록을 마쳐야 했다. 나는 자원봉사자들과 함께 지역구를 샅샅이 돌았다. 별의별 반응이 다 있었다. “세상에, 내가 스탠 로젠버그를 얼마나 좋아하는데요. 당신에겐 서명도 해줄 수 없어요”부터 “바꿀 때가 됐어요. 잘하셨어요! 우리는 여성 의원이 더 필요해요”까지.

난 원래 평범한 사람이었건만, 이제는 사람들이 내 의견을 묻고 있었다. 그건 압도적이면서도 짜릿한 경험이었다. 나는 환경정책, 교통, 풍력 에너지, 공교육 분야에서 내가 동원할 수 있는 모든 전문가를 동원했다. 나는 필요한 모든 분야에 고문을 두고 언론과 인터뷰하는 방법, 내 비전을 간결하고 명확하게 표현하는 방법, 토론하는 방법 등등을 배웠다. 가족계획협회, 미국교사연합 등 여러 단체가 나를 공개적으로 지지했다. 선거운동을 진행할수록 탄력이 붙고 있었다. 나는 집집을 돌아다니며 "안녕하세요. 이번 주 상원의원 선거에 출마했습니다. 선생님께 중요한 사안이 있어 설명드리려고요" 하며 유권자들을 만났다. 나는 사람들이 무엇을 걱정하고 무엇을 필요로 하는지 그들에게 직접 듣고자 했다.

사람들은 자신들이 지워지고 잊혔다고 느끼고 있었다. 너무도 많은 사람이 고통스럽고 불안하게 살아가고 있었다. "나는 일을 세 개나 하는데도 먹고살기가 거의 불가능해요." "아이를 대학에 보낼 능력이 없습니다." 내가 어려서 아이를 낳았고 겨우 생계를 유지했다고 말한 뒤 앞으로 의회에서 하려는 일을 설명하면 수많은 유권자가 이렇게 환영했다. "정말 든든하네요. 이런 평범한 분이 선거에 나오다니, 정말 기대됩니다. 당신이라면 우리를 위해서 일하고 웨스턴 매사추세츠를 보호하는 의원이 될 거예요." 나는 변호사도 아니고 정치 경험도 전혀 없었지만, 나와 비슷한 이 사람들, 힘겹게 살아가는 이 사람들이야말로 사회 지도자가 될 자격이 가장 충분한 사람들임을 깨닫고 있었다. 나는 가장 취약한 이 계층을 위해 정치를 하겠다고 생각했다.

선거운동을 진행할수록, 비컨 힐(매사추세츠주 의사당이 있는 지역) 사람들을 더 많이 알아갈수록 이런 생각이 들었다. "이건 막대한 권한을 가지고 운동을 하는 거잖아? 정치인은 진짜 대변인과 진짜 돈, 진짜 권한을 가진 활동가인 셈이군." 이런 생각도 들었다. "난 왜 더 일찍 정치에 뜻을 품지 않았을까? 이렇게 멋진 일인데." 스탠 로젠버그를 끌어내리겠다며 또 한 사람의 후보가 나타났지만, 이제 나는 이 레이스에 진심이었고 이기고 싶었다.

그래서 정말 열심히 했다. 원체 먹는 걸 좋아하는데 그 여름에는 에너지 바와 물만 먹고 살았던 것 같다. 아이들 얼굴도 통 못 보았다. 정말 힘들었다. 출마 선언이 2019년 3월이었고 예비 선거는 9월 4일이었는데, 난 8월에 무슨 바이러스에 걸리고도 방문 유세를 계속했고 차에서나 간간이 눈을 붙였다. 모금 전화를 돌리고, 행사에 참석하고, 토론회에 나가고, 또 그다음 행사에 참석했다.

마침내 선거일이 밝았다. 나는 마침내 선거운동이 끝나서 너무나 기뻤고, 좋은 결과를 기대하고 있었다. 우리가 얼마나 열정적으로 선거운동을 했고, 또 얼마나 많은 사람이 우리에게 환호했던가! 그러나 나는 승리하지 못했다. 1만 표가 넘는 득표수는 우리 팀의 엄청난 노력과 성과를 증명했지만, 현실의 벽은 너무 높았다.

낙선은 충격적이고 고통스러웠다. 내가 사는 곳은 작은 도시다. 선거가 끝난 후 집 밖에 나가면 이 선거에서 나를 지지하지 않았던 이웃들이 어쩐지 나를 피하는 것 같고 나와 눈이 마주치지 않으려 고개를 숙이고 있는 것 같았다. 처음엔 영문을 알 수 없어 당황했다. 그러다 깨달았다. "나는 내가 믿는 가치를 위해 담대하게 싸웠어. 저들은 그게 불편했던 거야. 이 정돈 나쁜 일 축에도 못 들어."

하지만 나를 계속 지지하는 사람도 많았고, 그들의 말은 내게 영감과 힘을 주었다. 한 친구는 이렇게 말했다. "당신은 단련된 거예요. 그렇게 불속에서 걸어나왔으니 이제 금강처럼 단단해졌죠. 이제 당신이 못할 일은 하나도 없어요." 처음의 실망감이 가시자 난 정말 그 말을 믿게 되었다. 사람들은 나에게 시장직에 출마하라고 권유하기 시작했다. 30대였다면 상상조차 할 수 없었을 일을 이제 나는 상상할 수 있다.

선거 직후, 우리 지역구의 하원의원 짐 맥거번이 나에게 말했다. "첼시, 당신은 앞으로도 계속 공공 영역에 모습을 드러내고 목소리를 내야 합니다." 그는 벌써 나의 다음 선거운동을 생각하고 있는 것 같았다. 지역 신문사의 편집장은 나에게 칼럼을 연재해달라고 했다. 그렇게 해서 나는 다시 한번 '이 다음'을 계획하며 내가 중요하게 여기는 사안들에 대해 글을 쓸 기회를 얻었다.

돌아보면 주 상원의원 출마 경험은 어린 시절 옷장 속에 괴물이 있는 게 틀림없다면서 벌벌 떨다가 용기 내어 문을 열어보는 것과 같았다. "괴물 따윈 없어!" 나의 첫 낙선은 딱 그런 경험이었다. "어라, 떨어져도 괜찮네? 난 여전히 살아 있고. 이 정도로 세상이 무너지진 않는구나!"

첼시 선데이 클라인의 조언

1. 공직에 출마할 사람이라면 스스로에 대한 의구심을 의식적으로 제거해야 한다. 그런 자기 의심은 가상의 상자에 쳐넣고 내다버리도록. 자기 의심은 당신의 시간과 에너지를 잡아먹을 뿐이다.
2. 첫 선거에 당선되는 사람은 많지 않다. 낙선해도 괜찮다.
3. 여자들과 소외계층 사람들에게 "선거에 출마하라"고 제안하는 것은 실질적인 도움이 안 된다. 나는 이도 없이 잇몸으로 버틴 격이었고 내가 아는 모든 사람들을 단돈 5달러로 끌어들여 선거 캠프를 열었지만, 한편으로 나에겐 직업도 있었고 반려자와 인맥도 있었다. 내 경우엔 꽤 많은 자원이 있었던 것이다. 더 많은 여성과 소외계층 출신이 공직에 출마할 수 있으려면 제도적 지원이 뒷받침되어야만 한다.

로즈 채스트

카툰 작가

나는 매주 〈뉴요커〉에 여섯 편 내지 일곱 편의 카툰을 보낸다. 그중 한 편이 채택될 때도 많고 채택되지 못할 때도 많다. 거절당하는 건 여전히 끔찍하다.

뉴욕 토박이인 나는 로즈 채스트를 '나의 카툰 작가'로 여긴다. 아마 많은 사람이 채스트에 대해 나와 똑같은 감정을 느낄 것이다. 그런 작가와 전화 인터뷰를 한다니, 너무나 설렜다. 나는 〈뉴요커〉에 실린 그의 카툰을 꾸준히 챙겨 보았고, 작가의 부모님이 건강이 악화되다가 마침내 세상을 떠나기까지의 과정을 감동적이고 재미있고 초연한 분위기로 회고한 시리즈에도 매료되었다. 이 작품은 2014년 『우리 딴 얘기 좀 하면 안 돼?*Can't We Talk About Something More Pleasant?*』로 출간된 뒤 전미도서비평가협회상을 수상하고 전미도서상 후보에 올랐다. 채스트는 브루클린에서 성장했지만 작가가 된 뒤에는 주로 맨해튼에서 지냈다. 그는 뉴욕 사람들의 암묵적인 지식과 신경증을 그림으로 그려낸다. 2017년

〈럼퍼스〉와의 인터뷰에서 채스트는 이 도시를 걸어다니는 시간 가운데 영감을 얻는다면서 "우리가 무언가를 진심으로 사랑하면 그 세부에 주목하게 된다"고 했다. 채스트의 웹사이트에 따르면, 그가 카툰 작업에서 다루는 주요 주제는 "동화" "공포와 혐오" "아이들과 가족" 등이다. 채스트가 평소에 가장 자주 겪는 일이 "거절"이라는 말에 난 눈을 크게 뜰 수밖에 없었다.

로즈 채스트가 거절에서 배운 것

자신의 뛰어난 재능을 스스로 잘 아는 사람, 즉 어느 한 분야에서 그 누구보다 뛰어난 것이 당연했던 사람이 자신과 똑같이 뛰어난 사람이 많은 환경에 들어가면 방황기를 겪을 수 있다.

유치원 때 나는 소꿉놀이를 하는 여자아이들과 같이 노는 걸 별로 좋아하지 않았다. 학교 교감으로 일하는 어머니를 둔 나는 그들이 흉내 내는 집안 살림을 잘 이해하지 못했다. 놀이에서는 제일 힘센 아이 둘이 엄마가 되고 나머지는 노예였는데, 말하자면 "넌 다림질을 맡아. 넌 설거지를 해. 명령은 우리가 할 거야" 하는 식이었다. 남자아이들과 노는 것도 별로였다. 그들은 거칠었고 난 스포츠를 싫어했으니까. 교실 뒤편에 이젤이 하나 있어서 거기서 그림을 그리곤 했다. 누구랑 같이 그리기도 했고, 나 혼자 그리기도 했다.

어릴 때 우리는, 가령 달리기를 잘하는 아이라면 매번 달리기 주자로 뽑히니까 자기가 달리기를 잘한다는 사실을 알게 된다. 수학을 잘하는 아이는 수학이 재미있고 수학 성적이 잘 나오고 주변에서 자기를 '수학 잘하는 애'로 부르니까 자신이 수학을 잘한다는 사실을 알게 된다. 나는 언제나 그림 그리기를 좋아했고 모든 사람이 내 그림에 대해 좋은 말만 해주었기 때문에 계속 그림을 그렸고 그러다 보니 점점 더 잘 그리게 되었으며 결국 그림이 특기 비슷한 것이 되었다. 다른 것들은 잘 못했다. 그렇게 된 거다.

나는 〈어린이를 위한 하이라이트〉에 내 그림을 싣고 싶었다. 이 유명한 어린이 잡지에는 어린이 독자의 작품을 게재하는 「우리만의 페이지」라는 코너가 있었다. 하지만 내가 아홉 살인가 열 살이었던 그때 다른 여자애들이 내는 그림은 대부분 말 그림이었다. 우리 가족은 브루클린에 살았기 때문에 나는 말을 한 번도 본 적이 없었고 별로 좋아하지도 않았다. 내 눈에 말은 그냥 몸이 엄청나게 크고 턱도 엄청나게 큰 동물일 뿐이었다. 하지만 나는 생각했다. '그래, 「우리만의 페이지」에 실리려면 말 그리는 법을 배워야겠어.'

그래서 자리에 앉아 억지로 말을 그렸다. 난 주황색, 보라색, 녹색 등 여러 색의 싸구려 종이를 묶은 스케치북을 가지고 있었는데 거기다 말을 잔뜩 그리고 이름도 붙였다. 휘트니, 프랜시, 기타

등등이었다. 얼굴도 있고 표정도 있었다. 나중에 그림을 다시 봤더니 너무 웃겼다. 정말 말도 안 되는 그림인데도 너무나 재미있는 뭔가가 들어 있었다. 난 미친 사람처럼 계속 웃었다. 말이 아니라 이상하게 생긴 개 같았다. 어쨌든 말은 계속 그렸다. 하지만 결국 「우리만의 페이지」에 내 그림을 싣진 못했다. 시가 한 번 실리긴 했다.

고등학생 때도 스케치북에 그림을 엄청나게 많이 그렸다. 그러다 로드아일랜드 디자인스쿨에 합격해서 브룩클린을 떠나 대학에 진학했다. 학창 시절 내내 '우리 반에서 그림 제일 잘 그리는 애'였던 사람이 그런 애들만 잔뜩 모아놓은 학교에 들어가면 심각한 방황기를 겪을 수 있다. 나는 로드아일랜드 디자인스쿨에 들어간 거의 첫날부터 방황하기 시작했다. 수업마다 과제가 있었는데, 내 한심한 결과물을 들고 다음 수업에 들어가보면 다른 모든 학생은 훨씬 제대로 된 작품을 가져왔다. 나는 중간에도 못 미쳤다. 드로잉 실력만 놓고 보면 바닥에 가까웠다.

한편 나는 카툰 작업에 관심이 많았는데, 내 카툰은 '언더그라운드'로 분류할 수도 없고 그렇다고 '오버그라운드'도 아니었다. 그렇게 애매해서야 앞으로 카툰 작가로 먹고살기는 불가능할 것 같았다. 그러다 몇몇 남자애들이 카툰 잡지를 창간했다는 소식을 듣고 너무나 반가웠다. 잡지 이름이 '프레드'라고 했다. 드디어 내 동족을 찾아낸 거였다. 나는 내가 그린 카툰을 한 묶음 추려 포트폴리오를 만들어서 그 잡지 편집자들에게 보냈다.

그리고 기다렸다.

로드아일랜드 디자인스쿨 1학년 기숙사 앞에는 잔디밭 언덕이 있었다. 나는 〈프레드〉로부터 답변을 들은 뒤 혼자 가서 그 잔디밭에 앉았다. 내 작품은 한 점도 실을 수 없다는 답변이었다. 나는 그 언덕에 혼자 앉아서 훌쩍거리고 아기처럼 엉엉 울었다. 너무나 실망스러운 결과였다. 정말 속상했다.

때로는 거절당하는 사람이 아니라 거절하는 사람이 문제다. 누가 마지막에 웃게 될지는 아무도 모른다.

나는 내 작품이 거절당한 이유를 듣지 못했지만 아무튼 〈프레드〉에는 두 번 다시 작품을 투고하지 않았다. 나중에 확인해보니 이 잡지에 실린 카툰은 죄다 골수 언더그라운드풍, 이를테면 로버트 크럼의 아류 같았다. 확실히 나와는 방향이 전혀 달랐다. 지금 생각하면 그들이 "우리 남자들 클럽에 여자는 들어올 수 없어"라고 했을 것 같진 않고, 아마 내 그림이 그들의 그림과는 어딘가 달랐고 그게 낯설어서 반쯤 무의식적으로 내 작품에 거부감을 느꼈을 것이다. 이젠 옛날 일이다. 그런데 내가 알기로 그 잡지 편집자 중에 카툰 작가로 성공한 사람은 한 명도 없다. 이 사실에서 내가 기쁨을 느낀다고 말하는 건 아주 절제된 표현이다.

〈프레드〉의 퇴짜는 내가 로드아일랜드 디자인스쿨에서 경험한 유일한 거절이 아니었다. 난 여러 번 거부당하고 기각당했다. 예술학교는 개성 있는 학생을 싫어한다. 그런 학생을 좌절시키고 개성을 말소하는 것이 예술학교 교사들의 일이다. 나에게도 바로 그런 일이 벌어졌다. 선생들은 내 작업이 형편없다고 하고 내 인성까지 비난했다. 한 선생은 이렇게 말했다. "그거 알아, 로즈? 넌 절대로 행복해질 수 없는 애야." 대체 누가 열여덟 살짜리 학생에게 그런 말을 한단 말인가? 그때 그 사람에게 이렇게 말할 걸 그랬다. "그래서 하고 싶은 말이 뭔가요?" 이젠 나도 10대가 아니니까, 그 선생들도 아직 젊었고 그들에게도 그들만의 문제가 있었다는 걸 이해한다. 하지만 열여덟 살은 그런 것까지 헤아릴 수 없다. 학생들에게 필요한 건 격려와 지지와 안내다.

예술학교를 마칠 무렵 나는 최악의 상태였다. '난 내가 싫다. 내 그림이 싫다. 난 그림으론 안 돼. 하지만—그래도 그리고 싶다!' 이 심리를 아는 사람도 있겠지만 모르는 사람도 있을 것이다. 설명하자면, 못하는 일인 걸 알면서도 하겠다고 덤비는 건… 멍청한 일이 맞다. 다리 한쪽이 부러지고 등이 굽고 근시인 사람이 마라톤에 나가겠다는 거랑 비슷하다. 꼴찌로 들어오더라도 아무튼 달릴 생각인 것이다. 그런 사람은 아무도 막을 수 없다. 심지어 그 사람은 달리고 싶어서 달리는 게 아니라 달려야만 해서 달리는 것이다.

나는 그림을 계속 그렸다. 그러다 뉴욕에 와서부터 갑자기 반전이 시작되었다. 내 카툰이 팔리기 시작했다. 내 그림을 처음 사준 곳은 〈크리스토퍼 스트리트〉다. 지하철에 버려진 잡지가 있길래 페이지를 넘겨보다가 편집부에서 카툰 작품을 구하고 있다는 공고를 보았다. 그때 처음으로 카툰으로 돈을 벌었다. 그다음엔 〈빌리지 보이스〉와 〈내셔널 램푼〉에서도 내 작품을 샀다. 하지만 내 인생을 바꾼 사람이라면 역시 〈뉴요커〉의 미술부장 리 로렌츠일 것이다. 나는 1978년에 처음 내 작품을 〈뉴요커〉에 보내 몇 점 팔았고, 그 뒤에도 계속 이 잡지에 카툰을 실었다. 나는 앞으로도 늘 이 사실에 놀랄 것이고 감사해할 것이다.

좋아하는 일로 먹고살 수 있다는 건 특별한 행운이다. 몇 주 연속으로 작품을 한 점도 팔지 못할 땐 난 여전히 이렇게 자책한다. '마침내 내가 얼마나 형편없는지 들통난 모양이군. 이제 다신 그림 그릴 일도 없겠어.' 머릿속에 온통 그런 생각뿐이다. 하지만 이제는 어떤 생각이 옳은지, 또한 내가 어떻게 대처해야 하는지 안다. 퇴짜를 맞더라도 그냥 넘어가고 다시 시작해보는 것이다. 나는 매주 돌아오는 〈뉴요커〉 마감 시한에 맞추려고 무슨 일이 있어도 일을 쉬지 않는다. 그렇게 그린 그림이 거절당하면 그다음 주에 다시 도전하면 된다.

로즈 채스트의 조언

1. 세상엔 멍청한 말을 하는 교사들이 있다. 우리는 선생이라면 학생을 격려하고 지지할 것으로 기대하지만, 기대와는 다른 경우가 분명히 존재한다.

2. 당신이 어떤 일을 좋아하는 정도를 넘어 자신의 의무로까지 여긴다면, 당신에게겐 내 조언이 필요 없다. 결과가 좋든 나쁘든 당신은 그 일을 계속할 것이다. 그러다 용기가 바닥나서 그 일을 그만두더라도, 당신은 더 좋아하는 일을 찾아낼 것이다.

케이트 만

철학자, 교수

그 종류가 무엇이든 어렵고 대담한 일을 하는 사람은 그 과정에서 수없이 거절당하기 마련이다. 바로 그런 이유에서 나는 거절과 건강한 관계 맺기가 중요하다고 믿는다.

철학의 가장 중요한 역할 하나는 우리에게 '틀렸을 가능성'을 인정하는 법을 훈련시키는 것이라고 케이트 만은 말한다. 철학자들은 서로 질문을 던짐으로써 상대의 주장에서 허점을 찾아내려고 하고, 실제로 철학자들은 자주 틀린다. "틀릴 가능성을 인정하는 것은 우리에게 겁을 주는 동시에 힘을 부여합니다. 틀린다는 것이 어마어마한 잘못이 아니게 되기 때문이죠. 흥미롭고 신중한 방법으로 틀리면 되는 겁니다."

케이트 만은 코넬대학 철학과 부교수로, 2015년부터 이 학교에서 가르쳤다. 오스트레일리아 멜버른에서 보낸 어린 시절의 그는 A 학점만 받는 학생, 거절이나 불합격을 용납하지 못하는 성격이었다. 멜버른대학에서 철학(특히 논리학)과 컴퓨터공학을 전공한 후 매사추세츠 공과대학 대학원에서 박사 학위를 취득했다. 하버드대학 소사이어티 오브 펠로스에서 연구 생활을 한 뒤 코넬대학 철학과에 임용되었다. 이곳에서 가르친 지 1년이 지났을 때, 만은 다른 대학에서 발생한 어떤 폭력 사건에 대한 논평을 쓰기 시작했다. 이 글이 길어지고 길어지다 결국 그의 첫 저서 『다운 걸: 여성 혐오의 논리*Down Girl: The Logic of Misogyny*』로 완성되었다. 이 책은 그가 기대한 것보다 많은 주목을 받았고, 나와의 인터뷰에서 만은 "끊임없이 여성 혐오에 대해 이야기하고 생각하는 데" 넌더리가 난다고 솔직한 심정을 밝혔다. 그러나 그는 그렇게 해야만 한다고 믿는다. 책에 대한 반응에서 알 수 있듯 이 철학자의 생각들은 많은 사람에게 반향을 일으키고 있다. 〈뉴요커〉 〈워싱턴 포스트〉 〈복스〉 〈게르니카〉 〈제저벨〉 〈타임스 리터러리 서플먼트〉 〈런던 리뷰 오브 북스〉 〈네이션〉 등 수많은 언론에서 『다운 걸』을 호평했다.

케이트 만이 거절에서 배운 것

거절당하지 않으려고 방어만 해서는 언젠가 거절에 직면했을 때 필요한 감정적 맷집을 키울 수 없다.

매사추세츠 공과대학 대학원에서 논리학을 전공할 때 지도 교수인 샐리 해슬랭어에게 들었던 말이 이후 내 연구의 향방에 큰 영향을 미쳤다. 그날, 우리가 앉아 있는 라운지에 샐리가 나타났고 모두 함께 담소를 나누기 시작했다. 이윽고 우리 분야에서 남자와 여자가 어떻게 다른가 하는 주제가 나왔다. 샐리는 철학과에서는 유독 여학생들이 논리학과 철학사 연구에 매력을 느끼는 경향이 있다고 지적했다. 논리학의 핵심은 증명을 세우는 것, 철학사의 핵심은 원전 연구다. 고로 이쪽 연구자들은 아주 공개적인 자리에서 철저하게 틀릴 일이 거의 없다. 그러니까 샐리 말은, 실패해서 수모를 당할 가능성을 조심하고 두려워하는 방향으로 사회화된 여자들이 논리학과 철학사에 끌린다는 것이었다. 요컨대 우리는 학계 동료들에게 거절당할까 봐 두려워하는 식으로 사회화되었다.

이 대화 이후 나는 더 많은 위험을 무릅쓰고 싶어졌고, 그래서 윤리학을 탐색하기 시작했다. 윤리학자들은 자신의 한계를 들키는 당혹스러운 실수를 저지르곤 한다. 학자 본인의 인생과는 사뭇 다른 삶의 방식들을 고려하지 않은 채 주장을 펼치면 그렇게 될 수밖에 없다. 시간이 지날수록 나는 틀릴 수 있다는 가능성에 점점 더 익숙해졌다. 그렇지만 진학과 취업에 관련해서는 꽤 오랫동안 어찌어찌 거절을 피해오고 있었다.

학생 시절의 나는 경계심이 매우 높고 점수에 지나치게 집착했다. 내가 들어갈 수 있는 가장 좋은 대학과 대학원에 진학했다. 졸업 후에는 정년 보장 심사를 받을 수 있는 조교수 자리를 따냈다.

그런데 조교수가 되어 논문을 투고하기 시작하면서 상황이 달라졌다. 이 직업은 학술지에 논문을 발표해야 자리를 지킬 수 있고 승진도 할 수 있다. 나는 시작부터 연속 열 번 넘게 거절당했다.

그동안 거절당한 경험이 거의 없었던 나는 당황했다. 어느 날 심리 상담사를 만나는 시간에 나는 내 연구가 충분히 훌륭하고 내가 충분히 훌륭한 사람이면 거절당할 일도 없지 않겠느냐는 이야기를 했다. 상담을 마치고 나와서 이메일을 확인했더니 얼마 전에 논문을 투고했던 학술지에서 메시지가 와 있었다. 또 퇴짜였다. 게다가 이번엔 혹독한 심사평이 여럿 붙어 왔다. 난 절망에 빠졌다.

나는 상담 시간에 계속해서 거절 문제를 이야기했고, 집에서는 남편과 그 이야기를 나누었다. 남편도 학자라서 우리는 서로의 고뇌를 이해할 수 있었다. 하지만 그 외에는 어느 누구에게도 내가 줄곧 거절당하고 있다는 사실을 말하지 않았던 걸로 기억한다. 너무나 창피해서 최대한 비밀로 했다. 내가 사기꾼이 된 것 같았다. 그때가 내 직업 인생을 통틀어 가장 암울했던 시기였다.

철학계에서 살아남고 싶었던 나는 학술지들이 퇴짜와 함께 건네는 그 모든 비판과 충고에 하나하나 대응하는 방식으로 문제를 극복하려고 했다. 나는 모든 논문을 고쳐 쓰고 다시, 또다시 고쳐 썼다. 그러나 이 접근법에는 문제가 있었다. 심사평 중에는 내 연구를 더 보강하는 데 도움이 되는 건설적인 의견도 물론 있었지만, 단순히 '이 논문이 마음에 안 든다'는 의견도 많았다. 그런 사람들은 내 논문이 마음에 안 드는 각종 이유를 들면서도 내용이나 문체를 개선할 수 있는 아이디어는 단 하나도 제시하지 않았다. 모든 사람을 만족시키기란 불가능하다는 점에서, 매번 글을 고치는 내 습관은 건강하지 않은 과민 반응이 아닌가 하는 생각이 들기 시작했다.

학계에서 가장 권위 있는 주제가 아니라 당신 자신에게 가장 흥미롭고 만족스러운 주제를 선택해도 괜찮다.

시간이 흐르면서 나는 사람들의 비판 가운데 대응할 가치가 있는 것을 식별하기 시작했다. 그렇게 해서 논문을 제대로 수정하자 학술지들이 내 논문을 받아주기 시작했다. 최근에 난 종신 교수가 되었다. 획기적인 사건이었고 커다란 위안이었다. 하지만 난 학술지에 논문을 게재하는 일이, 제아무리 권위 있는 학술지라도, 내 우선순위의 맨 위 항목이 아니라는 걸 이 일을 시작하자마자 깨달았다. 그 이유는 내가 가장 흥미롭게 여기게 된 주제들이 학술지보다 폭넓은 영향력과 좀 더 보편적인 청자를 가진 논의 공간에 더 어울렸기 때문이다.

2014년 5월, 대학 강의를 시작한 지 막 1년이 지났을 때였다. 엘리엇 로저라는 22세 남자가 캘리포니아 주립대학 샌타바버라 캠퍼스의 한 여학생 클럽회관 근처에서 두 여자를 살해하는 사건이 발생했다. 로저는 지역 커뮤니티대학을 중퇴했고, 자신을 거절한 “화끈한 계집애들”에게 보복할 계획에 대한 “선언문”을 유튜브에 올렸다. 그러나 사실 그는 이 여학생 클럽의 회원인, 그를 본 적도 없는 여자들을 스토킹하고 있었다.

나는 기사를 읽고 미디어의 반응을 확인하면서 이 사건을 포위한 수사법에 충격을 받았다. 이건 분명 여성을 대상으로 한 혐오범죄였음에도, 많은 사람이 범인의 서사를 알고도 그 사실을 인정하지 않았다. 자신은 이 여자들에게 성적, 감정적으로 대접받을 권리가 있다는 범인의 위험한 남성 특권 의식을 확인하고도 말이다. 마치 여기서 일어난 진짜 범죄는 범인이 사랑과 섹스와 관심과 애착을 박탈당한 것인 듯했다. 난 내 학생들을 떠올렸고, 특히 한 해 동안 내가 가르친 수업의 그 모든 젊은 여자들을 떠올렸다. 대학 내 성폭행 사건에 관한 비참한 통계를 떠올렸다. 나는 로저의 권리 의식이 어떤 거대한 제도적 문제를 표상하고 있다고 느꼈고, 글쓰기 작업으로 그 문제를 건드려야 한다는 책임감을 느꼈다. 나는 신문사에 보낼 1000단어 정도의 논평을 쓸 생각으로 책상 앞에 앉았으나 어찌된 일인지 쓰는 걸 멈출 수가 없었다. 결국 그 글은 학술서이기도 하고 대중서이기도 한 한 권의 책으로 발전하여 2017년 말 『다운 걸: 여성 혐오의 논리』로 출간되었다.

커리어 초반에는 유수한 학술지에 논문을 게재하려고 분투했지만 내 열정은 더 이상 그쪽을 향하지 않는다. 『다운 걸』을 쓴 이후로 나는 더 보편적인 청자를 위한 철학—혹자의 표현을 따르면 '공공의 철학'—을 쓰는 일이 개인적으로 가장 설렌다는 사실을 깨달았다. 적어도 지금까지는 그렇다. 난 어떤 사회문제나 사회현상에 대한 내 직감을 구체화해주는 명철한 분석 글을 읽는 것이 너무나 좋다. 그런 글을 써낸 저자 덕분에 내가 어떤 대상의 새로운 측면을 이해하게 되었다는 그 느낌이 너무나 좋다. 나 자신이 글쓰기를 통해 그러한 과정에 참여할 수 있다면 더 바랄 것이 없겠다.

물론 나는 가르치는 일도 계속 한다. 내가 지도하는 대학원생들은 쉬지 않고 학술지에 논문을 투고하고 있으며, 이는 학계에서 커리어를 쌓기 위한 당연한 과정이다. 다만 나는 학생들에게 거절을 그 과정의 불가결한 일부로 생각하라고 가르친다. 때로 거절은 그들의 연구에서 개선될 수 있는 부분을 드러내주지만, 여기에 어떤 원칙 같은 건 없다. 자신이 수행하는 작업의 의미와 자기 자신의 가치를 계속 인식하는 것이 중요하고, 거절당해도 창피해하지 않는 것이 중요하다고 나는 학생들에게 강조한다. 권위 있는 학술지가 투고 논문의 95퍼센트를 거절한다는 사실을 알고 있어도 거절은 당연히 끔찍한 경험일 수 있다. 나는 학생들에게 말한다. 거절은 여러분이 세상에 착실하게 결과물을 내놓고 있다는 신호로 받아들이라고, 그건 좋은 거라고.

케이트 만의 조언

1. 최선을 다한 연구의 결과물일수록 오히려 거절당할 가능성이 높

을 수도 있다. 그런 작업은 위험을 무릅쓰고 신념을 지켰을 때 나오는 것이니까.

2. 내가 좋아하는 조언은 "반드시 받아내야 하는 거절 횟수를 정하라"는 것이다(어디에서 들었는지는 기억나지 않는다). 나는 학생들에게 50번 거절당할 계획을 세우라고 한다. 그 횟수를 채운다면 누군가 "이 프로젝트는 독창적이고 흥미롭다"며 논문을 게재해줄 것이다. 설령 그렇지 않더라도 논문을 개선하는 데 도움이 될 것이다.
3. 학술지에 논문을 투고할 때는 별개의 메일로 두 군데에 동시에 투고하라. 논문이 거절당하더라도 심사평을 너무 오래 들여다보지 마라. 엄청나게 도움이 되는 조언이 아닌 이상, 그 즉시 또 다른 학술지에 같은 논문을 보내라.

4부

새로운 길을 개척하다

내 어머니와 남편의 어머니는 모두 30대에 직업을 바꾸었다. 그들에게 일과 관련한 이야기를 듣다 보면, 뭔가 만족스럽지 않다 싶을 땐 변화를 선택하는 것이 당연하다는 생각이 든다.

시어머니는 17년간 대학의 작문 센터에서 일했다. 그는 학생들에게 헌신했고 교수진과도 사이가 좋았지만, 일터의 규모가 작았고 자신은 박사 학위가 있는 교수들보다 '덜 중요하다'는 느낌을 지울 수 없었다. 그 느낌을 사실로 확인시켜주는 듯한 순간들도 있었다. 예를 들어 학생들은 졸업하기 전에 반드시 논문을 써야 했는데, 졸업을 앞두고 발등에 불이 떨어진 학생들이 수백 쪽에 달하는 어설픈 글을 들고 센터를 찾아오곤 했다. 교수들은 그런 원고를 정리하고 통합하고 완성하는 일을 도와주기엔 너무 바빴기 때문이다. 학생들은 작문 센터 강사에게 몇 시간씩, 몇 주 동안이나 도움을 받아 썩 그럴듯한 논문을 써냈다. 그런데 그렇게 해서 무사히 졸업식에 참석하게 된 학생들이 감사 연설에서 전문성과 지도력에 감사한다며 영광을 돌리는 사람은 결국 교수들이었다. 내 시어머니는 그들이 감사 인사를 충분히 하지 않는 데 연연하진 않았지만, 그런 일이 있을 때마다 마음 한구석에 뭔가가 남곤 했다. 게다가 그런 일은 매번 반복되었다.

오랜 세월 동안 학생들과 함께 글쓰기의 불안에 관해 이야기했던 시어머니는 다시 학교로 돌아가 심리학을 공부하기로 했다. 이는 지적 호기심 때문이기도 했으나, 박사 학위라는 지위가 가지고 싶어서였다. 시어머니의 커리어는 여기서부터 완전히 달라졌다. 그는 결국 심리학자가 되었고 한 대학의 상담 센터에 들어가 27년간 근속했다. 대학에서 은퇴한 지금도 여전히 심리 치료사로서 환자들을 만나고 있다.

내 어머니 역시 30대에 직업을 바꾸었다. 그가 원래 직업이던 영어 교사를 그만두고 학교로 돌아가서 공부한 학문은… 바로 심리학이었다.

어머니는 박사 학위를 딴 후 학교 심리학자로 취직했다. 같은 직종에 있는 한 외향적인 동료가 어머니에게 이렇게 충고했다고 한다. "선생님은 저 같은 실수 하시면 안 돼요! 일이 힘들면 사람들에게 더 도와달라고 하셔야 해요!" 그는 여러 가지 조언을 했는데, 그중 하나는 학교 지하실 말고 다른 사무실을 요구하라는 것이었다.

어머니는 그때를 회상하며 이렇게 말했다. "나는 그 사람이 잘 알고 하는 말인 줄 알았지. 근데 아니었어. 내가 그 말을 왜 믿었나 몰라." 어머니가 학교 교장에게 이런 종류의 요구 사항을 전하자, 교장은 "됐습니다. 없던 일로 하죠"라고 반응했다. 어머니는 출근하기도 전에 해고당했다.

절망스러운 순간이었다. 어머니는 학교에 취직해서 우리 가족의 건강보험을 해결할 계획이었다. 아버지가 막 일을 그만둔 참이라 집에 수입이 없었다. 어머니는 아는 선배에게 전화를 걸어 일이 필요하다고 호소했고, 결국 다른 초등학교에 파트타임 자리를 구했다. 어머니는 늘 누구에게도 명령받지 않는 삶을 살고 싶어했고, 공부도 그것 때문에 다시 시작한 것이었다. 그래서 학교에 출근하지 않는 날에는 개인 상담을 했다.

지난 세월 나는 어머니와 시어머니에게 너무도 많은 지혜를 전수받아 흡수했다. 두 사람 모두 회복력이 강했다. 두 사람 모두 어린아이를 키우는 중에, 앞날이 불투명한 시점에 새로운 길을 개척하려고 진로를 바꾼 능력자였다. 시어머니는 자신의 정체성과 능력에 관해 자기 서사를 다시 만들어나갔고, 나의 어머니는 자신이 독립적인 삶을 중요시한다는 사실을 처음부터 알고 있었다. 그 덕분에 두 사람은 어려운 시간도 끈기로 버틸 수 있었다.

4부는 일자리를 찾느라 고전하다가 거절을 계기로 제 길에 들어선 여자들의 이야기다. 캐롤라이나 미랜다는 블로그에 글을 쓰다가 〈로스앤젤레스 타임스〉에 영입되었다. 패멀라 시프먼은 모든 재판 연구관 자리에서 떨어졌지만, 이 일을 계기로 재판 연구관이나 변호사는 자신이 진정으로 하고 싶은 일이 아니라는 걸

재확인할 수 있었다. 운미 앱킨은 셰프 자리를 도저히 찾을 수 없어서 본인이 레스토랑을 열었다.

여자들은 너무나 많은 요구를 받고 거기에 대처하느라 정작 자신에게 중요한 것은 무엇인지 생각할 여유와 기회를 갖지 못한다. 놀랍게도 거절 경험은 우리에게 바로 그 여유를 줄 수 있다.

태라 슈스터

프로듀서, 제작자

나는 '공격적'이라는 말, 여자들을 가로막는 그 말을 자주 들었다. '당신은 공격적이다'라는 말을 개인적으로 받아들일 필요가 없다는 걸 진작에 알았다면 좋았을 텐데.

태라 슈스터는 필요할 때면 언제나 먼저 행동하고 나중에 승인을 구한다. 개방형 사무실에서 일하게 되었을 때는 조용히 집중하기 위해서 작은 회의실에 자기 공간을 확보했다. 나는 그의 후츠파(이디시어로 '용기')에 감명받았고, 그에게 어떻게 그럴 수 있느냐고 물었다. 슈스터에 따르면 어린 시절의 "미비한 양육"으로 인해 그런 성격이 될 수밖에 없었다고 한다. 회고록 『나 자신에게 빌어먹을 백합 사주기: 그 밖에 내가 직접 경험한 인생 회복 의식들*Buy Yourself the F*cking Lilies: And Other Rituals to Fix Your Life, from Someone Who's Been There*』에서 그는 술에 취해 상담사에게 전화를 걸었던 그 최악의 순간으로부터 시작해 자신의 유년기와 청소년기에 관한 이야기를 풀어나간다. 나와 인터뷰를 한 시점에 슈스터는 그 책을 막 탈고한 참이었다. 그는 매일 아침 출근하기 전 시간과 수많은 주말 시간을 할애하여 책을 썼다. 2020년에 출간된 슈스터의 회고록은 독자들의 좋은 반응을 얻었고 〈피플〉 등 여러 매체에서 주목해야 할 책으로 소개되었다.

슈스터는 코미디 센트럴 방송국의 재능개발부 차장으로 각본과 코미디언을 발굴, 개발하여 여러 멋진 콘텐츠를 제작했다. 〈데이비드 스페이드의 라이츠 아웃〉을 제작했고, 시트콤 〈어나더 피리어드〉와 〈후드 어드제이슨트〉를 연출했고, 에미상과 피바디상을 수상했으며, 내 생각에는 역대 가장 재미있는 코미디 쇼인 〈키 앤드 필〉 등 다수의 프로그램을 개발했다. 슈스터는 2020년에 코미디 센트럴을 떠나 각본을 쓰고 프로그램을 개발하고 있다.

태라 슈스터가 거절에서 배운 것

거절은 당신이 상상하지 못했던 새로운 길을 열어준다.

나는 로스앤젤레스에서 어린 시절을 보냈고, 극작가가 되고 싶어 브라운대학에 진학했다. 하지만 뉴욕 연극계를 경험해보니 극작가는 무척 힘든 직업이었다. 물론 내가 아는 작가들은 멋진 작품을 쓰고 있었지만, 희곡 쓰는 일로는 학자금 대출을 갚기가 요원해 보였다. 나에겐 갚아야 할 대출이 많았다.

나는 텔레비전 방송을 탐색해보기로 하고 〈데일리 쇼〉의 인턴 자리에 지원했다. 이 경험이 내 인생을 바꾸었다. 이 프로그램의 엄격한 기준과 작가진의 뛰어난 사고력은 최고의 희곡이 만들어지는 과정을 닮았다. 그 재미있고 예리하고 완성도 높은 각본들을 보고 나는 방송 일을 하고 싶어졌다. 하지만 인턴 한번 해본 것 외에 나에게 방송 경험은 전무했다.

〈데일리 쇼〉 인턴이 끝났을 때 코미디 센트럴에서 사람을 구한다는 공고가 났고, 나는 곧바로 지원했다. 이 방송국의 웹사이트인 Jokes.com의 디지털 제작 보조 자리였다. 지원서에 적힌 질문 중 하나는 "HTML을 쓸 수 있습니까?"였고 나는 "당연히 할 줄 안다"고 썼다. 거짓말이었다. 하지만 붙고 나서 해결하면 될 일이라고 생각했다.

우리가 온라인에서 보는 영상 클립들은 누군가 그 파일을 만들었기 때문에 거기 있는 것이다. 나는 그 '누군가'가 되었다. 그건 할리우드로 올라가는 사다리의 가장 아래쪽 가로대 같은 직업, 아니 어쩌면 그 사다리 밑에 파인 도랑 같은 직업이었다. 데이터를 입력하는 시시하고 자잘한 일이었지만, 이 일을 하면서 코미디 센트럴에서 제작한 스탠드업 스페셜을 하나도 빠짐 없이 보면서 디지털 미디어와 코미디 양쪽의 지식을 쌓을 수 있었다. 커리어를 잘 쌓은 사람들은 흔히 "당신이 가장 열정을 쏟을 수 있는 일을 하라"고 조언한다. 난 비디오를 녹화하는 일에 별다른 열정을 느끼진 못했지만 결과적으로 새로운 기술들을 익혔다. 무엇보다 명석하고 책임감 있는 사람, 일을 제대로 할 줄 아는 사람이라는 평판을 구축했다.

좁은 사무실에 혼자 앉아 비디오 녹화 파일을 만들며 2년을 보냈을 때, 스티븐 콜베어의 토크쇼에서 디지털 프로듀서를 구한다는 소식을 듣고 가슴이 두근거렸다. 이 쇼에 합류한다면 본사 건물이 아니라 전용 세트장에서 일하게 될 것이었다. 〈콜베어 리포트〉는 내가 정말 좋아하는 프로그램이었다. 이 쇼의 작가가 되는 건 아니었지만, 작가들과 함께 창조적인 환경에서 일할 기회였다.

나는 코미디 센트럴 내부인으로서 그 자리에 지원했고, 자신감 있게 면접을 치렀다. 이미 사내에서 좋은 평가를 받고 신뢰를 쌓은 상태였으므로 붙을 거라고 기대해 마지않았다. 스티븐 콜베어와 함께 일한다니, 이건 일생일대의 기회였다.

이윽고 전화가 왔다. 나는 웨스트 빌리지의 한 라면 가게 앞에서 코미디 센트럴의 인적 자원부 직원에게 불합격을 통보받았다. 7번가에 서서 왈칵 눈물을 쏟았다. '그동안 세상에서 가장 시시한 일을 묵묵히 했어. 내가 얼마나 책임감 투철한 인간인지 증명했다고. 그런 나에게 이 프로그램에서 일할 기회를 주지 않다니.' 비참했다. 내 커리어는 그걸로 끝이라고 생각했다. 가슴이 찢어지는 것 같았다.

물론 그다음 날도, 또 그다음 날도 평소처럼 일했다. 그럴 기분은 아니었지만 계속 출근해서 최선을 다해 일했다. 내 짐작으로 그들은 내가 아직 너무 젊어서 나를 떨어뜨린 것 같았다. 이런 생각을 한다고 해서 기분이 확 달라지진 않았지만.

그러던 어느 날 회사 복도를 지나가는데, 한 회의실에서 어떤 프로그램의 파일럿이 상영되고 있었다. 코미디 센트럴은 파일럿 내부 시사를 통해 프로그램 제작 여부를 결정한다. 나는 그 자리에 초대받지 않았지만, 내가 몰래 들어가도 누구 한 사람 신경 쓰지 않는다는 걸 알고 있었다. 나는 조용히 문을 열고 들어가 뒤쪽의 빈자리에 슬쩍 앉았다. 그들은 〈키 앤드 필〉의 파일럿을 보면서 방영할지 말지 논의하는 중이었다. 그 파일럿은 내가 그때까지 본 가장 웃긴 코미디였다.

나는 무슨 일이 있어도 이 방송에 참여하고 싶었다. 그래서 작전을 짰다. 나는 젊으니까 그들이 타깃으로 하는 시청자층과 연결될 수 있었다. 또 디지털 미디어에 능숙하니까 〈키 앤드 필〉을 온라인에 퍼뜨릴 방법을 알아낼 수 있었다. 나는 윗사람들을 찾아가서 나를 디지털 프로듀서로 고용해야 하는 이유를 설명했다. 그 자리는 내 것이 되었다.

'공격적인 사람'으로 평가받았다고 해서 세상이 끝나진 않는다.

내가 〈키 앤드 필〉에서 맡게 된 기본 업무는 다음 질문에 대한 답을 찾아내는 것이었다. "텔레비전 방송을 인터넷 공간으로 옮겨 그 영향력을 증폭시킬 방법은 무엇인가?" 그 답을 찾아내기 위해 나는 이 방송의 모든 스케치를 본 뒤에 조던 필, 키건 마이클 키와 함께 어떤 영상을 온라인에 올리면 좋을지 논의했다.

처음에 우리는 순전히 직업적인 관계를 맺었고 조금은 서먹서먹했다. 그러나 나는 소셜 미디어에서 우리에게 필요한 것이면 무엇이든 찾아내려 하고 디지털 방식의 홍보 활동을 적극 진행함으로써 이 방송에 대한 내 열정과 성실함을 그들에게 증명했다. 해야 하는 모든 일을 해냈고, 조던과 키건은 그런 내 모습을 보고 나에게 마음을 열기 시작했다.

조던과 키건은 자신들이 이 시트콤의 시청자로 분하는 웹 코미디 아이디어를 떠올렸다. 두 공항 보안요원이 〈키 앤드 필〉을 비평하는 내용이었다. 나는 이 아이디어를 구현할 방법을 찾아낸 것은 물론 팬들이 이 시리즈를 원작 못지않게 사랑하게 할 방법도 알아냈다.

그렇게 해서 나는 웹 코미디 시리즈 〈밴더비온과 마이크〉를 제작하게 되었다. 내가 '비평'할 에피소드와 스케치를 선정하고 편집본을 검토하면 조던과 키건이 그것을 승인했다. 이 작품은 무려 에미상 후보에까지 올랐다.

빡빡한 마감 일정을 맞추느라 영상을 제작하고 편집해서 직접 배달까지 했는데, 그것은 내가 맡은 일의 직무 설명서에는 없는 일이었다. 그 일은 내가 알아서 떠맡은 것이었다. 원래 나에겐 아주 작은 역할이 주어졌지만 나는 거기에 내 모든 역량을 쏟아부었다. 그렇게 해서 결국 키건과, 이어 조던과 친한 친구가 되었고,

이 일에 전념하기 위해 로스앤젤레스로 이사도 했다. 직함이 디지털 프로듀서에서 제작자로 바뀌었고, 마침내 내 커리어가 다른 차원으로 진입했다.

내가 〈스티븐 콜베어 쇼〉에 취직했더라면 정말 좋았겠지만, 만약 그랬다면 초대받지도 않은 파일럿 상영회에 몰래 들어갈 일은 아마 없었을 것이다. 내 커리어는 바로 그 방에 몰래 들어가기로 한 결정에서부터 시작되었다!

내가 코미디 센트럴의 재능개발부에서 한 일은 아이디어를 찾아내고 키워서 텔레비전이나 온라인으로 작품을 내보내는 것이었다. 신인 코미디언을 발굴하는 일도 했고 베테랑 작가들과도 함께 일했다. 먼저 괜찮은 아이디어를 찾은 다음 상사에게 가져가 그것이 왜 괜찮은 아이디어인지 설명했다. 아이디어가 채택되면 이어서 그것을 키웠다. 뼈대를 보강하고, 각본을 보완하고, 파일럿 제작에 참여했다.

직장에서 나는 주로 긍정적인 피드백을 많이 받아왔지만, 간혹 부정적인 피드백을 받을 때면 그것을 개인적으로 받아들이면서 "이건 나라는 사람을 거부하는 거야. 내 진가를 못 알아보는 거라고"라고 생각하는 버릇이 있다. 나는 분명 일을 주도적으로 추진하는 사람이고 필요한 것이 있으면 가서 달라고 요구하는 사람이기 때문에 그에 대한 저항도 경험할 수밖에 없다. '공격적'이라는 말도 여러번 들었고, 그때마다 위축되고 상처받았다. 여자들이 남자들에 비해 일터에서 '공격적'이라는 평가를 더 자주 받는다는 사실을 알고는 있었지만, 그런 평가를 개인적으로 받아들이지 않는 방법은 애써 배워야 했다. 또한 그런 평가를 기회 삼아 나 자신의 행동을 돌아보고 상대의 마음을 깊이 들여다볼 수 있다는 것도 배워서 알았다. 그 사람은 왜 나를 그렇게 봤을까? 이 평가는 그 사람에 대해 뭔가를 알려주지 않을까? 그 사람은 어떤 사고방식을 가졌을까? 여기서 난 뭘 배울 수 있을까? 나에게 그런 인상을 주는 면이 있는 걸까? 그 사람 말에도 일리가 있지 않을까?

결국 난 '공격적'이라는 말이 어떤 사람에 대한 최악의 평가는 아니라는 걸 깨달았다. 그보다 더 나쁜 평가로는 '무능력하다' '맡은 일을 제대로 하지 못한다' '무책임하다' 등이 있다. 이쪽이 훨씬 더 상처가 되는 진짜 모욕이다! 이 사실을 더 일찍 알았더라면 좋았을 텐데. 또 자신의 실수를 곱씹기는 너무나도 쉽고 성취를 음미하는 건 그보다 어렵다. 그래서 나는 그 어려운 일을 더 잘해보려고 노력하는 중이다.

태라 슈스터의 조언

1. 나는 롤러코스터를 타듯 승리와 패배가 극적으로 교차하는 영역은 되도록 피한다. 그리고 내가 할 수 있는 최선을 다한다. 그것으로 충분해야 한다.
2. 일과 관련하여 거절당했다는 기분이 들 때 내가 가장 먼저 하는 일은 그것을 있는 그대로 느끼는 것이다. 잠시 멈추어서 저항 없이

내 감정을 받아들인다. 불편한 감정을 무시해서는 안 된다. 그런 감정을 느끼는 나 자신을 형편없다고, 멍청하다고, 잘못되었다고 비난해서도 안 된다.

3. 거절당한 기분에서 벗어나고 싶다면 그 감정을 물리적으로 존중해야 한다. 마치 넘어져서 무릎이 까진 아이를 달랠 때 아픈 무릎에 입을 맞추듯이 나 자신을 달랠 수 있는 일을 하는 것이다. 그래서 나는 나에게 정말 잘해준다. 초밥을 먹는다든가 〈베벌리 힐스의 진짜 주부들〉을 본다든가 마사지를 받는 식으로.

애나 호메이윤

기업인, 교육자, 저술가

나는 직장에서 해고당한 날을 영원히 기억할 것이다. 어머니는 말했다. "이걸로 이야기가 끝나는 게 아니란다."

애나 호메이윤은 투자은행에서 분석가로 잠깐 일하다가 직접 회사를 차렸다. 그 이야기를 이번 장에서 들려줄 것이다. 호메이윤이 2002년에 설립한 '그린 아이비 에듀케이셔널 컨설팅'은 학생들이 자기 조절 기술, 조직화, 시간 관리를 배우고 참다운 목적의식을 발견할 수 있도록 학생과 학교를 돕는 교육 컨설팅 회사다. 호메이윤은 나에게 이렇게 말했다. "우린 수많은 학생이 삶의 궤적을 바꾸도록 도왔습니다." 그는 〈뉴욕 타임스〉 〈워싱턴 포스트〉 〈애틀랜틱〉 등 여러 지면에 글을 기고했고 지금까지 세 권의 책 『지난주에 내야 했던 구겨버린 과제물*That Crumpled Paper Was Due Last Week*』, 『완벽한 여자아이라는 허상*The Myth of the Perfect Girl*』, 『소셜 미디어 잘 쓰기*Social Media Wellness*』를 출간했다.

애나 호메이윤은 전 세계를 돌아다니며 학부모, 학생, 교육자를 대상으로 강연한다. 최근에는 그린 아이비의 사업을 공립학교에 보급하는 비영리 계획인 '루미나리아 교육 해법'과 '라이프 네비게이터 중학교 프로그램'을 시작했다. 이 사업은 중학생들이 사회적, 경제적 유동성과 사회적, 정서적, 정신적 건강을 위한 기술을 개발하도록 돕는다. 호메이윤은 현재 샌프란시스코에 살고 있다.

애나 호메이윤이 거절에서 배운 것

당신이 만족감을 느끼는 일에 주목하라. 그렇지 않은 일에도 주목하라.

고등학교 2학년에 다니던 어느 날, 학교의 지도 상담 교사가 나를 따로 불러내더니 이렇게 물었다. "화학 시험에 자꾸 떨어지는 학생이 있어. 넌 계속 A를 받았더구나. 그 애는 3학년이라서 시험을 통과하지 못하면 학교를 졸업할 수가 없는데, 혹시 네가 그 애를 도와줄 수 있겠니?" 나는 그 학생을 만나보겠다고 약속했다. 우리의 첫 만남에 그가 가방도 없이 아코디언 모양 폴더 하나만 달랑 들고 나타났던 것을 기억한다. 충격적인 모습이었다.

우리는 그 후 6주에 걸쳐 아코디언 폴더 안에 들어 있던 종이를 한 장 한 장 살펴보고 체계를 다시 세웠다. 기한이 지난 똑같은 과제물이 세 부씩 들어 있기도 했다. 우리는 오래된 과제물과 새로운 내용을 구분했다. 나는 이 학생의 무질서한 상태가 학업 문제의 근본 원인임을 깨달았다. 마침내 그는 화학 시험을 통과하여 무사히 학교를 졸업했고 내가 없었다면 졸업하지 못했을 거라는 내용의 감사 카드를 보내왔다.

난 그가 자신감을 되찾고 성적을 올리는 모습에 기분이 좋았다. 그래서 다른 학생들에게도 계속 도움을 주게 되었다.

한편 그 시절에 나는 사회적으로 약간 소외된 기분을 떨치지 못하고 있었다. 내 부모님은 1970년대 중반에 이란에서 미국으로 이주했고 내가 중학생일 때 뉴잉글랜드 시골에서 실리콘밸리의 심장부로 한 번 더 이사했다. 나는 가톨릭 계열의 사립고등학교에 진학했는데, 그곳 급우들과 학부모들이 당연하게 여기는 규범의 상당수가 나에겐 낯설기만 했다. 맏이였던 나는 뭐가 어떻게 돌아가는지를 스스로 파악해야 했고, 학교 행사에 참여하고 싶을 때는 부모님을 설득해야 했다. 학교 무도회에 가는 단순한 일을 가지고도 몇 주씩 협상을 해야 하는 식이었다. 교사들과 상담사들에게 도움을 받긴 했지만, 소속감을 전혀 느낄 수 없는 사회에서 살아가는 것이 얼마나 고단한 일인지 이해하는 사람은 거의 없었다. 한편으로 나는 두 발씩 앞서가기 위해서 익숙하지 않은 일들을 늘 조용히 관찰하고 탐색하고 연구했다.

1999년, 듀크대학에 입학했다. 많은 또래 학생들이 투자은행에 취직하고 싶어한다는 것을 거기서 알게 되었다. 내 부모님의 직업은 금융과 무관했기 때문에 투자은행가가 정확히 무슨 일을 하는지 전혀 몰랐지만, 돈을 잘 벌고 위신도 높은 직업인 건 확실해 보였다. 이듬해, 나는 듀크대학 동문 데이터베이스에서 한 졸업생의 연락처를 찾아내서 공들여 쓴 이메일과 함께 이력서를 보냈다. 그리고 그 사람의 도움으로 여름방학 때 일류 투자은행에서 인턴으로 일하게 되었다.

분석 업무 훈련이 시작되었을 때, 난 다른 대부분의 인턴이 어마어마한 인맥을 가지고 있다는 걸 알았다. 예를 들어 내 옆자리의 남자 인턴은 자기 집안 소유의 컨트리 클럽에서 인명 구조원으로 일한 경력이 있었다. 출근 첫날, 투자 업무 부서의 총 책임자가 들어오더니 그 남자 인턴의 등을 찰싹 치고 이렇게 우쭐댔다. "방금 자네 부친이랑 점심을 먹었다네!"

나는 열네 살 때부터 대학 1학년 때까지 여름마다 소매점이나 음식점에서 일했는데, 그때의 경험이 이 낯선 세계를 헤쳐나가는 데 도움을 주었다. 내가 맡은 일은 대체로 중요도가 떨어졌지만, 어쨌든 난 그걸 해낼 수 있었고 그 과정에서 질서를 유지하고 성인들과 효과적으로 의사소통할 줄도 알았다. 나는 '은행가답게' 갖춰 입는 법도 배웠다. 여름 인턴에게 주어지는 주택수당으로(나는 집에서 살았기 때문에 이 돈을 다른 데 쓸 수 있었다) 바나나 리퍼블릭 실크 스웨터를 사고 무난한 길이의 치마, 바지, 굽 낮은 구두를 샀다. 인턴을 마친 시점에 나는 아주 좋은 평가를 받았고 졸업 후 정규직 채용까지 제안받았다.

단적으로 말해 난 그 일을 좋아하지 않았지만, 정규직 채용 제안에는 대단한 자부심을 느꼈다. 그때가 2000년 가을, 그러니까 경기 침체가 시작된 시점이었다. 그래서 부모님은 내가 그곳에 취직하기를 바랐고 난 그렇게 했다. 대학을 졸업한 2001년 여름, 뉴욕시로 날아가서 10주 동안 투자은행 분석 훈련을 받았다. 몇 명인가 친구를 사귀기도 했으나 대체로는 펜실베이니아역 근처 호텔에 장기 투숙하면서 외롭게 지냈다. 평일 아침에는 저조한 기분으로 지하철에 몸을 싣고 세계무역센터 역으로 향했다. 주말에는 새벽같이 일어나서 맨해튼을 몇 시간씩 산책했다. 당연히, 내가 이용하던 지하철역 바로 근처에서 9/11 참사가 발생하리라고는, 내가 훈련을 마치고 겨우 2주 뒤에 비행기들이 쌍둥이 빌딩을 무너뜨리리라고는 상상도 하지 못했다.

한편 내 개인적인 삶에도 참사가 될 뻔한 사건이 있었다. 2001년 8월 중순의 어느 금요일, 퇴근 중에 심한 복통을 느꼈다. 처음엔 그냥 식중독인 줄 알았다. 하지만 밤 1시에 캘리포니아에 계시는 부모님께 전화를 걸어야 했고, 그로부터 두 시간 뒤에는 호텔 프런트 데스크 직원에게 현금을 빌려 택시를 잡아타고 세인트 빈센트 병원 응급실로 향했다.

나는 대기실에 혼자 몇 시간이나 앉아 있었다. 나를 제외한 모든 사람이 끔찍한 부상을 입은 건가 싶었다. 애원하고 울부짖은 다음에야 검사를 받을 수 있었다. 의사가 말했다. “당장 충수를 제거해야 합니다.” 나는 응급수술을 위해 수술실로 실려갔다. 나중에 의사에게 듣기로 나는 그날 거의 죽을 뻔했다고 한다.

몸은 괜찮아졌다. 어머니가 나를 보러 뉴욕으로 날아와 며칠 묵는 동안 몸이 회복되기 시작했다. 나는 비행기를 탈 수 있는 상태가 되자마자 서해안으로 돌아갔다. 캘리포니아 팰로 앨토 지점에서 일을 시작하기로 되어 있었다. 의사의 권고대로 출근을 몇 주 미룰 엄두가 나지 않았다. 나는 딱 열흘을 쉬고 출근했다.

팰로 앨토에 출근한 두 번째 날이 9월 11일이었다. 나는 캘리포니아에 있어서 무사했지만 뉴욕에 사는 친구들은 그 참혹한 아침에 걸어서, 또는 지하철을 타고 출근하는 중이었다. 이후 몇 달 동안 나는 그 여름의 기억을 계속 재생했고 내가 매일 걸어다녔던, 이제는 파괴되어버린 공간들의 사진을 찾아보았다. 내가 여름 내내 세계무역센터에서 얼마나 가까이 있었던가를 생각하면 소름이 끼쳤다.

게다가 그즈음 나의 일상에는 전에 없이 나를 불안하게 하는 요소가 나타났다. 모욕적인 인종차별 언사가 일터에서 공공연히 들려왔던 것이다. 그 이유 중 하나는 내가 중동계 혈통이라는 사실을 대부분의 동료가 몰랐기 때문이었을 것이다. 나는 백인으로 보이진 않지만 인종적으로 애매한 외양이라 평소 사람들이 내 인종을 확신하지 못한다. 또 나는 일과 사생활을 확실히 분리하자는 주의였다. 그런데 직속 상관 중에 내 혈통에 관해 알고 있던 두 사람이 내 삶을 방해하기로 작정한 것 같았다. 막 대학을 졸업하고 9/11 이후의 세계에서 사회생활을 시작한 나로서는 항의할 용기가 나지 않았고 내가 무슨 말을 하든 간에 묵살당하리라고,

혹은 일을 더 악화시킬 뿐이라고 생각했다. 당시의 나는 직업이 있다는 것에 그저 만족했다.

지금도 난 '상사로서 해서는 안 되는 일'이 무엇인지를 그 두 사람에게 배웠다고 생각한다. 토요일 저녁 8시에 음성 메시지를 보내서 전혀 급하지 않은 업무를 일요일 아침까지 끝내달라고 요구하는 일이 허다했다. 그들이 만들어내는 소일거리와 공포스러운 환경은 나를 늘 초조하게 만들었다. 난 모든 것을 완벽하게 처리해놓고도 내가 틀린 게 분명하다고 생각했다.

2001년 11월, 나는 해고당했다. 회사 측에선 일단 희망퇴직을 제안했다. 나는 그 문제를 고민해보았지만 고용 시장이 경색된 시기에 일을 그만두고 싶지 않았다. 그랬더니 회사가 나 대신 결정을 내렸다.

회사에서 쫓겨난 직후에는 울었지만 그다음엔 엄청난 안도감이 몰려왔다. 9/11과 응급 충수 제거 수술을 경험한 뒤 나는 창문도 없는 작은 방에서 엑셀 파일을 만들고 파워포인트 자료를 꾸미다가 죽고 싶지 않다는 걸 깨달았다. 아무 의미 없는 회사 정치에 나의 한정된 시간과 에너지를 빼앗기고 싶지 않았다. 동료 중에 능력은 부족하지만 인맥이 좋은 이들이 무탈히 회사에 다니는 것을 보아도 질투나 후회의 감정이 들지 않았다. 처음엔 거절인 줄 알았던 그 일이 알고 보니 방향 전환이었다. 나는 해고당한 덕분에 다른 방향으로 들어섰지만—혹은 떠밀렸지만—거기에서 목적을 찾았다.

전환의 순간에는 당신이 그간 경험한 모든 업무를 찬찬히 돌아보라. '커리어'와는 전혀 상관없을 것 같은 일도 함께 돌아보라.

며칠이 지나고 몇 주가 지나는 동안 나는 나에게 가장 중요하고 의미 있는 일은 무엇인지 고민했고 그 답을 내가 이미 알고 있다는 걸 발견했다. 나는 고등학생 때 내가 했던 그 일을 좋아했다. 나는 청소년을 돕는 일을 사랑했다.

당장 모교를 찾아가서 나에게 개인 교습을 부탁했던 바로 그 지도 상담 교사를 만났다. "아이들 돕는 일을 다시 하고 싶어요." 은행에서 받은 퇴직금이 있었기에 내가 하고 싶은 일을 할 여유가 좀 있었다. 다음 할 일이 생기기 전까지만 개인 교습을 해보자고 생각했다.

나는 화학 과목을 어려워하던 그 학생을 가르칠 때 개발했던 정리 체계를 실험했다. 먼저 그 시스템을 공식으로 정립했고 가정방문을 하며 학생들을 만났다. 우리는 가방과 바인더 속을 함께 살펴보고 낱장으로 돌아다니던 종이 자료를 파일에 정리했다. 나는 학생들에게 플래너 사용법과 주의 분산 관리법을 구체적으로 설명하고 기한 안에 과제물을 제출하는 법을 가르쳤다. 학생들의 자신감이 커질수록 내 자신감도 커졌다. 나는 네 달 만에 일정표를 꽉 채웠다. 해고당한 지 반년 후에 같은 은행에서 나에게 복귀 의사를 타진해왔지만 거절했다. 다른 은행에서 사람을 구한다는 소식을 친구에게 들었을 때는 그 자리를 다른 친구에게 소개해주었고 그가 그 자리를 얻었다. 2년 후 나는 내 사무실을 마련했고, 다시 공부를 시작해서 상담 분야에서 석사 학위를 취득했으며, 행복하게 내 일을 계속했다.

그로부터 거의 20년이 지난 지금 나는 학생들이 자기 조절 기술, 조직화, 시간 관리를 배우고 참다운 목적의식을 발견할 수 있도록 학생과 학교를 돕는 작은 컨설팅 기업을 운영하고 있다. 이 일의 초점은 세월과 함께 달라져왔다. 처음에는 학교 현장에 도입할 새로운 기술에 초점을 맞추었다면 이제는 원격 교육이 중요해졌다. 그러나 시간이 아무리 흘러도 나는 내가 하는 이 일을 변함없이 사랑한다.

유색인, 그중에서도 여성의 경우 외부 세계의 기준, 가령 그럴듯한 회사의 직함 같은 것으로 자신의 가치를 입증하려고 해서는 무력해지기 쉽다. 우리에게 필요한 것은 자기만의 청사진을 설계하는 것이다. 내 인생의 소명은 아이들과 어른들로 하여금 다른 누군가의 것을 빌리는 대신에 그들 스스로 성공의 청사진을 만들도록 돕는 것이다.

애나 호메이윤의 조언

1. 어린 시절에, 그리고 막 어른이 되었을 때 나는 사람들이 편향과 편견 때문에 누군가를 거부할 수 있다는 생각 자체를 하지 못했다. 그러나 편향과 차별은 실제적인 힘을 가지고 있기 때문에 그 존재

를 부정하려고 하면 오히려 훨씬 더 위험할 수 있다는 것을 지금은 안다.

2. 내가 유색인 여성으로서 거절에 대처하는 방법 하나는, 내가 두 배로 노력하고 완벽하게 준비한다 해도 결국 어떤 사람들은 나를 싫어하거나 의심할 것이며 혹은 나를 거부할 이유를 적극적으로 찾아내리라는 사실을 인정하는 것이다. 그런 종류의 거부는 사람을 고단하게 만든다. 이에 비하면 자신에게 뜻깊은 일, 자기 인생을 건 일에서는 거절을 당해도 극복하기가 더 수월할 수 있다. 이러한 인식으로부터 목적의식과 객관성을 획득한다면 다른 사람들의 의견 또는 근거 없는 거절로부터 스스로를 보호할 수 있다. 이와 함께 당신을 지지하는 사람들, 또 일이나 사생활에 관해 조언을 해주는 멘토들과 함께 네트워크를 형성하는 것이 아주 중요하다.

제시카 베넷

저널리스트, 저술가

나는 거절당한 일을 곱씹는 경향이 있지만, 그 때문에 평정심을 잃고 일주일이나 글을 못 썼다간 일주일분의 생산성을 (프리랜서일 때는 일주일 치 수입까지) 잃게 된다. 그래서 나는 건강한 관점을 유지하려고 노력한다. 모두가 나에게 운동을 하라거나 요가를 하라고 조언하지만 (어떤 사람에게는 그게 가장 효과적일 수 있다) 나에겐 상담을 받고 개를 산책시키는 방법이 잘 맞는다. 며칠씩 집 밖에 나가지 않던 프리랜서 시절에 이걸 일찌감치 알았다면 좋았을 텐데. 아침에 단 45분간 개를 산책시키고 나면 머릿속에서 잡념이 쓸려나간다.

시애틀에서 보낸 어린 시절, 제시카 베넷은 스스로를 페미니스트로 칭하지 않았다. 대학에서도 언론학을 선택했지 여성학을 전공하지 않았다. 그러나 20대에 〈뉴스위크〉에서 일하기 시작했을 때, 베넷은 남자 동료들—그와 마찬가지로 막 걸음을 뗀 저널리스트들—이 지나치게 많이, 빨리 승진하는 것을 목격했다. "그런 느낌이 들었죠. 잠깐, 이거 뭔가 불공평한데…?" 베넷은 여자 동료들에게 이 문제에 대해 이야기했고 그들도 같은 생각임을 확인했다. 베넷은 나에게 이렇게 설명했다. "우린 모두 소위 '걸 파워' 시대라고 불린 1980년대 아이들이었어요. 우리는 뭐든 해낼 수 있다고, 성별이 우리를 방해하는 일은 없을 거라고 배운 세대죠." 그러나 현실은 꼭 그렇지만은 않았다. 베넷은 여자 동료 두 사람과 함께 〈뉴스위크〉의 성별 편향 역사를 비밀리에 조사하여 1970년대로 거슬러 올라가는 여성 배제 문화를 폭로했다. 2010년 〈뉴스위크〉는 자사 및 언론계 전반에서 여성이 처한 상황이 얼마나 달라졌고 또 얼마나 그대로인지를 다룬 그들의 기사를 '우리는 아직 멀었는가?'라는 제목으로 게재했다. 베넷은 그 기사를 위해 조사하고 글을 쓰는 과정에서 생각이 깨어났다고 말한다. 성별 렌즈를 통해 시사 현안을 보도하는 저널리스트로서 그의 커리어는 그렇게 시작되었다.

베넷이 2016년에 출간한 베스트셀러 『페미니스트 파이트 클럽』은 지금까지 12개 언어로 번역되었고 팟캐스트로 확장되었으며 현재는 텔레비전 방송용으로 각색 중이다. 이듬해 베넷은 〈뉴욕 타임스〉 최초의 '젠더 에디터'가 되었다. 2019년에는 세계 곳곳에 사는 18세 여성들의 삶을 기록한 두 번째 저서 『열여덟 살의 삶*This Is 18*』을 출간했다.

제시카 베넷이 거절에서 배운 것

내가 저널리스트로서 경험한 사소한 거절들은 큰 거절을 이겨낼 수 있는 마음의 맷집을 키워주었다.

현대사회에서 저널리스트로 살아간다는 것은 거절로 점철된 삶을 사는 것이다. 프리랜서가 하는 일은 아이디어를 제안하고 또 제안하는 것이다. 그중 절반은 거절당할 테니까. 언론사 자체도 안정적이지 않을 때가 많다. 예를 들어 내가 처음 인턴으로 일했던 곳은 고향의 신문사인 〈시애틀 포스트인텔리전서〉인데 이제 그 회사는 사라지고 없다. 나는 뉴욕으로 자리를 옮겨 〈빌리지 보이스〉의 탐사 보도 기자가 되었는데, 내가 일하던 시기에 회사가 다른 언론사에 매각되었다. 또 〈뉴스위크〉에 소속되어 있을 때는 모회사였던 워싱턴 포스트 컴퍼니가 회사를 1달러에 내놓았다. 〈뉴스위크〉는 어느 부유한 사업가에게 팔렸다가 그가 곧 사망하자 결국 〈데일리 비스트〉에 합병되었다. 하지만 이것도 몇 년 가지 않았는데, 나는 회사가 다시 다른 곳으로 매각되기 전에 퇴사했다. 당시로서는 더 안정적으로 보였던, 그리고 더 멋있어(!) 보였던 텀블러라는 테크 기업에서 편집자로 일하기 위해서였다.

텀블러(야후!에 매각되기 이전, 음란물 저장소로 전락하기 이전, 그러니까 신선한 스토리텔링 플랫폼으로 여겨지던 초창기의 텀블러) 본사는 테크 기업들이 몰려 있어서 '실리콘 앨리(뒷골

목)'라고 불리던 맨해튼의 플랫아이언 구역에 있었다. 이 회사는 보수가 괜찮았고 간식 메뉴도 마음에 들었지만 아직 규모가 작은 축에 속했다. 게다가 사무실 아래층에 스트리퍼 클럽이 있었으니, 그다지 매력적인 환경은 아니었다.

당시 텀블러는 본격적인 플랫폼으로 자리 잡기 위해서 기성 저널리스트들을 고용하여 각자의 전문 분야를 보도하게 했다. 요컨대 우리가 맡은 임무는 정치와 문화를 창의적인 방식으로 보도하는 것이었다. 우리는 멋진 것들을 만들어냈다. 한 가지 예를 들면 〈뉴욕 타임스〉 옆 건물의 깊은 지하실에 '뉴욕 타임스 시체 안치소'라는 별명으로 불리는, 100년이 넘은 오래된 기록과 사진을 보관하는 공간이 있는데, 우리는 그 장소에 대한 시각 기록물을 제작했다(〈뉴욕 타임스〉가 그곳의 오래된 사진 자료를 텀블러를 통해 전시하고 있었다). 2012년에는 미 대선 토론회를 GIF 파일로 생중계하는 새로운 시도를 처음으로 했다. 우리는 〈마더 존스〉와 뉴욕 공영 라디오 등의 매체와 손잡고 샌디 후크 총기 난사 사건, 허리케인 샌디를 보도하기도 했다.

이 일을 시작하고 1년이 지났을 때 나는 로스앤젤레스에 출장을 와서 고등학교 시절 친구의 집에 머무르고 있었다. 그때 나의 상사와 동료, 인사부 대표가 함께하는 화상회의에 들어오라는 요청을 받았다. 아마 그것이 첫 신호였을 것이다. 회의에 들어가자 인사부 대표는 우리에게 이제 텀블러에는 '저널리즘'이 필요 없게 되었다며 우리 팀을 해체하겠다고 통보했다.

우리는 깜짝 놀랐다. 그리고 화가 났다. 그 인사부 사람은 겨우 2주 전에 회사에 들어온 사람이었다. 회사는 아직 신생 기업이었으므로 제대로 된 절차가 아무것도 없었다. 우리는 퇴직금이며 스톡옵션이며 궁금한 것이 수천 가지였지만 그들은 대답할 능력이 없었다.

문제는, 나는 이 업계가 이렇게 불안정하다는 것을 이미 알고 있었다는 것이다. 내가 아는 거의 모든 저널리스트가 최소 한 번은 해고당한 경험이 있다. 이 사실을 알고 있었기에 나는 그 일에서 자존감을 잃지 않을 수 있었다. 우스운 점은 내가 시대에 뒤떨어진 인쇄 매체를 떠나 텀블러에서 고용 안정을 찾으려 했다는 것이다. 그건 내 오판이었다.

전화를 끊었을 때 친구 리지가 방에 들어왔다.

내가 말했다. "있지, 나 방금 잘렸다."

리지가 말했다. "뭐, 뭐라고?" 친구는 나에게 원하는 만큼 오래 자기 집에 머물러도 된다고 말해주었다.

그날 밤 우리는 아직 막히지 않은 내 회사 카드로 초밥을 시켜 먹었다. 그런 다음 나는 뉴욕행 비행기를 더 이른 날짜로 변경하고 좌석도 업그레이드했다.

비행기 안에서 이다음엔 뭘 할지 생각해보았다. 모아둔 돈이 좀 있었다. 일단은 이 해고 건에 대해 소송을 제기하고 싶어서 즉시 행동에 나섰다. 두어 달 정도 버틸 수 있다는 건 다행이었지만, 그다음은 어떻게 살아갈 것이며 나의 장기적인 커리어는 어떻게 되는 걸까? 알 수 없었다.

'난 잃을 게 없는 사람이야!'라는 마음가짐을 장착하면 새로운 기회를 상상하고 용기를 내기가 더 쉽다.

그다음 주, 나는 사무실에 가서 내 물건을 정리했다. 내 자리에 앉아서 프리랜서 시절에 〈뉴욕 타임스〉에 기고했던 글을 떠올렸다. 대학에서 진행되고 있는 여성의 협상 능력 훈련에 관한 글이었고, 그때 『린 인』의 저자 셰릴 샌드버그를 인터뷰했다. 나는 그즈음 샌드버그가 여성과 노동을 주제로 한 그 책을 바탕으로 디지털 플랫폼과 비영리 단체를 출범시킬 예정이라는 걸 들어 알고 있었다. 여성과 노동이라면 나도 좀 아는 주제였다. 나는 일자리를 구하러 나서기로 했다.

기자는 편집자에게 끊임없이 기사 아이디어를 제안해야 하고 '노'라는 답변도 자주 들어야 하는 직업이다. 그중에서도 프리랜서 기자는 적당한 편집자를 찾아내고, 그들의 연락처를 수소문해서, 자기 소개와 함께 기사 아이디어를 보내는 기약 없는 과정을 반복한다. 답변이 올 때도 있다. 무소식일 때도 있다. 사실 기자의 가장 주요한 업무가 그것 아닌가? 얼굴도 모르는 사람들에게 전화를 걸어서 이야기를 끌어내는 것. 때로는 안절부절못하고, 때로는 불편하다. 하지만 기자라면 누구나 사람들이 '노'라고 말하는 데, 전화를 끊어버리는 데, 당신이 묻고 싶은 질문을 던지기 전에 건네는 어색한 스몰 토크를 듣는 척도 하지 않는 데 익숙해질 수밖에 없다.

그래서 나는 셰릴 샌드버그에게 편지를 써서 그의 새로운 사업에 필요한 편집 콘텐츠를 나에게 맡겨야 하는 이유를 짧게 설명했다. 초조한 기분이 들었지만 이렇게 생각했다. '여기서 일어날 수 있는 최악의 일은 뭘까?' 난 일자리를 잃었고 더는 잃을 게 없었다. 최악의 경우라고 해봐야 '노'라는 말을 듣는 것뿐이었다.

샌드버그는 즉시 답장을 보내왔고 자신의 비서를 시켜 나와 만날 일정을 잡았다. 2주 뒤, 나는 캘리포니아로 날아가고 있었다.

샌드버그는 나를 뉴욕에서 활동할 객원 편집자로 고용했다. 내가 맡은 일은 『린 인』과 매체들을 연결하여 일하는 여성을 여전히 방해하고 있는 걸림돌들을 드러낼 창의적인 방법을 찾아내는 것이었다. 예를 들면 우리는 세 달에 한 번씩 〈코스모폴리탄〉에 '코스모 커리어'라는 특별 섹션을 실어 테크 업계의 여자들, 육아하는 아빠들 같은 주제를 다루었다.

게티 이미지와는 '린 인 컬렉션'이라는 사진 기획전을 만들었다. 우리의 목표는 광고업자, 기업 웹사이트, 뉴스 매체에서 가령 '보스'의 이미지를 쓰고 싶어할 때 정장을 빼입은 백인 남자나 스틸레토 힐을 신고 기업의 위계를 상징한다는 사다리를 오르는 여자 같은 뻔한 이미지가 아닌 사진을 쓸 수 있도록 스톡 사진의 구성을 바꾸는 것이었다.

나는 〈뉴욕 타임스〉에도 여러 번 자리를 알아보았다. 그 첫 시도는 2015년의 일로, 나는 편집국장 딘 바케이의 사무실에서 바케이와 부국장 수전 치라를 만나서 젠더 보도를 담당할 정규직 기자(바로 나)가 이 매체에 왜 필요한지 설명했다. 난 그 바로 전에 프리랜서로서 〈뉴욕 타임스〉에 모니카 르윈스키에 관한 기사를 썼고, 전 직원이 참석한 아침 뉴스 회의에서 이 편집국장이 내 기사를 칭찬했다는 이야기를 전해 들었다. 이건 절호의 찬스였다. 나는 그에게 이메일을 보내 나를 만나 달라고 요청했다. 나는 며칠 동안 이 회의를 준비했고 대화의 요점을 암기했다. 회의는 썩 잘 진행되었다. 두 사람은 나에게 내 아이디어를 비망록 형식으로 정리해달라고 했다. 10쪽쯤 썼던 것 같다. 그것도 아주 잘 썼던 것 같다.

그러나 연락이 오지 않았다. 그러다 회사 엘리베이터에서 수전과 우연히 마주쳤다. 그는 내 비망록은 잘 읽어보았으나 시기가 적절하지 않다고 했다. 그 역할로 정규직을 채용할 만한 예산이 없다, 빈자리가 없다, 그런 식으로 설명했다. 우리는 그 뒤로도 서로 연락을 주고받았지만 나는 그 일을 포기하고 다음 일로 넘어갔다.

그로부터 1년 반 뒤인 2016년 가을, 내 첫 책의 출간을 앞두고 있을 때 수전으로부터 이메일이 와서 마침내 〈뉴욕 타임스〉가 젠더 전담 저널리스트를 고용할 수 있게 되었다고 했다. 다만 작가는 아니고 편집자로 채용할 거라고 했다. 비망록을 또 써내야 하나? 그럴 여력이 없었다. 첫 책이 나오면 투어와 홍보로 사람들에게 책을 알리는 데 전념해야 했다.

나는 책 홍보 투어에 나섰고, 누가 젠더 에디터가 되든 그 사람을 위해 글을 쓰리라고 마음먹었다. 그런데 그때 마침 대통령 선거가 있었다. 다른 많은 여자들처럼, 그리고 힐러리 클린턴의 당선을 예상했던 다른 많은 저널리스트처럼 나는 선거 결과에 경악했다. 여자들의 "거시기를" 쥔 일을 공공연하게 떠벌리는 남자가 이 나라를 지휘할 수 있고 지휘하게 된다는 데도 경악했다. 이 선거는 미국이 여성을 어떤 식으로 평가하는지, 혹은 어떤 식으로 평가절하하는지를 보여주고 있지 않나?

나는 가망성은 적지만 새로운 비망록으로 웹사이트를 만들었다. 그리고 수전에게 이메일을 보내 내가 아직 그 자리에 지원할 수 있는지 물었다.

나는 그 자리를 따냈다.

저널리스트로서 내 인생에 늘 함께해온 그 모든 소소한 거절들은 큰 거절을 감당할 수 있도록 나를 대비시켰다고 생각한다. 지금도 나는 나의 거절 근육이 더 강해지도록 늘 준비하고 있다.

제시카 베넷의 조언

1. 객관적인 관점을 취하라. 스미스대학에서 전 세계 여성을 위한 리더십 프로그램을 개발하는 내 친구 레이철 시먼스는 학생들에게 이렇게 묻는다. "당신에게 벌어질 수 있는 최악의 일은 무엇일까

요? 당신은 그 일을 감당할 수 있나요?" 나는 바로 그 감각, "어떻게 이런 일이 있지? 하지만 이걸로 내 인생이 끝나진 않아. 자존심은 좀 상하지만, 세상에 거절당하지 않는 사람은 없어" 하는 마음가짐을 유지하려고 노력하며 산다.

2. 비밀을 털어놓을 수 있는 사람을 찾아라. 같은 저널리스트로 일하는 친한 친구 한 명과 나는 우리가 프리랜서로서 경험하는 좋은 순간과 나쁜 순간 전부를 문자 메시지로 서로에게 털어놓는다. 우리는 기사 아이디어가 통과된 날에는 너무나 기뻐하고 자신감에 차지만, 하루도 지나지 않아 퇴짜 소식이 들려오면 난 무능력하다고, 다시는 글을 쓰지 못할 거라고 쉽게 낙담한다. 친구와 나는 그런 일들을 빠짐없이 공유하면서, 한 번의 거절로 세상이 끝나진 않는다는 사실을 서로서로 일깨워준다.

캐롤라이나 A. 미랜다

저널리스트, 프리랜서 작가

내가 하는 이 일에서 뭔가 배울 점이 하나 있다면 그것은 끈기다. 사람들이 당신과의 대화를 거부하거나 연락에 응답하지 않는다고 포기해선 안 된다. 이는 정보원에만 해당되는 이야기가 아니다. 우리는 기사를 제안했다가 퇴짜를 맞고, 에디터에게 "이거 괜찮긴 한데 관점을 바꿔주셔야겠어요"라는 말을 듣는다. 아니면 그냥 없는 사람 취급당하기도 하고. 우리는 답을 찾아야 한다. 내 기사를 세상에 내놓을 창의적인 방법은 무엇일까?

스미스대학 학보사 기자 시절, 캐롤라이나 미랜다는 편집장(다른 학생)에게 자신의 기사를 왜 그렇게 편집했느냐고 따졌다. 그러자 상대는 답답해하며 말했다. "너, 편집을 못 받아들이면 기자는 절대 될 수 없을걸."

미랜다는 자신이 지금의 자리에 이르기까지 걸어온 길에 대해 설명하다가 그 옛일을 떠올리며 웃었다. 현재 그는 〈로스앤젤레스 타임스〉 소속 기자로 주로 건축, 디자인, 시각예술, 영화 분야에서의 젠더와 인종 문제를 다룬다. 본인의 표현을 그대로 옮기면 "그리고 또 언놈이 뒤뜰에다 만드는 설치미술에도 관심이 있어요.” 미랜다는 사람들이 예술을 통해 하는 일에 특별한 관심을 가지고 일상성과 부조리함에 관한 이야기를 전하고자 한다. “이건 학위라든가 그럴듯한 보증서와는 별 상관이 없어요.”

〈로스앤젤레스 타임스〉에 안착하기 전 미랜다는 프리랜서 작가 겸 편집자로서 〈타임〉 〈아트뉴스〉 〈버짓 트래블〉 〈트래블 플러스 레저〉 〈론리 플래닛〉 〈패스트 컴퍼니〉 〈뉴욕 공영 라디오〉에 여행과 문화 관련 기사를 기고했다. 〈타임〉 소속 시절에는 허리케인 카트리나 후 미연방재난관리청장 마이클 브라운의 경력 위조 논란을 최초 보도한 팀의 일원이었다.

미랜다는 캘리포니아 공영 라디오 방송국 KCRW의 〈프레스 플레이〉 고정 게스트이며 2017년 랩스킨 상 시각예술 저널리즘 부문을 수상했다. CNN 방송국, 〈굿모닝 아메리카〉 등의 프로그램에 시사 논평가로 출연한 바 있다.

캐롤라이나 A. 미랜다가 거절에서 배운 것

어린 시절 우리 가족은 건설업을 하는 아버지를 따라 이사를 자주 했다. 1970년대 말부터 1980년대 초에는 남아프리카공화국에서 전화도 텔레비전도 없이 살았다. 라디오 방송도 일부만 들을 수 있었는데, 그것도 절반은 영어가 아닌 아프리칸스어 방송이라 알아들을 수가 없었다. 우리는 즐길 거리를 직접 마련해야 했다. 그때 아버지가 일하던 냉각 시설은 밤에도 조명을 밝혀두었기 때문에 금요일 밤이면 아버지의 픽업 트럭을 타고 가서 냉각 시설 주위를 드라이브하는 게 우리의 주요 행사였다. 탁 트인 초원 한가운데에 멋진 조명이 잔뜩 켜져 있는, 실로 드라마틱한 광경이었다.

기자로서 내 관심사는 우리가 흔히 마주하지만 제대로 눈에 담지 않는 일상의 사물을 새로운 틀에 담아내는 것이다. 아마도 어린 시절의 경험이 이런 관심사를 형성하는 데 한몫한 것 같다. 만인이 한 방향으로 쇄도할 때 난 다른 방향으로 탈선하는 사람이다.

나는 아주 오래전부터 기자가 되고 싶었지만 기자가 되는 구체적인 방법은 알지 못했다. 가족 중에 관련된 일을 하는 사람이 없었고 달리 인맥도 없었다. 난 대학 학보에 글을 썼고, 여름엔 〈로스앤젤레스 타임스〉에서 사무 보조로 일했다. 졸업이 가까워졌을 때 신규 졸업생을 대상으로 하는 저널리즘 프로그램에 지원하기로 했다. 〈로스앤젤레스 타임스〉는 대표자가 불충분한 집단에 속한 저널리스트를 위해 '메트프로(소수자 편집 훈련 프로그램)'를 운영한다. 나는 생각했다. '이건 나를 위한 프로그램이나 마찬가지군. 난 LA 출신이고 라틴계잖아.' 참가자들은 신문사의 각 부서를 돌고, 경찰서의 각 순찰 구역을 돌고, 경제 기사를 쓰고, 마지막엔 정치 기사를 쓴다. 나는 이 전통적인 경로를 따라 기자가 되는 내 모습을 상상했다. 정치 기사를 쓴 다음엔 백악관을 담당하거나 해외 통신원이 될 것이었다.

그러나 메트프로는 나를 떨어뜨렸다. 얼얼했다. 난 나에게 가능성이 있다고 믿었는데, 게다가 그들은 여름방학 때 내 얼굴을 본 사람들인데. 나보다 더 자격 있는 사람들이 있다는 걸 인정해야만 했다. 그 거절로 인해서 나의 저널리즘 커리어는 다른 경로로 들어섰고, 그 덕분에 난 어떤 종류의 기사가 내 성격에 들어맞고 내가 가장 잘 쓸 수 있는지 알아낼 수 있었다. 대학을 졸업하자마자 완성형 작가가 되는 사람들이 있다. 난 아니었다. 난 아직 배움의 과정에 있었다.

대학을 졸업하고 〈네이션〉에서 여름 인턴으로 일했는데, 다른 기자들이 쓴 기사 속 정보를 확인했지 내가 뭘 쓰지는 않았다. 그 다음엔 놀라운 행운이 뒤따라 〈뉴욕 뉴스데이〉에 정보 조사 보조원으로 취직했다. 내가 보조한 사람은 그곳의 칼럼니스트이며 〈뉴욕 타임스〉의 해외 통신원으로서 퓰리처상을 받은 적 있는 시드니 셴버그였다. 이 중요한 기회를 통해 난 그에게 기자가 되기 위해 배워야 할 많은 것을 배웠다. 정보 조사하는 법, 정보원 만나는 법, 정부 대표자 인터뷰하는 법, 정보 열람권 행사하는 법 등등을. 셴버그는 자료에서 뭔가가 부족하다고 생각하면 그 즉시 나에게 자료를 돌려보내고 다시 정보원과 연락하게 했다. 그는 아주 철저한 사람이었고, 나에게도 철저해지라고 가르쳤다. 이곳에 있는 동안 나는 주로 문화적인 주제의 글쓰기도 병행했다.

아쉽게도 난 그 자리에서 쫓겨났다. 달리 방법이 없었던 나는 뉴욕시 회계검사실에서 일했다. 그다음에는 〈피플 엔 에스파뇰〉 마케팅부에 들어갔고 그다음엔 〈타임〉의 마케팅부에 들어갔다. 마케팅 업무는 재미있었고, 그 기회를 통해 저널리즘이라는 사업이 어떻게 돌아가는지 배울 수 있었다. 하지만 어떻게든 글을 쓰는 일로 돌아가고 싶었다. 나는 잠깐 프리랜서로 글을 쓰다가 〈타임〉에서 '일반 할당 기자'라는, 주어지는 모든 화제를 다루는 자리를 얻었다. 가령 어떤 주에는 스칼릿 요핸슨을 인터뷰하고 그 다음 주에는 알카에다 사건을 요약하는 식이었다. 그러나 〈타임〉이라는 언론사는 나와 잘 맞지 않았다. 이곳은 전국에 배포되는 잡지이기 때문에 "이 기사가 전국적으로 중요한가?"라는 기준이 늘 적용된다. 아이오와주의 독자와 플로리다주의 독자가 똑같이 관심을 가질 만한 기사만 싣는 것이다. 나는 그보다는 더 특이한 소재와 문화적인 주제에 관심이 있었기 때문에 〈타임〉에 내 기사를 내기는 어려운 상황이었다.

예를 들어 나는 '자유인 운동'에 관한 기사를 제안했다. 2000년대 초반, 소비하지 않아도 되는 삶의 방식을 추구하는 반자본주의자 네트워크가 있었다. 당시에는 이러한 사고방식이 드물었다. 교육 수준이 매우 높은 사람들과 예술가들이 무단으로 건물을 점거해 그곳에서 살아가고 음식은 슈퍼마켓의 쓰레기통을 뒤져 구했으며 가구는 거리에서 주워 왔다. 나는 맨해튼에서 이 운동을 하는 사람 몇몇과 친해져서 어느 날에는 함께 슈퍼마켓 쓰레기통

뒤지기도 같이 했다(슈퍼마켓은 유통기한이 끝나는 그날 식품을 처분하는데, 많은 경우 아주 먹을 만했다). 그런 다음 누군가의 집에 몰려가서 구해 온 재료로 요리를 했다. 나는 이 이야기를 조사했고 〈타임〉의 편집자에게 기사를 제안했지만 먹히지 않았다. 편집자는 이 이야기가 전국에 알려져야 할 충분한 이유를 찾을 수 없다며 나에게 방향을 바꾸어서 다시 아이디어를 제안하라고 했다. 나는 포기했다.

〈타임〉에서 성공적으로 살아남으려면 이 매체의 규격화된 강경한 목소리를 취해야 했다. 순식간에 멋진 기사를 써내는 훌륭한 기자들 옆에서 나는 중요한 것을 많이 배웠다. 그러나 결국 깨달았다. 혹시라도 내가 기자로서 성공하게 된다면 그건 나 자신의 목소리와 관점을 인정받은 결과이리란 것을. 2007년, 회사는 나에게 아주 괜찮은 조건으로 희망퇴직을 제안했다. 퇴직금이라는 재정적 완충장치를 얻은 나는 프리랜서 세계에 뛰어들었다.

내가 〈타임〉을 그만둔 2000년대에 미디어 업계는 놀랍고도 혼란스러운 시기를 통과하고 있었다. 잡지와 신문은 사람들을 마구잡이로 해고하고 있었다. 반면에 인터넷과 개인 블로그가 부상하면서 갑자기 편집자 없이도 세상에 글을 발표할 수 있게 되었다. 이젠 굳이 규격화된 매체를 통할 필요가 없어졌다. 더 격식 없이, 더 건방지게 쓸 수 있게 되었다. 나는 프리랜서로 기사를 쓰는 동시에 개인 블로그를 운영하기 시작했고, 놀랍게도 내 글을 찾아보는 사람들이 조금씩 생겼다. 내가 블로그에서 내는 목소리가 프리랜서 기자로서 쓰는 기사들의 종류를 결정하기 시작했다. 더 예리한 눈길로 비범한 이야기를 찾아내는 능력이 생겼다. 그리고 블로그라는 공간에는 내가 언론에는 팔지 못하는 별난 글들을 발표할 수 있었다.

예를 들어 나는 로스앤젤레스에 돌아온 직후에 우리 동네에서 도넛을 파는 남자를 발견했다. 그는 도넛 200개가 담긴 쟁반을 머리에 얹은 채, 오후 내내 그 지역을 돌아다녔다. 도넛을 사라는 그의 멋진 목소리가 언덕에 메아리쳤다. 나는 말도 안 되는 상상을 하며 한 이민자의 사연을 지어냈다. '이 남자는 원래 고향 멕시코에서 오페라 가수였어. 그러다가… 이젠 도넛을 팔아야 하는 신세인 거지!' 하지만 그에게 직접 들은 이야기는 "무슨요. 도넛은 부업으로 파는 거예요. 본업은 루차도르랍니다"였다. 그는 멕시코식 프로레슬링 선수였다. 레슬링에 인생을 건 사람이었지만, 남은 시간에 도넛을 만들어 누구의 지시도 받지 않고 자유롭게 일하면서 최저임금보다 많은 돈을 벌고 있었던 것이다. 그가 파는 도넛이 막 그렇게 대단하진 않았지만 그의 이야기는 정말 흥미로웠다. 나는 이 기사를 〈럭키 피치〉라는 신생 잡지에 판매했다. 하지만 나를 이런 종류의 이야기에 더욱 촉각을 곤두세우게 한 것은 블로그 글쓰기였다.

또 한 가지 예를 들면, 마이애미비치에서 열리는 유명한 아트페어에 갔을 때의 일이다. 나는 사람들이 제트기를 타고 마이애미에 와서 어느 컨벤션 센터에서 열리는 그 아트 페어만 보고 돌아가는 걸 발견했다. 그래서 나는 더 깊이 들어가보았다. 마이애미에서 자란 쿠바계 친구는 지난 시절 라틴아메리카의 여러 독재자가 묻혀 있는 묘지로 나를 안내해주었다. 또 그 친구의 가족에게 배가 있어서 그걸 타고 바다로 나가 섬들을 둘러보고 환상적인 마이애미 저택들을 구경했다. 엘리안 곤잘레스*가 살았던 집에도 가보았다. 나는 이 경험을 블로그에 연재했다. "아트 페어에 오신 분들은 여기서 볼 수 있는 다른 재미난 것들도 놓치지 마세요." 다른 블로거들이 내 글을 링크하기 시작했다.

기자로서 두각을 나타낸다는 것은 사람들이 읽고 싶어하는, 그러나 잘 찾을 수 없는 종류의 이야기를 쓰는 것임을 나는 점점 깨달았다. 블로그에 글을 쓴 지 2, 3년쯤 되었을 때 〈아트뉴스〉의 편집자가 나에게 이메일을 보냈다. "전 당신 블로그가 마음에 듭니다. 우리 잡지에 글을 실을 생각이 있으실까요?" 믿을 수 없었다. 마침내 나에게 '청탁'이 들어오다니. 나는 이후 여러 해 이 잡지에 글을 기고했고, 여기서 또 다른 프리랜서 작업이 이어져 〈뉴욕 공영 라디오〉 〈뉴욕 타임스〉 〈스타일 블로그〉 등에 글을 썼다. 나는 기자로서의 활동과 블로그 양쪽을 통해 대중적 인지도를 얻었고 결국 〈로스앤젤레스 타임스〉의 기자가 되었다.

나는 이곳에서 많은 자유를 보장받고 있지만, 지금도 때로는

---

* 1999년 쿠바에서 미국으로 망명했다가 미국과 쿠바 사이의 정치적 줄다리기 끝에 결국 쿠바로 송환된 10대 난민.

편집자와 옥신각신한다. 아이디어를 충분히 발전시키지 않고 편집자에게 가져가면 "완성해서 와요"라는 말을 듣는다. 또 아이러니하게도 나는 20년 전 내가 지원했던 메트프로 저널리즘 프로그램을 인솔하고 있다. 젊은 기자들을 맞이하며 내가 던지는 첫마디는 이것이다. "나는 이 프로그램에 떨어졌어요. 여기서 얻을 수 있는 교훈은, 여러분은 절대로 '노'를 답변으로 받아들여선 안 된다는 겁니다."

캐롤라이나 A. 미랜다의 조언

1. 자신이 무엇을 원하는지를 아는 것만큼 중요한 것은 무엇을 원하지 '않는지'를 아는 것이다. 〈타임〉에 있을 때 속보를 위해 범죄 현장에 간 적이 있었다. 그때 나는 범죄 보도에는 소질이 없는 것으로 밝혀졌다. 이렇게 실패를 통해 교훈을 얻는 것이 중요하다.
2. 때로 우리는 자신이 원하는 것은 얻지 못해도 오히려 더 좋은 것을 얻는다. 그렇다는 걸 나중에 깨달을 뿐이다. 〈타임〉 시절의 나는 글을 많이 쓰지 못하는 게 답답했다. 하지만 지나와서 돌아보니 진짜 프로 기자 옆에서 그들이 기사를 쓰는 법을 보고 배운 경험이 지금의 나를 만든 게 아닐까 싶다. 그곳은 나의 저널리즘 학교였다.
3. 요즘은 저널리즘 분야에 진입하기가 점점 어려워지고 있다. 많은 젊은이가 '노'라는 답변에 지치고 좌절하는 모습이 눈에 띈다. 내가 생각하는 저널리즘의 핵심은 '노'를 답변으로 인정해선 안 된다는 것이다. 다른 각도에서 계속 다시 공략해야 한다.

운미 앱킨

셰프

나는 그 어느 레스토랑에도 취직하지 못했다. 그래서 내가 레스토랑을 열기로 했다.

운미 앱킨은 노던 캘리포니아에서 어린 시절을 보낼 때만 해도 요리에 별 관심이 없었다. 부모님이 집에서 카드놀이 파티를 열 때 "큰 접시에 각종 치즈를 담아낸 것" 정도가 음식과 관련한 경험의 전부였다고 한다. 앱킨은 의사가 되고 싶어 캘리포니아 주립대학 샌타크루즈 캠퍼스에 진학하여 심리학을 전공하고 의대 선수 과목을 모두 이수했다. 하지만 3학년이 끝날 무렵 자신이 아직 대학원에 갈 준비가 되지 않았음을 깨달았다. 그때 샌프란시스코에 있는 캘리포니아 요리 아카데미에 대한 이야기를 듣고 재미있겠다고 생각했다. 부모님도 그의 계획을 지지해주었는데 그 이유는 "전 부모님께 과보호를 받으며 살았거든요. 아마 제가 남자친구를 사귀길 바라셔서 그랬던 것 같아요"라고 앱킨은 설명했다.

지금 앱킨은 미국 최고의 셰프 중 한 사람이다. 이 글을 쓰는 현재 그는 4년 연속으로 제임스 비어드 상 예비 후보에 선정되었다. 그는 남편이자 사업 파트너인 로저 테일러와 함께 첫 요리책 『커리 앤드 김치』를 썼다. '셰 파니스'의 저명한 셰프 앨리스 워터스는 이 책이 "즐겁고 창의적"이며 "신중하게 균형을 맞추고 아름답게 준비된, 신선한 제철 재료로 가득한" 레시피를 수록하고 있다고 호평했다. 『커리 앤드 김치』는 NPR(미국 공영 라디오) 2019년 최고의 도서로 선정되었다.

매사추세츠주 이스트햄프턴에 있는 앱킨의 레스토랑 코코는 내가 기념할 일이 있거나 친구들과 간단하게 한잔할 때 즐겨 찾는 곳이다. 이곳의 분위기는 편안하고 친절하고 무엇보다 음식이 너무도 맛있다.

운미 앱킨이 거절에서 배운 것

때로는 기회를 거절하는 것도 괜찮다. 그 좋은 기회를 발로 차버리다니 미친 것 아니냐고 주변 모든 사람이 반대한다 해도.

나는 언제나 모범생이었고 누가 봐도 A 유형의 성격이었다.* 하지만 지금까지 내가 100퍼센트 이상으로 모든 것을 쏟아부은 유일한 일이 바로 요리다. 내가 다닌 요리 학교에는 학생들이 만든 음식을 판매하는 상점이 있었다. 내 마카롱도 거기서 팔 수 있다는 이야기였다. 나는 셰프들이 쓰는 높은 모자를 쓰고서 오븐에서 막 구워진 마카롱을 꺼냈다. 너무도 신이 나서 몸을 구부리고 마카롱을 들여다보다가 이마에 화상을 입기도 했다.

나는 그 학교를 다니는 중에 지금은 유명해진 샌프란시스코의 레스토랑 '불러바드'의 오픈을 도왔다. 디저트 담당 요리사를 찾던 그들은 나에게 연락해서 "이 일 할래요?"라고 물었다.

수석 셰프 낸시 오크스는 나를 정말로 아꼈고 내가 자신의 젊은 시절을 생각나게 한다고 말했다. 하지만 사실 난 직원으로서는 그렇게 좋은 사람이 아니다. 나는 사람들이 나에게 명령하는 것을 싫어한다. 나의 강점 중 하나는 접시를 캔버스로 삼아 음식을 흥미롭고 아름답게 플레이팅하는 것이었다. 나는 시급 10달러를 받으며 디저트와 샐러드를 플레이팅했다. 하지만 8개월쯤 지나자 그다음 단계로 넘어가고 싶어졌다. 가드망제에서 소테**로, 찬찬히 위로 올라가는 것이 당연한 순서다. 요리사는 그렇게 배운다. 하지만 낸시는 새로운 비스트로 공간을 열고 그 운영을 나에게 맡기고 싶어했다.

---

* 1950년대 미국의 심장병 연구자들이 병리학적 관점에서 사람의 성격을 크게 두 종류로 나눈 것인데, A 유형은 경쟁적이고 일을 중시하고 인내심이 적고 공격적인 사람, B 유형은 그렇지 않은 사람을 말한다.

** 가드망제는 샐러드, 애피타이저, 햄류 등 차가운 재료를 사용하는 요리 분야이고, 소테는 팬과 고온을 이용하여 재료를 익히는 요리 분야다.

그때 나는 분명 성급하게 굴었다. 다른 사람들이라면 "오, 셰프님이 나에게 비스트로 파트를 맡기다니" 하면서 감사해했을 것이다. 이 분야에선 누구나 셰프가 시키는 대로 한다. 하지만 그때 나는 스물다섯 살에 막 요리 학교를 나왔고 요리 공부를 계속하고 싶었다. 나는 사직서를 내고 남편을 따라 동해안으로 이주할 계획을 세웠다.

"지금 그만두면 되돌릴 수 없어요." 모두가 말렸다. 내가 누리고 있던 성공을, 막 떠오르기 시작한 내 명성을, 내가 가고 있던 그 길을 되돌릴 수 없을 거라면서. 하지만 나는 사람들에게 디저트를 플레이팅하고 샐러드를 섞는 법을 가르치는 데 싫증이 났고, 비스트로 운영에도 관심이 없었다. 난 요리사가 되고 싶었다.

예술가인 남편은 뉴욕시에서 살고 싶어했지만 난 아니었다. 매사추세츠주 이스트햄프턴은 괜찮은 절충안이었다. 물가가 비싸지 않고, 맨해튼까지 세 시간 거리였으니까. 우리는 그곳에 도착해서 아파트를 빌렸다. 그제야 "잠깐, 여긴 대체 어디야?"라는 생각이 들었다. 이스트햄프턴에는 카페가 없었다. (작은 식당 외에) 레스토랑이 없었다. 다과점도 없었다.

내가 취직할 만한 유일한 곳은 애머스트에 있는 '블랙십'이었다. 나는 시급 6달러를 받고 빵을 구웠다. 일이 생겨서 다행이었지만 살짝 낙담하기도 했다. 나는 요리 학교에서 공부했고 넘치는 자격을 갖추었는데, 아무도 나를 고용하려 하지 않다니. 어쩌면 내 이력서를 가짜라고만 생각했던 것인지도 모르겠다.

하루는 노스햄프턴에 있는 '플레전트 스트리트 비디오'라는 비디오 대여 가게에서 요리사 자리가 도통 없다고 투덜대고 있었다. 그랬더니 거기서 일하는 친절한 직원이 이렇게 말했다. "듣자하니 시내에 빈 가게가 하나 날 거라던데요. 직접 레스토랑을 차리시는 게 어때요?"

하지만 스물다섯 살짜리에게 대출을 해주는 은행은 없었다. 다행히 내 가족이 그 돈을 빌려주겠다고 했다. 나는 그 돈이 있었기에 창의적으로 생각할 수 있었다(돈은 나중에 이자까지 쳐서 갚았다).

레스토랑을 여는 데 필요한 그다음 단계는 콘셉트를 정하는 것이다. 이곳엔 무엇이 필요한가? 뭘 내놓으면 잘될까? 난 샌프란시스코에 살 때 캘리포니아 스타일의 타코 가게에서 연수를 받으면서 외식업 기획을 경험한 바 있었다. 나는 '차차차'라는 타코집을 열기로 했다. 예전에 일했던 타코 가게와 비슷한 점도 있지만 다른 점이 더 많은 레스토랑이었다. 높은 바 테이블에는 콘크리트를 쓰고, 시멘트 바닥을 코발트 블루로 염색했으며, 주름진 금속판과 가까운 그린필드에서 구한 나무둥치도 사용했다. 원색의 인테리어와 시끄러운 음악 일색인 여느 타코 가게와는 전혀 다른 산뜻한 공간이었다. 또 처음 문을 열었을 때 요리사 거의 전원이 여자였다.

첫 2주 동안, 재료가 날마다 8시면 소진되어 일찍 문을 닫았던 게 기억난다. 이곳은 곧 노스햄프턴 주민들이 즐겨 찾는 장소가 되었다. 이보다 더 성공적일 수 없었다.

우리는 가끔 한 번씩 실패하지만 그렇다고 우리가 패배자인 것은 아니다. 실수에서 교훈을 찾아내고 다시 앞으로 나아가면 된다.

하지만 난 관성만으로는 살아가지 못하는 사람이다. 그새 자아가 커져서 이런 생각도 했다. '난 스물다섯 살에 레스토랑을 열어서 성공했어. 난 못하는 게 없어.' 나는 내 꿈의 레스토랑을 열기로 했다.

차차차 아래층에 자리가 비었다. 나는 은행에서 막대한 돈을 빌려서 그 공간을 수리했다. 은행 제출용 사업 계획서에는 차차차에서 거둔 수익으로, 그보다 작지만 더 고급스러운 아래층 레스토랑의 비용을 해결하겠다고 썼다. 수리 작업부터 예산이 초과되었다. 원래 은행 금고로 쓰였던 지하실이라서 계단을 설치하기 위해 그 두꺼운 바닥과 벽을 부수기가 쉽지 않았던 것이다. 나는 파티시에, 보조 파티시에, 각 부 요리사, 조리장에 숯 그릴까지 갖추었다. 재료는 캘리포니아에서 최고급으로만 공수했다. 나도 직원들도 기대에 부풀었다. 드디어 꿈의 메뉴를 요리하는 거야. 노스햄프턴은 물론 근처 몇 킬로를 가도 없는 그런 음식을 내놓을 거야. 레스토랑의 이름은 '운미'라고 지었다.

그러나 몇 달 지나지 않아 심각한 적자가 시작되었다. 필요한 만큼 많은 사람이 찾아오지 않았던 것이다. 사람들은 이런 종류의 음식과 이런 종류의 소비에 관심이 별로 없었다. 콘셉트를 바꾸어서 개성을 희석하는 방법이 있었지만, '그런 걸 왜 해?'라는 생각이 들었다. 9개월 후, 운미는 문을 닫았다.

무척 뼈아픈 경험이었다. 이제 막 음식과 친해지고 있었는데. 이상하게 들릴지 모르지만 차차차를 열었을 때 나는 동네에서 큰 인기를 누렸다. 모두가 나와 친해지고 싶어했다. 그러다 두 번째 레스토랑의 문을 닫자 사람들이 나를 바라보는 시선이 달라진 것 같았다. 어디든 내가 나타나면 조용해졌다. 난 생각했다. '난 그때랑 똑같은 사람이라고!' 하지만 그 이상하고 어색한 침묵은 계속되었다. 직원들도 나에게 크게 화가 났고, 서빙 담당 직원 중 몇 사람은 레스토랑 문을 닫은 뒤 그 공간을 정리하는 일을 도와주러 오지 않았다.

그렇게 끝이 났다. 나는 삼촌과 함께 한 달간 시에라네바다산맥을 여행했다. 일종의 정화 여행이었는데, 돌아와보니 나는 아직도 자괴심을 버리지 못한 채였다. '난 어쩌다 내 비대한 자아가 날뛰게 내버려두었을까?' 그때 이런 생각이 들었다. 차차차에는 유능한 직원이 있어서 나 없이도 잘되고 있으니까, 가장 친한 친구 두 사람과 함께(둘 다 운미에서 나와 함께 일했다) 대륙 횡단 여행을 떠나자고. 내 가족의 집이 있는 타호에서 겨울을 지내면서 머리를 식히고 싶었다.

그 자동차 여행을 시작하려는데 인근 레스토랑 주인이 나를 찾아와 물었다. "여길 팔 생각이 있다고 들었는데요." 그때까지 차차차를 팔 생각은 없었지만, 예술하는 남편과 막 헤어진 때라 이참에 인생을 한번 정돈하면 좋겠다는 생각이 들었다.

나는 대륙 횡단 여행 중에 가게를 매각했고 캘리포니아에 도착했을 무렵에는 모든 것이 마무리되었다. 차차차를 산 사람은 내가 살던 아파트까지 매입했다. 그렇게 해서 겨울 한 철 떠났다가 돌아가려던 것이 새로운 인생의 시작으로 이어졌다.

나는 무사히 집에 돌아갔고, 내 상처를 스스로 보듬었으며, 그 다음에 하고 싶은 일을 찾아냈다. 요가에 많은 시간을 쏟아붓기 시작하면서 요가 강사가 되어볼까 잠시 고민했다. 하지만 접촉과 감정이 너무 많이 요구되었다. 난 요가를 하는 것은 좋아하지만 사람들의 땀 흘리는 몸을 만지고 싶진 않다. 하여튼 요가는 신체 접촉이 많고 땀을 엄청 흘리는 운동이다. 그래서 영양학을 공부하기로 했고, 나머지 시간에는 개인 전속 셰프로 일했다.

그렇게 몇 년이 흘렀다. 그사이 난 대륙 횡단 여행을 함께했던 친구 중 한 명과 결혼했고, 집을 샀으며, 2009년에는 딸을 낳았다. 엄마로서의 미래를 떠올려보니 난 코코가 나를 강인한 사람으로, 자신이 사랑하는 일에 최선을 다하는 사람으로 바라보길 원하고 있었다. 아이를 캘리포니아에서 키우고 싶진 않았고 남편 로저의 가족도 매사추세츠주에 살았기 때문에 우리는 다시 동부로 이사했다.

노스햄프턴에 레스토랑을 열려고 했지만 자리는 이스트햄프턴밖에 없었다. 오래전 내가 처음 레스토랑을 열었던 그곳. 궁금했다. 여긴 대체 어디일까?

우리가 딸의 이름을 따서 코코라고 부를 레스토랑을 기획할 때 모두가 말했다. "그 일을 왜 하려는 거예요? 사람들은 이스트햄프턴까지 안 와요." 내가 말했다. "올 거예요." 그리고 사람들이 왔다.

운미 앱킨의 조언

1. 당신을 걱정하게만 만드는 머릿속의 부정적인 목소리에 그만 귀 기울여라. 그건 진짜가 아니니까. 당신에게는 꿈과 희망을 현실로 만들 힘이 있다.
2. 셰프가 되길 원한다면 그 일을 사랑해야만 한다. 이건 돈 문제가 아니다. 유명세의 문제도 아니다. 나는 주방에서 정말로 재능이 있는 것 같은 수습 직원들을 발견하면 그들에게 이렇게 묻는다. "이 길을 가고 싶어요? 정말 정말 어려운 길이에요. 당신이 하는 일을 사랑하지 않으면 안 돼요."

마리사 헤이비

마케터

다른 사람(특히 상사)에게 너무 많은 권한을 주지 마라. 외부인에게 자신의 가치를 인정받으려 하지 마라.

구글 캠퍼스를 처음 방문했을 때, 난 그곳의 카페테리아와 공짜 점심 뷔페와 직원들이 할인가로 이용할 수 있는 마사지실(!)에 눈이 휘둥그레졌다. 사비오 바레토라라는 구글의 한 중역이 내 책 『잠깐 수습 좀 하고 올게요』를 읽고 나를 회사에 초대했다. 그 과정에서 그의 부하 직원인 마리사 헤이비를 만났다(그와의 인터뷰는 주로 이메일로 이루어졌다). 내가 진행할 점심 워크숍 시간을 기다리며 마리사와 함께 앉아 있던 나는 그에게 질문을 던질 수밖에 없었다. "어떻게 이곳에서 일하게 되셨어요?" 그가 들려준 놀라운 이야기는(엄청나게 불쾌한 상사가 등장한다) 곧 나올 것이다. 그날 마리사는 나에게 구글의 실외 수영장(!!)과 배구 코트와 그 밖에 구글러들이 누리는 여러 특별 시설을 구경시켜주었다. 마리사는 구글의 플랫폼+에코시스템 파트너십의 글로벌 파트너 마케팅 매니저이며 이 일을 사랑한다. 그는 전 세계를 돌아다니며 일한다. 나는 매사추세츠로 돌아와서 그가 들려준 이야기를 떠올리지 않을 수 없었다. 그래서 그에게 물었다. “이 책을 위해 당신의 이야기를 들려주겠어요?”

마리사 헤이비가 거절에서 배운 것

나는 내가 하는 모든 일에 모든 것을 쏟아부었고, 상사의 거절은 나를 수렁에 빠뜨렸다. ‘일하는 나’가 나라는 사람의 전부가 아님을 나는 어렵게 배웠다.

나는 뉴저지주의 힐스보로라는 작은 도시에서 자랐다. 춤추기를 좋아해서 평생 춤을 추며 살아가고 싶었다. 뉴저지에 있는 공립대학인 럿거스대학 메이슨그로스 예술대학에 좋은 무용학과가 있었고 유명한 경영학과도 있어서 나는 그 학교에 진학했다. 댄스와 경영학은 둘 다 내가 창의성을 발휘할 수 있는 분야였다. 춤은 동작을 통해 이야기를 전한다고들 한다. 마찬가지로 마케팅에도 스토리텔링이 있다.

대학 졸업 후 나는 집에서 가까운 곳에 위치한 필립스 조명 회사 서머싯 지부에 취직했다. 그와 함께 곧 다시 공부를 시작하여 럿거스대학에서 경영학 석사 과정을 밟았다. 그러다 회사의 한 선배가 퇴사했고, 후임이 나타날 때까지 내가 그 관리직을 맡게 되었다. 그 일을 반년 정도 했을 때 회사가 새로운 관리자를 고용했고, 이제 내가 그 사람에게 보고하는 입장이 되었다.

처음에 나는 새 상사의 인수인계를 돕느라 전처럼 계속 고위급 회의에 참석했다. 나는 그보다 더 오래 이 팀에서 일했고, 이 회의에 참석해서 기업 전략을 기획하고 의견을 내는 데도 익숙했다. 상사는 업무를 충분히 파악한 뒤에도 계속해서 나에게 의견을 구하긴 했지만 나에게 그 회의에 더 이상 참석할 필요는 없다고 했다.

그 상사가 팀을 이끈 지 몇 개월이 지났을 때, 2년에 한 번 하는 인사 평가 시즌이 돌아왔다. 필립스는 소속 직원들의 성장을 독려하면서 새로운 배움의 기회를 제공하는 회사였다. 나는 내가 이 회사에 대해 품고 있는 가치를 설명하는 '비즈니스 케이스'를 만들었다. 나에게 주어진 역할에 충실했음은 물론 새 상사가 오기 전까지 공백 없이 팀을 이끌었다는 것만 두고 보아도 내가 생각하기엔 좋은 평가를 기대할 만했다.

나는 유리벽으로 둘러싸인 회의실에 그 상사와 함께 앉았다. 그리고 심호흡을 하고 이렇게 말했다. "제가 회사에 승진을 요구해도 된다고 생각하는 이유를 여기 모아봤습니다." 그는 자신이 그해 보너스를 아직 받지 못했다고 대답했고, 내 역할은 자신을 돋보이게 하는 거라고 거듭 확인했다. 그는 어깨를 으쓱했다. 그래서 난 내가 일을 충분히 잘한 게 아니구나 하고 생각했다. 승진을 요구할 정도는 아니라고 말이다.

처참한 기분이었다. 그렇게 열심히 일했건만, 그렇게 야근을 많이 했건만, 일을 하면서 경영학 석사 학위까지 땄건만, 나더러 어떻게 이 이상 일에 나 자신을 쏟아부으라고 할 수 있지? 겨우겨우 용기를 끌어모아서 승진을 요구했는데, 이렇게 거절당하다니.

그러나 나는 이 일로 그 사람에게 화를 내는 대신에 나 자신을 다그쳤다. 그때의 나는 상사에게 인정받아야 한다고, 그 사람에게 '충분히 잘한다'는 평가를 들어야 한다고 생각했다. 어쨌든 내 가치는 윗사람이 판단하는 것이라고 말이다. 상사가 판단하기에 내가 별로인데, 내가 무슨 근거로 나 자신을 훌륭하다고 말할 수 있을까, 했다. 나는 사람들에게 내 이야기를 많이 하지 않는 편이고 감정을 붙들어두는 성격이지만, 이 일만은 소화가 되지 않았다. 결국 나는 가까운 동료들과 친구들에게 사정을 털어놓았다. 그게 이 일을 극복하는 데 도움이 되었다.

시간이 지나면서 나는 일에 내 전부를 쏟아붓지 않기로 했다. 운동에 더 많은 시간을 할애하기 시작했고 요가 수업도 들었다. 더 이상 야근을 하지 않았으며 회사 밖에서 마음의 안식을 찾았다. 그러다 우리 팀 전원이 그 상사와 갈등을 빚고 있다는 사실을 알게 됐고, 내 주위로 지지자를 모았다. 가족과 친구들은 나를 지지하면서도 "왜 아직도 그 회사에 다니는 거야?"라고 물었다. 그들은 그 이유까지는 몰랐다. 나는 그 상사는 싫었지만 내 일은 사랑했기에 회사에 남은 것이었다.

일을 그만두고 싶다면 다음 목표는 크게 세워라.

나는 얼마간 자신감을 되찾았고, 문제의 상사가 유해한 환경을 조성하고 있음을 알아챘다. 이젠 다른 회사에 지원이라도 해보는 게 맞겠다 싶었다. 그런데 해보기도 전에 거절당한 기분이 들었다. 이 회사들도 다 나를 거부하면 어쩌지? 그러나 그 이상 더 나빠질 것도 없었다.

만약 그때 누군가 나에게 "가장 가고 싶은 회사를 하나 꼽으라면?"이라고 물었다면 나는 "구글"이라고 답했을 것이다. 구글은 직원을 중심에 두고 응원하고 포용하는 문화라고 들었다. 이를테면 "우리는 여러분을 한 사람으로 존중하고, 여러분의 커리어와 건강과 삶 전반을 중요하게 생각합니다"라고 말하는 회사라고. 마케터로서 내 커리어를 계속 쌓아나갈 수 있는 회사라는 점에서도 구글에 가고 싶었다.

구글 뉴욕 지부에서 마케터를 구하길래 별 기대 없이 지원했다. 놀랍게도 채용 담당자에게서 답메일이 왔다. "당신의 이력서를 살펴보았습니다. 함께 간단히 이야기를 나누고 싶습니다." 우리는 이야기를 나누었고 일주일 뒤 담당자가 다시 연락해왔다. 지난번 대화는 아주 좋았지만 내 이력이 그 자리에 아주 들어맞지는 않는다고 했다. 그리고 구글의 마케터 지원자 데이터베이스의 최상단에 나를 올려둘 것이고, 더 알맞은 자리가 나타나면 연락을 주겠다고 했다.

'퇴짜를 이렇게 친절하게 놓나.' 나는 전화를 끊으며 그렇게 생각했다. '그런 연락은 영영 안 올 거야.'

3개월 후 구글의 다른 인사 담당자가 나에게 이메일을 보냈다. 파트너 마케팅 부서에 사람이 필요하다는 것이었다. "한 가지 양해를 구하자면, 사무실이 마운틴 뷰에 있어요." 그건 캘리포니아에 있는 구글 본사를 뜻했다.

나는 뉴저지에서 자랐고 그때까지 그 지역을 벗어난 적이 없었다. 전형적인 뉴저지 토박이라서 뉴욕보다 먼 데로 이사한다는 건 있을 수 없는 일이었다. 곰곰이 현재 상황을 따져보았다. '거절당해도 속상하지 않을 거야. 최악의 경우라도, 면접 경험치를 얻는 거지.' 그래서 난 면접을 치르기 시작했다. 면접은 여러 단계로 진행되었다. 마지막에는 대면 인터뷰를 위해 캘리포니아로 날아갔다.

한 달이 지나지 않아 결과가 도착했다. 이번에는 그 자리에 채용되었다. 나는 제안을 수락했다.

구글의 현재 팀장과 처음 이야기를 나누었을 때 그가 말했다. "당신에 대해 들려주세요. 어디에서 왔나요? 뭘 좋아하나요? 소통은 어떤 방식으로 하나요? 상사와는 어떤 관계를 맺고 싶은가요?" 그건 내 경험, 내 전문 지식, 내 '부가가치'에 관한 질문이 아니었다. 그는 나라는 사람에 대해 궁금해했다. 그 첫 대화만으로도 나는 직속 상사와 부하가 어떤 종류의 관계를 맺을 수 있고 또 어떤 관계를 맺어야 옳은지를 새롭게 사고할 수 있었다.

이곳에서는 정기적인 소통은 물론 자기 계발 계획, 분기별·연도별 목표도 있다. 나는 자기 성장의 우선순위를 (고위급 직원들에게 자신을 알리고 싶다든가 하는 새로운 목표는 물론 여행을 더 많이 하고 싶다는 등의 바람까지) 상사와 공유한다. 최근 우리 팀의 몇 사람이 구글의 다른 팀으로 옮겨갔는데, 팀장은 협조적인 태도를 취하면서 그들이 스스로의 목표에 가장 잘 부합하는 방향으로 커리어를 전환할 수 있게 도왔다. 본인이 새로운 사람을 물색해서 팀의 빈자리를 채워야 한다는 사실은 그에게 중요하지 않았다. 그는 모든 팀원을 인간적으로 중요하게 생각하고 단기적인 결과, 가령 그주의 실적만 보는 게 아니라 우리의 커리어를 성장시킬 방법을 찾는다.

때로 아침에 잠에서 깨면 내가 샌프란시스코에 있다는 사실이 믿기지 않는다. 그동안 상황이 이렇게 반전되었다는 걸 믿을 수가 없다. 나와 비슷한 상황을 겪고 있는 사람들, 일터에서의 거절을 내면화하느라 애쓰는 사람들이 있다면 말해주고 싶다. 당신이 처한 특정한 상황을 벗어나 더 많은 것을 보라고. 상황 속에 들어 있을 때는 깨닫기 어렵지만, 주변 사람들의 지지로 무장한다면 더 쉽게 문제를 해결할 수 있다. 사람들을 당신의 코트에 불러모으고 당신을 응원하게 하라.

마리사 헤이비의 조언

1. 나는 첫 직장 필립스에서 함께 일했던 한 상사와 계속 좋은 관계를 유지했고 그가 그 회사를 그만둔 뒤에도 연락을 하며 지냈다. 그에게 전화를 걸어 "이건 어떻게 하죠? 조언 부탁드려요"라고 물을 수 있다는 것만으로도 힘이 됐다. 커리어를 폭넓게 경험해온 선배, 지지자를 찾아내서 관계를 유지하라.
2. 인스타그램에 올릴 가치가 없는 순간들도 기념하라. 사소한 성과들이라도, 심지어 세상에서 당신만이 이해할 수 있는 별것 아닌 일들이라도 기뻐하며 축하하라.
3. 당신 자신의 가치를 인정하라. 말로 하긴 쉬워도 실천하기는 어려운 일이지만, 스스로에게 관대해져라.

마리아 클라베이

컴퓨터공학자, 교수

나에게 어떤 일을 시키는 가장 쉬운 방법은 '그거 하지 마'라고 나를 말리는 것이다.

하비머드대학 최초의 여성 총장이자 컴퓨터공학자인 마리아 클라베이는 수학, 과학, 공학 분야에 여성과 유색인의 비율을 늘리겠다는 목표를 세웠다. 하비머드대학은 로스앤젤레스에서 가까운 사립 이과대학이다. 클라베이는 더 많은 여성과 유색인을 교수진에 채용하고 입학생으로 받기 위해 동원할 수 있는 모든 자원을 동원했다. 그렇게 해서 새로 꾸려진 컴퓨터공학과 교수진은 학생들이 이론적 개념을 배우는 동시에 배운 지식을 현실 세계에 적용할 수 있는 방향으로 교과과정을 개정했다. 또 여학생들이 교수들과 함께 연구할 기회, 학회에 가서 여러 사람을 만나고 미래의 멘토를 찾을 기회를 늘렸다. 그 결과 이 학과의 여학생 수가 극적으로 증가했고 불과 5년 만에 졸업자의 여남 비율이 거의 비슷해졌다. 이후 다른 학과들에서도 비슷한 변화가 나타나, 이제

하비머드대학은 스템STEM(과학, 기술, 공학, 수학)에 속하는 모든 학과에서 거의 비슷한 수의 여학생과 남학생을 배출하고 있다. 유색인의 비율 또한 모든 학과에서 눈에 띄게 증가했다.

하비머드대학에 오기 전, 클라베이는 프린스턴대학 공대 학장이자 컴퓨터학과 교수였다. 열일곱 개의 명예 박사 학위를 가지고 있으며, 주요 연구 분야인 이산수학과 컴퓨터공학에서 중요한 연구를 발표해왔다. 여성과 유색인을 스템 분야에 끌어들이는 방법을 주제로 세계 전역에서 강연도 하고 있다. 2014년에는 〈포춘〉 선정 '세계에서 가장 위대한 리더 50인' 17위에 올랐다.

클라베이는 수채화가이기도 해서 그림을 그리며 나와 인터뷰를 진행했다. 이사회 회의 중에도 그림을 그리는 사람으로 잘 알려져 있다.

마리아 클라베이가 거절에서 배운 것

당신의 목표를 동료들에게 알려라. 당신이 그것을 달성하는 데 필요한 뜻밖의 방법과 유익한 정보를 얻을 수 있을 것이다.

나는 아버지를 많이 닮았다. 아버지는 그 어떤 안전망 없이도 신념과 행동 방침을 훌쩍훌쩍 바꾸는 사람이었다. 그는 폴란드에서 태어났고, 나치 점령기에 레지스탕스로 활동했고, 그러다 체포되었다. 강제수용소에서 갇혔지만 탈출했고, 한겨울에 동유럽 산악지대를 넘었다. 이 여정에서 죽은 사람도 몇 있었다고 했다. 그 후 아버지는 프랑스 해방군에 합류했다가 부상당했고, 어찌어찌해서 스코틀랜드로 망명했다. 거기서 스코틀랜드 사람인 내 어머니를 만났고, 두 사람은 캐나다로 이주해서 나와 내 동생들을 낳았다.

나는 앨버타주에서 자랐고 수학과 과학을 좋아했다. 하지만 내가 앨버타대학에 진학했을 때, 이 세상에 격변이 시작되었다. 나는 급진적인 학생운동에 가담했다. 1학년을 마친 1968년에는 예일대학을 거쳐 캘리포니아주 버클리까지 돌아다니다가 '피플스 파크 학생 시위' 때 체포되었다. 내가 몬트리올에 있는 줄로만 알았던 부모님은 앨러미타 카운티 경찰서에서 건 전화를 받고 내가 감옥에 갇힌 걸 알게 되었다. 부모님은 보석금을 내고 나를 감옥에서 꺼내준 대신에 마지막 카드를 꺼내들었다. "네가 학생운동을 그만두지 않으면 우린 너와 의절하겠다. 넌 지금 너의 삶을 내팽개치고 있고 동생들에게 나쁜 선례를 만들고 있어." 그래서 나는 집을 떠났다. 열여덟 살이 되기도 전에.

혼자 힘으로 대학을 마치고 싶었지만, 결국 3학년 때 학업을 포기했다. 머릿속에 어떻게 하면 세상을 변혁할 수 있을까 하는 생각만 가득했던 그때, 순수수학은 나에게 너무도 무의미했다. 나는 미국으로 건너가서, 예일대학에서 알게 된 남자친구와 함께 지내기로 했다. 우리는 뉴욕주 버펄로에 살았고, 그 친구가 제강

소에서 일해서 돈을 벌었다. 이어 우리는 인도를 여행했다. 대서양을 건널 때 말고는 비행기 없이 땅으로만 이동했다.

그 여행 중에 나는 심심풀이로 수학책을 읽었고 별로 좋아하지도 않는 체스를 두었다. 그러니까 나에겐 수학이 필요했던 것이다. 수학이 너무도 그리웠다. 난 뇌의 그 부분을 써야만 했고 그 부분이 없는 나는 내가 아니라는 걸 깨달았다.

나는 고아 해변에서 앨버타대학 수학과 교수들에게 편지를 썼다. "공부를 다시 시작하고 싶습니다. 이번엔 박사 학위까지 직진하고 싶습니다. 제가 수학자가 되어야만 하는 이유를 깨달았으니까요."

다행히 그들은 아주 관대하게도 이런 답장을 보내왔다. "일단은 학부부터 졸업하는 게 맞을 텐데, 대학원 수업도 같이 들으면서 두 학기 안에 끝내도록 하세요."

2년 가까이 수학에서 손을 놓은 상태였건만, 선수 과목도 듣지 않은 채 대학원 수업을 듣게 되었다. 그때 나는 내 인생에서 최고로 노력했고, 그때부터 공부에 대한 관점을 완전히 바꾸었다. 그때 처음으로, 공부가 쉽지 않아졌다.

나는 박사 과정을 4년 만에 끝낸 뒤 교수직을 찾기 시작했다. 당시 미국과 캐나다 전역에서 순수수학을 가르치는 종신 교수가 될 수 있는 자리는 스무 군데 정도였고, 그 자리에 지원하는 사람은 1000명쯤 됐다. 나는 면접을 겨우 한 번 보았다. 하지만 일자리가 부족하다는 사실을 알면서도 내가 수학을 연구하고 가르칠 학교가 어딘가에 하나쯤은 있을 거라고 믿어 의심치 않았다.

박사 후 과정은 여러 군데에서 합격했지만 종신 교수가 될 수 있는 자리는 딱 한 군데, 미시간주의 오클랜드대학이었고, 나는 지도 교수의 조언대로 그 자리를 택했다. 그러나 나는 그 일을 조금도 즐기지 못했다. 내가 그 사회에서 외톨이였다는 이유가 가장 컸지만, 분수의 덧셈도 어려워하는 학생들에게 다변수 미적분을 가르쳐야 하는 막막함도 한 이유였다. 난 이런 일을 하려고 수학자가 된 것이 아니었다.

그게 '내 인생을 바꾼 거절'이다. 박사 학위를 받은 직후에 일류 대학 수학과에 임용되지 못한 것이. 만약 내가 훌륭한 학생들만 모인 대학에 임용되었더라면 지금과는 전혀 다른 삶을 살았을 것이다.

나는 외로움을 해소하려고 학회에 나가 사람들을 만났다. 알고 보니 내가 수학으로 하는 작업을 컴퓨터공학 분야에 적용하는 이들이 있었다. 그들은 하버드대학이며, 매사추세츠 공과대학이며, 벨 연구소 같은 굴지의 기관에서 러브 콜을 받고 있었다. 내가 "이건 불공평하잖아"라고 투덜댔더니 한 동료가 대답했다. "박사 학위를 하나 더 따세요."

그 사람 말로는 어떤 이론물리학자 한 사람도 같은 이유로 박사 학위를 땄다고 했다. 이론 컴퓨터공학을 연구하기로는 스탠퍼드대학, 매사추세츠 공과대학, 캐나다 토론토대학이 가장 좋다고도 알려주었다. 내가 알아보았을 때 스탠퍼드는 입학 지원 기간이 끝났고, 매사추세츠 공과대학은 11명으로 정원이 마감된 상태였다(현재는 정원이 250명쯤으로 늘었다). 그런데 토론토대학에 연락했더니 입학 담당자가 이렇게 말했다. “오, 캐나다 분이시군요! 저희 대학에 어서 오세요!” 알고 보니 토론토대학에는 캐나다 국민 및 영주권자를 위한 특별 기금도 있었다.

사람들이 당신을 필요로 하는 분야가 있다면, 거기에 온갖 기회가 있을 것이다.

나는 컴퓨터공학 과목은 단 하나도 듣지 않은 상태에서 토론토대학 컴퓨터공학과 대학원에 등록했다. 2년간 수학에서 멀어졌다가 수학과 대학원에 들어갔을 때를 생각하면서, 이번에도 해낼 수 있을 거라고 생각했다. 엄청난 노력이 필요했지만 잘해나갔다. 박사 과정을 시작한 지 5개월 만에 컴퓨터공학과 교수 자리에 지원하라는 연락을 받기 시작했고 9개월 후 (아직 두 번째 박사 학위를 따지도 못했는데) 토론토대학에 정교수로 임용되었다. 그곳에서 내가 한 일 중 하나는 세계 각지의 컴퓨터공학자를 강연자로 초청해서 세미나를 여는 것이었다.

그 세미나의 두 번째 초청 강연자가 IBM 리서치의 닉 피펜저였다. 그는 내가 그때까지 만난 사람 중 가장 수줍음이 많은 사람이었던 동시에 누구보다 다정하고 열려 있고 비범한 사람이었다.

우리는 서로 아주 달랐다. 나는 야외파였지만 닉은 아니었다. 나는 사교적인 편이었지만 그는 아니었다. 하지만 나는 학대에 가까운 끔찍한 연애를 경험한 뒤라 근본적인 우선순위가 같은 사람을 만나고 싶었다. 그때 나는 스물여덟 살이었고 그는 서른두 살이었다. 우리가 가장 처음 나눈 대화의 주제는 "당신의 삶에서 가장 중요한 것은 무엇인가? 당신의 가치관은 무엇인가?"였다. 만난 지 열흘 만에 우리는 이런 대화를 나누고 있었다. "만약 결혼한다면 아이를 가지고 싶은가? 캐나다에서 일하고 싶은가 아니면 미국으로 옮기고 싶은가?" 만난 지 한 달 만에 우리는 약혼했고 이제 결혼한 지 40년이 되었다.

토론토대학은 닉을 스카우트하려고 시도하기도 했고, 그다음엔 IBM 리서치에서 나에게 채용을 제안했다. 나는 IBM에 들어가면 닉에게 편안한 환경을 제공하는 동시에 이론 컴퓨터공학자로서 내 연구 커리어를 확장할 수 있겠다고 판단했다. 게다가 그건 내가 사랑하는 캘리포니아에서 살 멋진 기회였다. 우리는 새너제이에 새로 생긴 이론 컴퓨터공학 연구팀에 합류했다.

IBM에서 나는 관리자가 되어 독자적인 연구팀을 꾸리겠다는 목표를 세웠다. 관리자급 권한이 있어야만 변화를 주도할 수 있다는 걸 잘 알았기 때문이다. 나는 모든 것에 이의를 제기할 생각이었지만 그 조직의 가치관도 명확히 이해하고 있었기에, 그 가치를 고려하면서 내가 원하는 바를 실현할 수 있었다. 예를 들면 이론 컴퓨터공학자에게 최상의 환경이었던 IBM은 그 최고 자리를 계속 지키고 싶어했다. 그런데 한편으로는 관리자에게 권한을 일임하는 경향이 있었다. 이는 최전선에서 일하는 연구자들이 납득할 수 없는 부분이었다. 나는 IBM이 계속 앞서가려면 대학의 연구 풍토처럼 연구자가 자율적으로 프로젝트를 진행할 권한을 보장해야 한다고 주장했다.

IBM을 선택한 것은 연구 지도자로서 내 커리어에 매우 긍정적인 영향을 미쳤다. 특히 관리자로서 좋은 훈련을 받았다. 1988년, 나는 브리티시컬럼비아대학의 컴퓨터공학과를 세계 정상급으로 끌어올리는 일에 참여하게 되었다. 우리는 밴쿠버로 이사했다. 그때 우리 아이들이 각각 여섯 살과 세 살이었는데, 나는 그들을 프랑스어 몰입 수업을 하는 공립학교에 보내고 싶었다. 또 점점 나이가 들어가는 부모님도 브리티시컬럼비아에 살고 있었다. 브리티시컬럼비아대학에서 나는 스템 분야에서 여성의 비율을 늘리겠다는 나의 장기 목표를 새로운 차원으로 끌어올릴 수 있었다. 나는 그 대학 컴퓨터공학과 최초의 여성 교수가 되었고 과학대학 최초의 여성 학과장, 과학대학 교수진 300명 중 열한 번째 여성 교수, 그 대학의 정교수 200여 명 중 네 번째 여성 교수가 되었다. 내가 처음 부임했을 때 대학 측은 여성 교수가 적다는 사실을 문제로 여기지도 않았다. 나는 이 대학에서 보낸 14년 반 동안 이 문제를 해결하는 데 전념하여 이 대학 최초의 여성 부총장을 거쳐 최초의 여성 이공대학 학장이 되었다. 이공대학 학장을 지낸 4년간 우리는 이공대학 내 여성 교수의 수를 24명에서 48명으로 늘렸다. 또한 나는 부총장과 이공대학 학장을 겸임하는 동안 캐나다 자연과학 및 공학연구위원회에 신설된 브리티시컬럼비아 및 유콘 과학·공학 여성 연구자 대표위원에 임명되었다. 그 시기에 우리는 컴퓨터공학 전공자 중 여학생의 비율을 5년 만에 17퍼센트에서 27퍼센트로 늘리고, 카네기멜론대학과도 손잡고 이 문제를 중요하게 다루었다.

그러한 활동 끝에 나는 스템 분야 내 여성 비율을 키우는 데 더 큰 영향력을 행사하려면 미국으로 돌아가야 한다는 것을 깨달았다. 나는 프린스턴대학 공과대학 학장이 되었다. 임기 3년째에는 하비머드대학에서 총장 후보에 지원해달라는 요청을 받았다.

나는 하비머드대학 인선 위원회에 그럴 마음이 없다고 알리고 그 인선 과정에서 빠지려고 여러 번 노력했다. 하지만 그들은 고집을 꺾지 않았다. "당신이 이 자리에 관심이 없다는 사실은 잘 알지만, 그래도 우리는 당신을 후보로 검토하고 싶습니다." 그 일을 하는 사람들은 원래 그런 식으로 일하는 것 같다. 그러다가 내가 최종 후보에까지 올랐는데, 그 자리를 받아들일 생각은 여전히 들지 않았다. 프린스턴대학의 친한 친구에게 이 일을 말했더니 그가 물었다. "네가 거길 왜 가? 넌 예일이나 미시간이나 하버드 같은 일류 연구 중심 대학의 학장이 돼야지!"

나는 친구에게 설명했다. "과학과 공학의 문화를 바꾸는 게 내 목표잖아. 그런데 이건 대학원이 아니라 학부에서부터 결정되는 면이 많단 말이지." 말은 이렇게 했지만 난 여전히 프린스턴대학을 떠날 생각이 없었다.

하비머드대학에서 나에게 총장직을 제안했을 때 나는 생각할 시간을 3주 달라고 했다. 우리는 크리스마스를 캐나다 브리티시 컬럼비아에서 보낼 예정이었고 나는 그곳에서 찬찬히 고민해보기로 했다. 약속한 날, 그러니까 내가 결정을 통보해야 하는 날이 이틀 앞으로 다가왔을 때 우리는 펜더섬에 있었다. 그때까지 나는 프린스턴대학에 머무는 쪽으로 생각을 굳히고 있었다. 통화하기 직전, 이슬비가 내리던 그날 난 바다를 내다보고 있었다. 구름이 흩어지더니 한 줄기 빛이 수면에 쏟아졌다. 그때 깨달았다. '이럴 수가. 하마터면 이 마법 같은, 내 인생 최고의 기회를 놓칠 뻔했어.' 그건 내가 그때까지 한 번도 경험한 적 없고 그 뒤로도 두 번 다시 경험하지 못한 벼락 같은 깨달음이었다. 나는 하비머드대학 총장직을 수락했고 지금까지 내 결정을 한 번도 후회하지 않았다.

마리아 클라베이의 조언

1. 새로운 기회들, 특히 예상치 못한 뜻밖의 기회들을 환영하라. 나는 다시는 남자를 만나지 않겠다고 맹세한 그날 닉을 만났다. 또한 내가 생각지도 못한 하비머드대학에 자리를 잡았다.
2. 성공에 이르는 가장 중요한 비결은 노력과 끈기다. 목표가 큰 사람은 여러 장벽에 부딪힐 것이고 그 과정에서 실패로 보이는 일도 경험할 것이다. 그러나 포기해선 안 된다. 그럴 땐 다른 접근법과 전략을 적극적으로 모색하라.

3. 사람들에게 도움을 청하고 베풀어라. 어떤 사람도 혼자서는 세상을 바꾸지 못한다. 같은 목표를 가진 사람들을 찾아내고 네트워크를 형성하라.

패멀라 시프먼

자선사업가

거절은 당신이 그 자리에 맞지 않는다는 뜻일 수 있다. 당신이 원한다고 생각했던 그 일이 정말로 당신이 원하는 일인지 따져보는 시간을 가져야 한다.

"여자들의 힘이 사상 최고에 이른 것 같아요." 패멀라 시프먼은 나에게 말했다. "저는 기대가 큽니다." 그와의 전화 인터뷰를 마친 뒤에는 나도 기대가 커졌다. 시프먼은 전 세계 여성의 권리 신장을 위해 평생 노력해온 인물로, 가장 최근에는 노보 재단에서 "세계 전역의 페미니즘 운동을 지원하고, 수많은 교훈을 얻고, 우리가 지금까지 무엇을 이루었으며 앞으로 무엇을 이루어야 하는지 알아보았다." 시프먼이 사무국장으로 재임한 시기에 노보 재단은 성인 및 미성년 여성의 권리 신장에 명시적으로 초점을 맞추는 세계 최대 규모의 사립 재단으로 성장했다.

시프먼에 따르면, 여성이 주도하는 운동들이 미국은 물론 전 세계에서 독재와 포퓰리즘의 부상을 저지하고 있다. 가령 최근의 흑인 인권 운동 '흑인의 목숨도 소중하다Black lives matter'는 흑인 페미니스트 세 사람(얼리시아 가르자, 퍼트리스 칸컬러스, 오펄 토메티)의 주도로 시작되었다. 브라질과 헝가리, 칠레, 인도, 미국에서 새롭게 떠오르는 여러 강력한 사회운동의 선두에는 종교적, 정치적 극단주의에 반대하는 페미니스트들이 있다. 또한 점점 더 많은 진보적인 여성들이 공직에 출마하고 있다. 시프먼은 말한다. "여성들, 특히 유색인 여성, 저소득층 여성 등 소외 계층 여성이 변혁 운동을 이끌며 권력을 키우고 있는 모습에 가슴이 벅찹니다. 이런 운동이 모든 것을 바꿀 거예요."

시프먼은 사회 불평등의 피해자들을 그들 삶의 전문가로 사고하고 그들을 사업의 중심으로 삼는 선구적인 자선사업가다. 노보 재단 활동 중에는 미국 내의 여성 대상 폭력을 근절하기 위해 10년 계획인 '무브 투 엔드 바이올런스', 성별 기반 폭력에 맞서 싸우는 유색인 여성들에게 투자하는 '컬렉티브 퓨처 펀드' 같은 획기적인 사업을 추진했다. 시프먼이 이끄는 노보 재단은 미국의 유색인 여성 청소년 지원 사업을 위해 9000만 달러라는 전무후무한 규모의 자금을 확보했다.

패멀라 시프먼이 거절에서 배운 것

때로 우리는 정말로 원해서가 아니라 원해야 해서 원한다.

나는 어릴 때부터 내가 여성의 권리를 증진하고 여성 대상 폭력을 근절하는 일에 평생을 바치리란 걸 알았다. 가정폭력과 성학대를 겪는 사람들이 내 주변에 있었고, 내 삶을 둘러싼 성차별을 명확하게 느끼고 있었다.

고등학교 시절, 친한 친구 한 명이 남자친구에게 스토킹을 당했다. 그때는 스토킹이라는 말도 없었다. 난 그 남자가 내 친구를 통제하려 든다는 정도로 생각했다. 그런데 대학에 진학한 뒤, 내 친구가 끔찍한 일을 당했다. 그 남자친구가 친구의 학교에 찾아와 근거리에서 친구의 뒤통수에 총을 쏜 뒤 자살한 것이다. 천만다행히 친구는 목숨을 건졌다. 바로 그 시점부터 나는 여자들이 안전하고 존엄하게 살아갈 수 있는 세상을 만드는 일이 내 소명이라고 확신했다.

대학에서는 운동을 했고 그다음엔 로스쿨을 선택했다. 변호사가 되고 싶어서가 아니라 나의 사회정의 운동과 정책 수립에 도움이 될 것 같아서였다. 미시간대학 로스쿨 졸업을 앞두고 나는 재판 연구관이 되려고 했다. 일류 로스쿨 졸업생들은 로펌 변호사가 될 생각이 아니라면 2년간 재판 연구관으로 일하는 경우가 아주 많았다. 나는 미국 전역의 재판 연구관 자리에 최소 100군데 지원했다. 그리고 기다렸다. 오는 편지마다 이렇게 시작했다. "지원해주셔서 감사합니다. 당신은 좋은 후보이지만, 다른 좋은 후보가 많아서…" 얼마나 거절을 많이 당했는지 어리둥절할 정도였다. 세 군데에선 면접을 보기도 했지만 결국 다 떨어졌다. 난 절망했다. 참담했다. 내가 아는 사람 중에 재판 연구관이 되지 못한 사람은 거의 없었다. '내가 뭘 잘못했길래?'

졸업 직전, 동기들은 거의 다 일자리를 찾았다. 로펌에 가고 싶어했던 이들은 로펌에 취직했고, 공익 관련 법에 관심 있는 이들은 연구비를 지원받았다. 나와 가까운 교수 한 분은 연구자가 외국에 나가 독자적인 프로젝트를 진행할 수 있도록 지원하는 어느 프로그램의 수장이었다. 그는 나에게 그 연구 프로그램에 지원해보라고 조언했다.

나는 그에게서 받은 신청서 양식을 채우면서 처음으로 재판 연구관이 어떤 직업인가 생각해보았다. 판사의 의견을 받아쓰는 사람. 유능한 변호사가 되기 위해 거치는 자리. 재판 연구관이 되겠다고 정신없이 지원서를 보내는 동안 내가 변호사가 될 계획이 없다는 걸 잊고 있었다. 재판 연구관은 명망이 높은 직업이었기에 내가 그 일을 해야만 하는 줄 알았는데, 생각해보니 그건 내가 즐길 만한 일이 아니었다.

나는 그 국제 연구 프로그램에 합격하여 남아프리카공화국에서 프로젝트를 진행했고, 그건 내 인생 최고의 경험이 되었다. 나는 남아공 역사 최초로 민주 선거로 구성된 의회에서 아프리카민

족회의 여성 의원 총회의 법률 고문으로 일했다. 그때 나와 함께 일한 사람들은 오늘날까지도 나의 멘토로 남아 있다. 그들은 나에게 급진적 사회변화의 가능성을 보여주었고 그 변화를 실현하는 방법을 가르쳐주었다. 그들은 내가 세상을, 그리고 나의 커리어를 이해하는 방식을 처음부터 끝까지 바꾸어놓았다. 그때까지 나의 주된 관심사가 미국 내의 인종 평등, 성 평등, 경제적 평등이었다면 2년 후 귀국했을 때의 나는 사회정의, 특히 여성 청소년의 권리를 전 세계에서 실현하겠다는 목표를 품고 있었다.

나는 먼저 '오픈 소사이어티 재단'에서 일했고 그다음엔 여성 권리 단체인 '이퀄리티 나우'에서 공동 사무국장으로 일했다. 유엔에서는 분쟁 지역에서 자행되는 여성 대상 폭력을 근절하는 사업을 6년간 진행했다. 그다음이 노보 재단이었다. 2006년 제니퍼와 피터 버핏 부부가 설립한 노보 재단은 더 공정하고 균형 잡힌 세상을 만드는 데 헌신하는 단체다. 이곳에서 여성 문제에 초점을 맞춘 전략들을 개발했고 6년 뒤에는 재단 사무국장으로 선임되었다. 나는 새로운 팀을 꾸려 우리가 세상에 일으키고자 하는 변화를 실현할 방법을 찾았다. 여기에는 무엇이 필요한가, 구체적으로 어떤 펀딩 전략이 필요한가?

거절 뒤에는 진짜 사람들이 있다. 그들의 인간성을 인정하라.

노보 재단은 이런저런 단체들로부터 지원 가능 여부를 묻는 연락을 받는다. 이 세상에는 도움이 필요한 곳이 너무도 많고, 중요한 변혁 운동을 하는 사람이 너무도 많다. 노보 재단은 자원 규모는 컸지만, 내부 인력은 얼마 되지 않았고 우리에게 전해지는 그 모든 훌륭한 사업을 지원할 능력도 없었다. 그래서 나는 늘 사람들에게 '노'라고 말해야 했다.

거절은 정말 하기 어려운 일이고, 나도 거절을 잘하게 되기까지 시간이 걸렸다. 나는 불편하다고 해서 회피하지 않는 법을 터득했다. 헛된 희망을 주지 않기 위해서 '아마도'가 아니라 '안 된다'라고 단언하는 법을 익혔다. 연애를 끝낼 때 상투적으로 하는 말, 즉 '당신이 문제가 아니라 내가 문제예요'라는 표현이 우리에겐 참일 때가 아주 많았다. 아무리 훌륭한 사업이라도 재단의 전략적 목적과 일치하지 않는다든가, 다른 어딘가에서 자금을 대기에 딱 좋은 사업이지만 우리와는 맞지 않는다든가 하는 경우들이 있었다. 재단의 목표에 더 잘 부합하는 사업에 '예스'라고 말할 수 있으려면 '노'라고 말하기를 주저해선 안 되었다.

우리는 사람들이 열정과 시간과 고민을 쏟아부은 뒤 우리에게 지원을 요청한다는 사실을 늘 상기했고, 그들의 요구에 답변하는 데 많이 신경썼다. 우리는 기금 요청자들이 우리 또한 시간을 들여 그들의 제안을 검토했다는 걸 느끼길 바랐다. 나는 스스로에게, 또 재단 직원들에게 우리가 하는 거절이 누군가에겐 나쁜 소식이 될 것임을 계속 강조했다. 그 사실을 절대 잊어선 안 되었다. 또한 '노'라고 말할 때는 '예스'도 함께 전하려고 했다. 가령 우리가 도움을 줄 수 있는 다른 방법을 제안한다든가, 우리보다 더 잘 어울리는 기금 단체를 알려준다든가, 비슷한 생각을 가진 단체를 소개하는 식으로 말이다.

그랬을 때 "고맙습니다. 제가 바라던 답변은 아니었지만 알려주신 정보에 정말 감사합니다"라고 답장을 보내오던 사람들을 결코 잊지 않을 것이다. 우리가 최선을 다했음을 인정해주는 그런 말이 우리에게 큰 힘이 되었다.

나는 12년간 우리가 함께 성취한 그 모든 일에 큰 자부심을 느끼며 노보 재단을 떠났다. 앞으로도 나는 여성의 권리를 증진하는 데 계속 헌신할 것이다. 그것이 나라는 사람의 토대이기 때문이다. 여성의 지위, 특히 가장 소외된 계층의 지위는 모든 사회변화의 핵심이다. 나는 페미니즘 운동이야말로 모든 사람을 위해 공정한 세상을 만드는 운동이라고 믿어 의심치 않는다.

패멀라 시프먼의 조언

1. 어떤 일에서 거절 또는 퇴짜를 당했다면 이렇게 답장을 써라. "소식 알려주셔서 감사합니다. 소중한 시간 내어주셔서 고맙습니다." 이메일이나 전화 저편에 있는 사람에게 감사를 표하는 사람이 얼

마나 적은지 아는지? 그런 관계의 맞은편에 사람이 존재한다는 사실을 인정하는 행위는 결코 사소하지 않다. 거절은 기계가 하는 일이 아니다.

2. 사람은 자신이 해야 한다고 믿는 일, 진정 원하는 일을 잘한다. 자신의 영혼을 북돋는 일, 자신이 진정으로 사랑하고 잘하는 일을 추구할 때는 거절당하는 일도 줄어들 수 있다.

5부

거절에 효과적으로 대처하는 훈련 7가지

첫 책을 세상에 내놓은 후 나는 전국을 순회하며 여자들을 만나 직업상 실수를 수습하는 방법에 관해 이야기를 나누었고, 때로는 그들이 한 단계 한 단계 회복력을 키워나가도록 이끌었다. 그와 동시에 스미스대학에서 대학원생들을 대상으로 삶의 의미를 발견하는 연습을 진행했다. 이어서 이 책을 쓰기 시작하면서 거절에 관한 연구들을 조사했다. 그 과정에서, 내가 실행해온 연습 방법 가운데 거절에 대응하는 마음가짐 계발에 접목할 만한 내용들이 눈에 들어왔다.

이 연습법 중 일부는 동료들과 함께 개발했다. 스미스대학에서 일한 초창기부터 함께한 명예 총장 모린 메이호니, 지금은 브린마대학 총장으로 재직 중인 제니퍼 월터스, 거절이라는 주제에서 큰 힘을 발휘하는 '자기 공감' 이론을 소개해준 레이철 시먼스가 그들이다.

스미스대학의 프로그램은 원칙적으로 그룹 단위로 진행된다.

따라서 다음에 소개하는 연습은 독자 여러분이 신뢰하는 친구 한두 사람과 함께할 때 가장 이상적이다. "이야기에는 듣는 사람이 필요하다"는 것이 제니퍼의 신조인데, 여러분은 이 연습들을 통해 자신에 관한 새로운 이야기를 만들어낼 수 있고 그 이야기를 다른 사람에게 들려줌으로써 효과를 높일 수 있다. 또한 내가 만난 거의 모든 사람이 타인의 지지가 중요하다고 강조했다. 케리 스미스가 인터넷상의 혐오자들 때문에 괴로워할 때 그의 남편은 "당신과 만난 적도 없는 사람들"이라며 생각의 방향을 돌려주었다. 케이트 만은 거절 경험을 심리 상담사에게 이야기한다. 주 상원의원 선거에 출마했던 첼시 선데이 클라인은 첫 번째 토론을 망쳤지만 그 후 선거원들에게 격려를 받고 전문적인 훈련도 받았다.

요약하자면, 여기 수록한 연습들은 필요하다면 다른 사람과 함께하고 그렇지 않으면 혼자 해도 된다. 모든 연습을 다 할 필요도 없고 자신에게 맞는 것을 선택해서 하면 된다. 내용을 끝까지 읽고 파악한 다음에 시작해도 좋고, 당장 따라 해도 좋다.

심리학자 댄 맥애덤스에 따르면 우리 한 사람 한 사람은 이야기라는 재료로 정체성을 만들어나가는 존재이며, 그 이야기는 시간에 따라 진화하고 변화한다. 당신의 이야기를 일기장이나 온라인 공간에 계속 적어보라. 당신의 이야기가 늘 달라지고 있다는 사실을 스스로 깨닫게 될 것이다.

연습 1

자기 다면성 기억하기

드라마 〈오렌지 이즈 더 뉴 블랙〉으로 잘 알려진 배우 얼리시아 라이너는 수많은 오디션에 참가한다. 나와의 인터뷰에서 라이너는 오디션의 결과를 기다리는 동안 안달복달하며 시간을 보내기보다는 창작 활동과 정치 운동에 몰두한다고 했다. 그는 직접 각본을 쓰고 영화를 연출하며 공동체 운동에도 적극 참여한다. 딸을 키우는 엄마이기도 하다. 라이너가 살아가는 방식은 듀크대학 교수 퍼트리샤 린빌의 '자기 다면성' 강화 이론과 일맥상통한다.

린빌이 밝혀낸 바에 따르면, 우리의 자기 관념(스스로의 다양한 정체성을 바라보는 관점)은 우리가 삶에서 마주치는 스트레스성 사건들에 대처하는 방식에 큰 영향을 미친다. 사람들이 두 가지 이상의 자아상(자신에 대한 정의)을 발전시키는 양상을 린빌은 '자기 다면성' 이론으로 정리했다. 자기 다면성이 높을수록 스스로를 더 잘 보호할 수 있고, 반대로 실망스러운 일이 생겨도 우울해지거나 쇠약해질 가능성이 낮다.

그 이유가 뭘까?

첫째, 나쁜 일이 일어나도 우리는 이렇게 말할 수 있다. "이건 내 삶의 한 부분에 일어난 일이다. 삶의 다른 부분들은 여전히 만족스럽다." 한 영역(가령 일)에서 실망하더라도 다른 영역(친구 관계, 체육 활동, 창작 작업)에서는 계속 만족감을 느낄 수 있다는 뜻이다. 정체성을 구성하는 요소들은 독립적일수록 좋다. 그러면 나쁜 것이 좋은 것을 침범하는 일이 줄어든다.

다음의 「당신이 이력서에 쓰지 않은 사실들」은 내가 린빌의 연구를 접하기 훨씬 전에 알게 된 시다. 이 시를 독자 본인의 이야기로 다시 써보면 자기 다면성을 파악하는 데 도움이 될 것이다.

거절당할 위험이 생기거나 거절당할 만한 일에 뛰어들 때, 다음의 순서로 자기 다면성 재확인 연습을 하자.

1단계 공책이나 종이를 꺼내고 필기구를 준비한다.

2단계 조이스 서트펀의 『들판에 물 나르기*Carrying Water to the Field*』에 수록된 다음 시를 읽는다.

> **당신이 이력서에 쓰지 않은 사실들**
>
> 악몽을 꾼 어린 자녀 때문에
> 한밤중 자주 잠에서 깼다는 사실,

때로는 우는 소리를 들은 것 같아
깨지만 다들 푹 잠들어 있고
그래서 달빛 속에 선 채
그들의 숨소리에 귀 기울일 뿐이었다는 사실,
작은 칫솔에다 치약 짜는 데 전문가이고
몸을 숙여 그 칫솔로 치아마다 열 번씩 꼼질거리며
〈애니〉에 나오는 노래를 부르는 데 전문가라는
사실, 당신은 말하지 않았지.
당신이 『스즈키 바이올린 교본』 첫 네 권에 실린 곡들의
핑거링을 안다는 사실과
푸와 피글릿의 목소리를 특히 잘 흉내 내지만
당신이 가장 낭독하길 좋아하는 건
『프랜시스의 취침 시간』이며 낭독 연습에는
글리니스 존스를 참고했다는 사실,
누가 짐작이나 할까.
알고 보면 당신은 『나니아 연대기』와
『반지의 제왕』 3부작을 (또 여기 다 적을 수 없는 다른 많은 책을)
아이들이 잠자리에 들기 전과
옐로스톤 공원에 가는 길에 그들에게
읽어주었다는 사실도 이력서에 적지 않았지.
아이들을 바다에 산에 데려갔고 그들을 안전하게
집에 데려왔다는 사실을.

3단계 종이 맨 위쪽에 "내가 이력서에 쓰지 않은 사실들" 또는 "내가 의학대학원 지원서에 쓰지 않은 사실들" 또는 "내가 링크드인 프로필에 쓰지 않은 사실들" 등의 제목을 적는다.

4단계 당신만의 경험을 생각하면서 그러한 사실들의 목록을 작성하거나 시 또는 산문 형태로 표현해본다. 다음과 같은 질문을 힌트로 삼아 답을 끌어내보자. 나는 친구들에게 어떤 방식으로 애정을 표현하는 사람인가? 나는 손으로 무엇을 만들 줄 아는가? 내가 가장 최근에 한, 생산적이진 않지만 재미있었던 일은 무엇인가? 야외 활동은 어느 정도로 하는가? 식물이나 반려동물과의 관계는 어떤가?

5단계 일과 관계없는 여러 정체성을 상기하기에 적당한 장소를 골라 종이를 붙여놓는다.

연습 2

빠르게 관점 바꾸기

엘리자베스 벨 박사는 의학대학원 진학이라는 목표를 세우면서 이렇게 생각했다. '학교에서 학생들을 격려할 때와 똑같이 나 자신을 격려하자.' 이처럼 내면의 목소리를 이용하여 스스로를 격려하는 일, 또 자신에 대해 글을 쓰는 일은 회복력 강화에 매우 효과적인 방법이다.

미시간대학의 이선 크로스 연구팀은 사람들이 어떤 상황에서 거절 경험을 비정상적으로 파고들고 집요하게 반추하는지를 연구해왔다. 크로스 박사는 이렇게 설명한다. "그런 행동은 해롭습니다. 그래서 우리는 '사람들이 그런 행동을 하지 않게 만드는 방법은 무엇일까?'를 연구합니다." 크로스에 따르면, 거절 경험과 거리를 두는 것이 중요하다고 하는데, 이는 물론 우리가 직관으로 알 수 있는 명백한 사실이다. 그의 설명에서 놀라운 부분은 그 거리를 만들어내는 구체적인 방법이다.

"무슨 일인가로 거절당하고 온 친구를 만났다고 상상해보세요. 우리는 그 친구에게 이렇게 말하겠죠. '넌 겨우 한 번 거절당한 거야. 넌 앞으로 나아가야 해. 수많은 기회가 널 기다리고 있을 거야.'" 바로 이렇게 친구를 위로하듯이 스스로를 위로하는 방법, 특히 '나'라는 1인칭을 쓰지 않고 자신과 대화하는 방법이 도움이 된다고 한다.

'나는 퇴짜 맞았어. 나는 망했어'라고 생각하는 대신에 실제로 본인의 이름을 부르면서 '제시카, 넌 망한 게 아니야'라고 하거나 '그'라는 3인칭 대명사를 써서 '그는 망한 게 아니야'라는 말로 자신의 이야기를 자신에게 들려주는 것이다. 마음속으로, 또는 글로 이 작업을 하면 당신의 뇌가 객관적으로, 이성적으로 판단하도록 생각의 방향을 돌릴 수 있다.

크로스 박사는 '거리 두기를 통한 자기 대화'라고 칭한 이 기법이 거절에 대처하는 데 효과가 있음을 입증했다.

다음은 내가 가르치는 학생들에게 늘 좋은 반응을 얻는 연습이다. 이번에 활용할 자료는 비벌리 롤웨건의 시다. 그는 "그 여자가 원하는 단 하나는"으로 시작하는 시들로 한 권의 시집을 완성했다. 나는 그 책 전체를 너무도 좋아하지만, 그중에서도 관점 전환 연습에 알맞은 시 두 편을 골라 여기에 소개한다.

1단계 공책이나 종이를 꺼내고 연필이나 펜을 준비한다.

2단계 비벌리 롤웨건의 『그 여자가 원하는 단 하나는*She Just*

Wants』에 수록된 다음 시를 읽는다.

필수적인

그 여자가 원하는 단 하나는
자신의 필수적인 슬픔을 간직하는 것이다.
다들 그가 언제나 행복하기를 바라지만
그는 모두에게 그런 걸 바라지 않는다.
각 사람에겐 가치 있는
슬픔의 실이 들어 있다.
비행기에서 훌쩍이는 아이, 전화기 옆에서 기다리는
불행한 여자, 아내 뒤에 있는 창문을 바라보는 남자.
바이올린 소리가 그들 모두를 통과하고,
음 하나가 처음부터 끝까지 길게
이어진다.

일하는 자리

그 여자가 원하는 단 하나는
하루 여덟 시간 일하는 자리에 고용되는 것이다.
출세는 관심사가 아니다. 급료를 주고
무료 주차가 되는 자리면 충분하다.

> 저녁을 먹은 뒤 읽을 중요한 서류로 가득 찬
> 서류 가방을 들고 다니고 싶은 게 아니다.
> 전화한 사람에게 회신하고 싶은 게 아니다.
> 집에 오면 신발을 차서 벗고
> 왈츠를 추며 주방을 돌아다니면서
> "난 참 대단한 사람이야" 하고
> 노래하고 싶은 것이다.

3단계 "그 사람이 원하는 단 하나는"으로 시작해서 두어 문단을 쓴다(대명사는 바꾸어도 좋다). 시 형식으로 써도 좋다.

4단계 당신의 마음에 남아 있는 거절 경험에 대해 생각한다. 그 일을 떠올리면서 "그 사람이 원하는 단 하나는"으로 시작하는 시 또는 산문을 쓴다. "네가 원하는 단 하나는"이라고 2인칭으로 써 보는 것도 재미있을 것이다.

5단계 이 연습을 통해 거절 경험이 새롭게 느껴지거나 다르게 생각되는지 확인한다.

연습 3

자기 공감 훈련

이 책에 참여한 저자 중 다수가 감정을 제대로 느끼는 일의 중요성을 강조했다. 코미디 센트럴 방송국의 재능개발부 차장 태라 슈스터는 거절의 아픔에 애써 저항하기보다는 아이의 까진 무릎에 입을 맞추는 부모를 상상하라고 조언했다. 이 상상에서 우리는 무릎이 까진 아이인 동시에 그 부모다.

슈스터의 기분 전환 기술은 크리스틴 네프의 연구와 일맥상통한다. 텍사스 주립대학 오스틴 캠퍼스의 심리학자인 네프 박사는 자기 공감 이론으로 대중에게 잘 알려져 있으며, 그의 테드 강연은 150만 회 이상의 조회수를 기록했다. 그는 자기 공감 연습의 힘을 연구로 입증해왔다.

자기 공감 연습은 세 가지 요소로 구성된다.

첫째, '지금 여기'에 충실해지는 연습이다. '나는 일에서 거절당했고, 마음이 아파'와 같이 현재 일어나고 있는 일과 그에 대한 감정을 인정한다.

둘째, 자신을 다그치는 대신에 친구에게 하듯 말을 거는 연습이다. 우리는 친한 친구에게 "이젠 일자리를 영영 못 구하겠네?"라는 식의 부정적인 말은 하지 않는다. 그보다는 위로의 말과 함께 재미있는 움짤을 보낸다거나, 쿠키를 구워다준다거나, 함께 춤을 추러 간다거나, 집에 와서 넷플릭스 몰아보기를 하자고 권한다. 자신에게도 바로 그렇게 하는 것이다.

셋째, 다른 사람들의 관점에서 생각하는 연습이다. '세상에 이 일을 이딴 식으로 하는 멍청이는 나밖에 없지'라고 자책하기보다는 '다른 사람들도 이런 일을 겪을 거야. 누구라도 지원한 회사에 떨어질 수 있어. 이건 보편적인 경험인 거야'라고 생각하는 것이다.

네프 박사는 자기 공감 워크북 등 여러 권의 책을 펴냈으니 한번 살펴보길 바란다. 심리 치료사인 내 친구 수지는 임상 경험을 토대로 네프 박사의 '백드래프트' 개념을 특히 강조했다. 소방관이 불을 끄려고 문을 열면 불에 산소가 공급되어 불길이 세차게 밀려오는데, 이 현상을 백드래프트(역류)라고 한다. 자기 공감은 마음에 산소를 공급하는 것에 비유할 수 있다. 고통스러운 감정이 물밀 듯이 터져나올 수 있다는 뜻이다. 차라리 스스로에게 '넌 노력이 부족했어' 하는 식의 매몰찬 말을 해서 그 아픈 감정을 꾹꾹 눌러 다지는 편이 수월하게 느껴질 정도다. 그러나 네프 박사는 그런 인간적인 본능이 사실은 도움이 되지 않는다고 말한다.

자기 공감은 자존감과는 다른 개념이다. 저명한 심리학자 진트웬지에 따르면 자존감은 정서적 행복과는 무관하며 오히려 자기 중심주의에 가깝다. 자기 공감은 스스로에게 초점을 맞추기보다는, 어려운 일에 대처하기 위해 과학적인 접근법을 구축하는 것을 목표로 한다. 이러한 접근법은 당연히 연습이 필요하다. 다음의 단계를 따라 연습을 시작해보자.

1단계 크리스틴 네프의 온라인 강의 동영상 한 편을 찾아본다.

2단계 자기 공감의 3요소를 살펴본다. 첫째, 문제가 되는 거절에 대해 자신이 느끼는 감정을 인정한다. 둘째, 친한 친구에게 하듯이 스스로에게 말을 건다. 셋째, 당신과 비슷하게 힘든 일을 겪고 있는 다른 사람들과 당신이 연결되어 있음을 생각한다.

3단계 수시로 자기 공감을 연습한다. 네프 박사의 웹사이트에는 자기 공감 심화 연습을 위한 무료 온라인 자료가 많으니 꼭 둘러보도록 한다.

연습 4

상상의 '사진'을 스케치하며 성장하는 마음가짐 훈련하기

아이사 왓슨은 제이피모건에서 일하는 동안 해독하기 어려운 업무 평가를 받았다. '분석 기술'을 보강해야 한다는 피드백이었다. 무슨 뜻일까? 왓슨은 나에게 이렇게 말했다. "모델을 구축하고 사업 데이터를 분석하는 능력이 부족하다는 뜻이었죠. 참고로 난 매사추세츠 공과대학 경제학과에서 금융공학 연구로 석사 학위를 땄어요(그리고 수석 졸업을 했죠). 내 주변에 나만큼 분석 기술이 잘 갖춘 사람은 한 명도 없었어요. 즉 그들의 의견은 내 능력과는 전혀 상관없는, 그들 자신의 편견에서 비롯된 것이었죠." 실제로 흑인 여성은 백인에 비해 직장에서 편견에 부딪히는 일이 더 많고 상사의 지원을 받기는 더 어렵다.

흑인 여성은 실용적인 비판을 듣기도 더 어렵다. 하버드대학 경영대학원에서 노동과 젠더를 연구하는 로빈 엘라이 교수는 유색인 여성은 물론 백인 여성도 약점을 보완하는 데 필요한 실질적인 정보 대신에 모호하기만 한 긍정적인 평가를 받는 경향이 있다고 나에게 설명했다. "남자들이 실패했을 때 그들은 더 많은 피드백을 받고 거기서 배울 수 있어요. 반면에 우리 여자들이 실패했을 때는 정확히 무슨 일이 벌어졌는지 알기조차 어렵고, 우리가 알아서 사태를 파악해야만 합니다."

왜일까? 엘라이 교수에 따르면 직원에게 피드백을 전혀 주지 않는 것은 어려운 일이기 때문에 '시혜적 성차별'이 나타난다고 한다. 여기에 '시혜적 인종차별'까지 더해질 수 있다. 상사들은 여성이나 유색인 직원들에게 실망스러운 말을 하지 않으려 하는데, 그 '친절함'이 결국 독이 된다.

이런 점을 고려하면 상사들에게 이렇게 물어보는 것이 좋다. "제가 더 보완하면 좋을 만한 영역을 한 가지 짚어주시겠어요?" 자세한 정보를 달라고 요구하는 것이다.

그렇게 얻은 자세한 정보 때문에 자신감이 일시적으로 떨어질 수도 있다. 그러나 여기서 스탠퍼드대학 캐럴 드웍 교수의 '성장하는 마음가짐' 이론을 떠올려보면, 인간의 뇌는 학습에 따라 변화한다. 우리가 어떤 기술을 얻기 위해 연습하면 실제로 그 기술을 얻을 수 있다. 특히 체계적인 연습을 통해 특정한 기술을 보완할 수 있다고 강하게 '믿을수록' 그 기술을 보완할 가능성이 커진다.

성장하는 마음가짐을 '그저 버텨라'는 말의 동의어로 생각해선 안 된다. 중요한 것은 '어떻게' 하느냐고 자신의 노력을 '어떻게' 평가하느냐다. 무언가를 학습하는 과정을 아주 구체적으로 평가하는 방법을 다음과 같이 연습해보자.

1단계 공책이나 종이를 꺼내고 연필 또는 펜을 준비한다. 색연필이나 마커를 사용해도 좋다.

2단계 살면서 경험한 일 가운데, 처음엔 자신이 못한다고 생각했거나 시도하기가 두려웠지만 연습을 통해 잘할 수 있게 된 일을 한 가지 찾아내서 종이에 쓴다. 자전거 타기, 빵 굽기, 회계 프로그램 다루기, 갓난아이 키우기 등 무엇이든 좋다!

3단계 세 개의 사각형을 그린다. 각각 상상의 사진이 들어갈 자리다.

4단계 당신이 선택한 그 일에서 가장 인상적이었던 순간들을 찾아내보자. 그리고 그 순간을 사진으로 찍었다면 어떤 모습일지 상상해보자. 예를 들어 '빵 굽기'가 나의 키워드라면 어느 사진에서 나는 오븐 앞에 서 있고 주변에 깨진 유리가 널려 있다. 빵에 증기를 쏘여준다고 파이렉스 냄비를 오븐에 넣었다가(인터넷의 한 레시피에 그렇게 하라는 댓글이 있었다) 냄비가 폭발해 사방팔방으로 파편을 날린 것이다.

5단계 다시 세 개의 상자를 그린다. 이번에는 과거에 배운 기술이 아니라 앞으로 배우고 싶은 기술에 대해 생각한다. 어떤 연습을 해야 잘할 수 있을까? 어떤 단계를 거쳐야 할까? 이에 관해 세

장면을 떠올려 그리거나 글로 써보자.

6단계 두 개의 스케치(과거에 배운 기술에 대한 스케치와 앞으로 배울 기술에 대한 스케치)를 눈에 잘 띄는 곳에 붙여둔다.

7단계 이 스케치를 바탕으로, 앞으로 배우고 싶은 기술에 필요한 단계들을 파악한다. 한 단계를 선택하여 시작한다. 그리고 '한 문장 일기'를 쓰면서 진척 정도를 기록한다. 특정 단계에서 발전하기 위해 어떤 노력을 했는가를 매일 한 문장씩 써나가는 것이다.

연습 5

컨설턴트 라라 갤린스키의 목적 되새기기 연습

목적의식은 우리에게 거절을 극복할 힘을 준다. 앤절라 더크워스의 대학원 지도 교수는 그의 연구에 문제가 있다고 보았지만, 더크워스는 자신에게 그의 승인이 필요하지 않음을 깨닫고 연구를 그대로 진행했다. 그리고 바로 그 연구 덕분에 일찌감치 학자로서 두각을 나타내게 되었다.

내 친구 라라 갤린스키는 10년 넘게 '목적'이라는 주제를 연구하고, 사람들이 목적을 되새길 수 있도록 돕는 멋진 방법을 개발해왔다. 현재 갤린스키는 개인, 비영리단체, 기업의 컨설턴트로 활동하고 있는데 그의 상담 작업은 언제나 목적을 중심에 둔다. 갤린스키가 윌리엄 데이먼, 켄들 코튼 브롱크, 제니 메논 마리아노의 연구를 바탕으로 수립한 '목적' 개념은 이렇다. "목적은 자아에 유의미한 동시에 자아 너머의 세계에도 중요한 영향을 미치는 어떤 일을 성취하고자 하는 지속적이고 일반적인 의도다."

갤린스키는 먼저 사람들이 목적에 관해 오해하고 있는 부분들부터 짚는다. 가령 목적이 고정되어 있다는 생각은 오해다. 실제로는 우리가 배우고 성장하고 한 인간으로서 성숙하는 과정에서 목적이 달라질 수 있다. 활이 과녁을 맞추듯 목적과 커리어가 완벽하게 맞아떨어져야 한다는 생각도 오해다. 경우에 따라서는 목적과 커리어가 합치될 수도 있지만 반드시 그래야만 하는 것은 아니라고 갤린스키는 말한다. 목적은 가정생활을 통해서 또는 취미를 통해서 성취될 수 있고, 심지어는 우리가 매일의 일상에서 사람들을 대하는 모습을 통해서도 성취될 수 있다. 목적은 사치스러운 기쁨이라는 생각도 오해다. 최근 한 중요한 연구에서 목적의식을 가진 사람은 그렇지 않은 사람보다 더 오래 산다는 결과가 나왔다! 모든 사람은 기본적인 욕구들에 더해 목적의식을 가질 자격이 있다고 갤린스키는 말한다.

라라 갤린스키가 컨설팅 작업에서 의뢰인과 함께 사용하기 위해 개발한 워크북 『진실한 것들』은 일련의 과정을 통해 사람들이 자신 안에서 목적을 재발견하고 되새기게 한다. 고맙게도 갤린스키는 다음 내용을 이 책에 수록하도록 허락해주었다. 그의 모델을 통해 우리는 내부의 목적(나의 장점, 가치, 능력)과 외부의 목적(가족 안에서, 공동체 안에서, 어떤 사안에 대해서, 회사나 조직에 대해서, 이 세상에 대해서 내가 기여하는 바들)을 구체적으로 파악할 수 있다. 이 모델은 우리 안에 존재하는 목적을 보듬고 키워서 우리 바깥에 있는 목적을 성취하도록 이끈다.

1단계 공책이나 종이를 꺼내고 필기구를 준비한다.

2단계 다음 질문들에 대해 생각하고 답을 적어본다. 평가하지 말고, 고치려고도 하지 말고, 자연스럽게 써내려가면서 무엇이 쓰이는지 본다.

· 당신이라는 사람을 구성하는 가장 중요한 가치는 무엇인가? 세 가지에서 다섯 가지 적는다.

· 당신이라는 사람을 단 한 단어로 요약한다면? 당신이 삶의 여러 영역에서 만나는 다양한 사람들에게 이 질문을 던진다면 그들은 당신을 어떤 형용사로 설명할까? 세 가지에서 다섯 가지를 적는다.

· 타인과의 관계에서 또는 집단 안에서 당신이 반복적으로 맡게 되는 역할은 무엇인가? (조직하는 사람, 가르치는 사람, 사람들을 모으는 사람, 비전을 제시하는 사람, 문제를 제기하는 사람 등) 세 가지에서 다섯 가지로 자신의 역할을 설명해본다.

· 사람들이 당신의 활동을 어떤 식으로 받아들였으면 좋겠는가? 어떤 장소를 떠날 때 거기 남겨두고 싶은 것은 무엇인가?

이다음 질문들은 자아 바깥의 목적을 알아보는 것들이다.

· 당신의 가족 전통 중에 계속 이어나가고 싶은 것은 무엇인

가? 반대로 끊거나, 바꾸거나, 고치고 싶은 전통은 무엇인가? 세 가지에서 다섯 가지를 적어본다.

• 현재 당신에게 기쁨을 주는 일, 또는 자연스럽게 몰입하게 만드는 일은 무엇인가? 그런 활동을 세 가지에서 다섯 가지 적어본다. 여기에 어떤 패턴이 보이는가?

• 당신이 품은 꿈과 희망 가운데 거듭거듭 떠올리는 것이 있는가? 끝내 이룰 수 없을진 몰라도 놓고 싶지 않은 바람이 있다면 그건 무엇인가?

• 당신은 이 세상에 어떻게 기여하고 싶은가? 어떤 종류의 문제를 보면 해결하고 싶은 마음이 들고 책임감이 느껴지는가?

위의 답변들을 살펴보면서 의미를 추출해보자. 어떤 패턴이 눈에 띄는가? 전에는 몰랐던 새로운 연관성이 보이는가? 스스로 생각해도 뜻밖인 답변이 있는가? 여기서 라라 갤린스키는 그 의미를 완전히 이해할 순 없더라도 현재 당신에게 중요한 것에 관한 '힌트'나 '암시'가 들어 있는 답변에 동그라미를 치라고 한다.

우리는 '내 삶의 목적은 이러이러하다' 또는 '이 일의 목적은 이러이러하다' 하는 식으로 목적을 한 가지로 규정하려는 경향이 있지만, 우리가 이 순간 하고 있는 일에는 여러 가지의 목적이 있을 수 있고 시간이 흐르면서 목적이 달라질 수도 있다. 따라서 일과 관련하여 거절당했을 때는 그 일을 하려는 이유에 대해, 그 일에 담겨 있는 더 심오한 목적들에 대해 찬찬히 생각해보는 것이 좋다.

연습 6

로라 후앙 박사의 '10번 거절당하기' 연습

『에지: 위기를 기회로 바꾸다』를 쓴 로라 후앙 박사는 하버드대학 경영대학원 학생들에게 '10번 거절 당하기 연습'을 통해 거절에 대처하는 방법을 훈련시킨다. 위험 감수라는 문제에 유머를 부여하는 멋진 연습 방법이다. 이 연습을 통해 여러분도 하버드대학 경영대학원 학생들과 마찬가지로 놀라운 '예스'의 순간을 경험할 수 있을 것이다.

이 연습의 목표는 문자 그대로 10명에게서 '노'를 듣는 것이다. 후앙 박사는 이렇게 설명했다. "발뺌하는 식으로 해선 안 돼요. '내가 이건 못해도 저건 할 수 있지'가 아니에요. 그런 방어책을 쓰는 경우엔 처음부터 다시 시작해야 합니다." 이 연습에서는 한 명에게 거절당할 때마다 그에 관해 짧은 한 문단의 글을 쓴다.

가령 학생들은 이 과정을 통해 다양한 사람과 소통하게 되고, 그때그때 알맞은 소통 방식과 질문 기술을 활용하게 된다. 흥미로운 사실도 발견한다. "우리는 사람들에게 '예스'를 끌어내려고 노력하는 데 너무도 익숙해요. 모든 사람이 우리를 좋아했으면 하고 우리 의견에 동조하기를 바라죠. 하지만 이 연습에서는 '노'를 받아내야 하잖아요? 그럼 생각하게 되죠. 누구를 찾아가야 할까? 어떤 사람이 '노'라고 말할까? 어떤 식으로 소통해야 할까? 그 과정에서 새로운 종류의 근육들이 단련되고, 사람들이 나를 생각하는 방식과 내가 사람들을 생각하는 방식에 대해 알게 돼요."

후앙 박사에 따르면 학생들은 이 연습에서 사람들이 우리가 생각하는 것보다 훨씬 더 자주 '예스'라고 말한다는 사실을 깨닫는다. 후앙 박사는 이렇게 말했다. "학생들은 이 연습에서 전혀 예상하지 못했던 엉뚱한 것들을 얻어옵니다. 어떤 학생은 슈퍼 볼 입장권 두 장을 받아왔어요. 또 다른 학생은 어떤 사람의 별장에서 일주일 동안 지내도 좋다는 약속을 받아왔고요."

'10번 거절당하기' 연습은 혼자 해도 좋은 훈련이지만 친구나 그룹과 함께 해도 재미있을 것이다. 기본적인 방법은 다음과 같다.

1단계 공책이나 종이를 꺼내고 필기구를 준비한다.

2단계 사람들에게 부탁할 만한 일들을 쭉 적는다. 작은 것부터 시작해보자. 학생이라면 보고서 마감 기한을 연장해달라고 부탁하기, 직장인이라면 사진을 잘 찍는 친구에게 링크드인(또는 틴더?)에 올릴 프로필 사진을 찍어달라고 부탁하기 등이 될 수 있다. 최대한 상상력을 발휘해보자.

3단계 10번의 거절을 수집한다. 중요한 것은 부탁하기 전과 후에 자신의 마음 상태를 계속 확인하는 것이다. 그리고 이를 글로 남겨둔다. 효과적인 소통 방법이 발견되면 그에 관한 데이터를 수집하고, 거절당해도 기분이 괜찮았다면 그 이유나 비결에 대해서도 데이터를 수집한다.

연습 7

이 책의 한 챕터를 쓴다고 상상하기

나는 이 책의 공저자들을 인터뷰할 때 이렇게 물었다. "당신이 커리어를 쌓아온 과정에 대해서, 그리고 일과 관련한 결정적인 거절 경험에 대해서 알려주세요." 나는 그들에게 시금석이 되고 성장의 계기가 된 거절 경험, 혹은 뭔가 알 수 없는 이유로 마음에 오래 남아 있는 거절 경험에 대해 듣고 싶었다.

나의 인터뷰 방식에 큰 영향을 미친 사람은 지식과 학습을 연구하는 멜리사 피트 박사다. 나는 그에게 배운 '생성하는 지식 인터뷰 기법'을 스미스대학 학생들에게도 가르친다. 이 기법의 목표는 암묵적 지식을 발견하는 것이다. 암묵적 지식이란, 마음 깊은 곳에서는 알고 있지만 의식적으로 표현한 적 없는 일들의 의미를 말한다.

이 기법은 사람을 바꾼다. 그 한 사례가 내 워크숍에 참여했던 켄지라는 학생의 경우다. 그는 국제 언론사에서 인턴으로 일했던 경험을 설명하면서 "한번은 곧 집이 철거당할 예정인 베두인들을 만나고 왔다"고 했다. 하지만 켄지는 그 경험에 대해 글을 쓰려고 하지 않았다. 그는 교실에서 나를 따로 불러내더니 처음의 주제를 포기하겠다고 했다. 그는 자신이 그 철거 사건에 대해 쓴 기사를 두고 '새롭지 않다'며 편집장이 기각했었다는 사실을 자기 입으로 말하고 싶지 않았던 것이다.

켄지는 함께 이야기를 나누는 과정을 통해 그 거절 경험이 숨겨야 할 이야기가 아님을 깨달았다. 나아가 그 이야기는 장차 켄지의 앞날을 결정하게 될 중요한 열쇠였다. 그는 자신이 저널리스트가 아니라 국제 인권 활동가가 되고 싶다는 것을 그 거절 경험을 통해 깨달았기 때문이다.

켄지의 이야기에서 알 수 있듯이 거절은 그 사람이 구축해온 가치와 목표를 확인하는 유용한 방법이 될 수 있다. 그뿐 아니라 켄지는 이 퇴짜 경험에 관해 쓴 글을 활용하여 옥스퍼드대학원에 진학할 수 있었고 이제는 외교 정책 분야에서 일하고 있다.

다음의 인터뷰 연습은 켄지 같은 학생들과 함께한 작업을 바탕으로 구성한 것으로, 지금도 나는 스미스대학에서 이 연습을 활용하여 학생들이 지나간 일을 반추하고 자신의 정체성을 특징 짓는 목표들이 무엇인지 탐색하도록 이끌고 있다. 친구들을 인터뷰해도 좋고 자기 자신을 인터뷰해도 좋다.

1단계 공책이나 종이를 꺼내고 필기구를 준비한다.

2단계 실망한 경험 또는 거절당한 경험, 즉 자신의 기대에 어긋났던 일 한 가지를 글로 쓴다.

3단계 그 일의 한 가지 요소에 집중한다. 그때 그 장소는 어디였는가? 누가 함께 있었는가? 어떤 일이 벌어졌는가? 영화의 한 장면을 묘사하듯이 그 일을 설명할 수 있는가?

4단계 실망하거나 거절당한 그 순간에 당신이 잘했던 일은 무엇인가? (또는 당신이 새롭게 배운 점은 무엇인가?)

5단계 그처럼 힘든 순간에도 당신이 어떤 일을 잘할 수 있게 한, 혹은 새로운 점을 배울 수 있게 한 당신만의 기술이나 가치는 무엇인가?

감사의 말

이 책에 참여해달라는 나의 요청을 수락해준 저자들에게 가장 감사합니다. 여러분은 나에게 귀한 시간을 내어주었고 많은 것을 가르쳐주었습니다. 고맙습니다.

스미스대학의 동료들에게도 감사합니다. 수전 에더리지, 당신의 '성찰과 통합' 프로그램에 감동했습니다. 보르자나 마이킥, 당신을 상사로 둔 나는 행운아예요. 당신은 진정한 리더이고 나는 매일 당신에게 많은 것을 배우고 있습니다. 같은 팀의 에린 콘, 에밀리 노턴, 모니카 딘, 르네 히블로, 스테이시 헤이건보는 내가 만난 최고의 만난 동료들입니다. 여러분의 지성과 유머와 창의력과 훌륭함 덕분에 잘해나갈 수 있었습니다. 고맙습니다. 특히 스테이시는 이 책에 멋진 아이디어를 보태주었습니다.

인터뷰 원고를 검토하며 주제를 잡는 과정에 도움을 준 리디아 오르티즈, 셰니스 베일리, 티파니 조에게 감사의 말을 전합니다.

애리엘 엑스터트, 제시카 골드스타인, 프랜 로즌펠드, 벤 버크

먼, 세라 무어, 앤디 소카치, 레이철 시먼스 등 이 책의 저자들을 찾아내는 데 도움을 준 친구들, 가족들, 동료들에게 감사합니다. 내 첫 책의 편집자로 나에게 많은 것을 가르쳐준 케이트 나폴리타노에게 감사합니다. 당신은 나에게 정말 중요한 사람이랍니다.

나의 에이전트 린지 에지컴은 그 누구보다 명석하고 다정한, 내가 만난 최고의 에이전트입니다. 플럼 출판사의 담당 편집자 질 슈워츠먼은 내가 이 책을 쓰기 시작한 순간부터 계속 나를 이끌어주었습니다. 갈피를 잃을 때면 질의 이메일이 큰 힘이 되었죠. 질도 스미스대학에서 공부했더군요. 이보다 운이 좋을 수 없었어요.

나의 부모님 짐 레빈과 조앤 레빈, 형제 조시 레빈, 시부모님 데비와 조엘, 시누이 개브리얼, 당신들을 전부 가진 나는 행운아예요!

마지막으로 에디와 엘리야에게 고마움을 전합니다. 사랑하는 아이들, 너희가 정말 자랑스러워. 조 배컬, 늘 새로운 것을 배우는 당신은 성장의 롤 모델이에요. 당신은 내가 아는 제일 재밌는 사람이죠. 당신의 존재와 변치 않는 응원에 감사합니다.

내 인생을 바꾼 거절

초판 발행　2023년 1월 20일

지은이　제시카 배컬
옮긴이　오윤성

펴낸이　김정순
편집　허정은 허영수
디자인　김민영
마케팅　이보민 양혜림 정지수

펴낸곳　(주)북하우스 퍼블리셔스
출판등록　1997년 9월 23일 제406-2003-055호
주소　04043 서울시 마포구 양화로 12길 16-9(서교동 북앤빌딩)
전자우편　editor@bookhouse.co.kr
홈페이지　www.bookhouse.co.kr
전화번호　02-3144-3123
팩스　02-3144-3121

ISBN　979-11-6405-195-3 03330

*이 책의 본문은 '을유1945' 서체를 사용했습니다.